カウンセリングの枠組み

氏原　寛——著

ミネルヴァ書房

まえがき

今回、今までに書いたものを集めて一冊の本にすることになった。ただし、出版社からの要請もあり、第Ｉ部「ロジァーズの頃」の七五余ページは新しく書き下ろした。それがかなりの量になり、内容的にも当初のもくろみより〝重い〟ものになった。本文にも書いてあるが、どういうつもりでこれを書いたのかについて、ここで少しばかり説明しておきたい。

はじめは軽い気持ちで、私がどういう経過でカウンセラーになったのかを書くつもりであった。幸か不幸か、わが国にカウンセリングが導入され始めた時期、偶然この道に入り、それなりに悪戦苦闘して、今はまあ一人前のカウンセラーになれたつもりでいる（もっとも、目から鱗がまだ二、三枚落ちないと、私なりのカウンセリングはできない、という実感がある。死ぬまでにせめて一枚でも落とすことができたら、と常日頃思い、書いたりしゃべったりもしていることである）。いずれにせよ、私のカウンセリングの実践が日本のカウンセリングの流れと重なっていたのは確かである。だから私なりの思索と実践の跡をできるだけ率直に語ることができれば、げんにこの道に苦労している人や、これからこの道を志す人たちにかなりお役に立てるのではないかと思った。

しかし書いているうちに、単なる思い出話というよりも、やはりその折り折りに苦労して考えたことを書かざるをえなくなった。できるだけわかりやすくと心がけ、それはある程度果たされていると思うのだが、文章の硬さとか柔らかさとは関わりなく、ここぞと思うところはどうしてもむずかしくなった。カウンセリングの実践には、どうしても主観的な経験によらざるをえないところがあり、それを伝達可能な文章におき代えると、あらためて理論的な枠が必要となり、やさしく書くことなどできない現実なのであろう。

それとは別に、今日の隆盛にいたるまでの、カウンセリング草創期の、今まで誰も触れてこなかった〝本当のところ〟が書きこんであるので、資料的にも本書には興味深いところがかなりある、と思っている。それが全体のトーンを読みやすくしている、と思っていたのだが、その通りのところもあるけれども、全体にずいぶん根をつめて書いていることが多かった。しかしそれはそれで、カウンセリングを志す人にこの程度のことはわかっておいていただかねば、という気持ちもあり、結果的にはよかったのではないかと思っている。それと、自分自身のことを相当書きこんでいるので、それなりの思い入れがあり、独りよがりのところが多々ある。それもご愛嬌と思っていただければ幸いである。

第Ⅱ部は、椙山女学園大学の紀要に書いたものが主になっている。カウンセリングの諸側面について、おとぎ話との関わりで考えたものである。その際、グリムのおとぎ話に対する諸家の解釈を紹介している。おとぎ話や夢に関心のある人たちには参考になるかもしれない。もっともおとぎ話の解釈それ自体は、そういう考え方もあるという程度のことで、それだけにのめりこむのは知的な遊びに終始するおそれがある、と感じた。カウンセリングのもつ二律背反が、そんなところにも顔を出すのであろう。

第Ⅲ部は、いろいろな雑誌その他に発表したものである。趣旨においては変わらないことが、対象と考えられる読者に応じて書き分けられている。しかし内容の重みにおいては、第Ⅰ部・第Ⅱ部のそれと変わらない。同じようなことが、角度を変えてみれば違った相《すがた》を見せることがわかって、読者の方にはかえって興味深いのではないかと思う。カウンセリングの底にある深さや広がりを感じるためには、むしろ必要なのではないかと思いたい。

以上、本書の内容について簡単に紹介した。同じ人間の書くものだから、結局は同工異曲の、似たようなことしか書けていない。できるだけ整理したが、重複している部分もある。しかし、一つ一つ微妙に変化しているところがあり、それが蝸牛の歩みには違いないが、私なりに変化していった軌跡である。どうやら私は、一つのことを思いつくと、当分の間その周りをグルグルと回り、ゆっくりと反芻し、長い目で見ると少しずつ変わってゆくタイプらしい。それをじっくり溜めこむのではなく、文章化しながら考えるところがあり、そのため同じようなことをくり返し書かなければならないのであろう。

そのつど書いたものであるが、なかにはわりに評判のよかったものも混じっているので、どの章からでも気軽に読んでいただければ有難いと思う。

終わりに毎度のことながら、編集の寺内一郎、安岡亜紀の両氏にはいろいろお手数をかけた。記して厚く感謝したい。なおミネルヴァ書房杉田信夫会長には、こうした本の出版をお引き受けいただき、心から有難いと思っている。

平成一一年一一月四日

氏原　寛

もくじ

II　カウンセリングの枠組みについて

I　ロジァーズの頃

はじめに

第I部では、まず私自身のカウンセリング歴について述べる。私という個人が、いわば偶然からこの道に入り、一応カウンセラーとしてのアイデンティティを作りあげるまでの経緯が、私だけの体験を含みながら、日本にカウンセリングが導入され現在みられるように定着するまでの流れと重なっていると思うからである。それだけにかなり大きいテーマであり、短いスペースで書き切れると思っていない。いずれ本格的にとり組まねばならぬと考えているが、とりあえずその前の、いわばスケッチとしてお読みいただければ幸いである。

第1章　ロジァーズとの出会い

1　ガイダンスとカウンセリング

わが国にカウンセリングが入ってきたのは、ロジァーズの理論と技法の導入された一九六〇年代の前半（昭和三〇年代後半）と思う。すでに京都大学の正木正教授がロジァーズの紹介をなさっていた。しかし、いわゆるロジァーズ旋風をまき起こしたのは、当時國学院大学の友田不二男氏の主宰するカウンセリングワークショップと、横浜国立大学の伊東博氏が精力的に訳出に努めていた、ロジァーズ関連の雑誌論文集であろう。間もなく友田氏訳によるロジァーズの『カウンセリング』（一九六一）も出た。ただしこの本は急いで訳されたためか、かなり読みづらいものであった。

当時わが国で、医師を除いて、心理的につまずいた人たちに心理学的に働きかけることはほとんどなされていなかった。前記正木教授にしても、たとえば強迫神経症についての著述（一九六六）はあったけれども、自らの臨床経験に基づいてのものではなかったはずである。ただし、教育相談はかなり活発に行われていた。東京教育大学（現 筑波大学）の品川不二男氏ら（一九六二）が、心理テストを駆使してのものであるが、いくつもの本を出され、また実際に親御さんたちと話しあうこともなさっていた。もともとは、戦後文部省が教育界に導入したガイダンスの流れをくむものである。ウィリアムソンという大家がおり、アメリカでの学生相談の原理と方法を説きつつカウンセリングについても言及していた（Williamson, 1965）。

ガイダンスとは、生徒指導と考えてよいのだが、当初はいかに正確かつ適切な情報を与えるかに主眼がおかれていた。その際、知能検査や職業適正検査など多種の心理テストが活用され、そこから得られた〝専門的〟知識が重要視されていたのである。ところがどれほど適切な情報を与えても、多くのクライエントがそれを十分に活用しないことがわかってきた。知的には理解しても感情的に納得しなければ、忠告が生かされないのである。そこでガイダンスの延長として、単に知的な側面にとどまらない、感情面への働きかけの重要性が気づかれるようになった。いずれにせよ、カウンセリングの必要性が、同じアメリカからのカタカナ移入であるにせよ、教育界における、ガイダンスをより効果的にという発想から生まれてきたことは、後に述べるカウンセリングの素人性を考える上からも、記憶しておく必要がある。

もちろん教師たちは、カウンセリングについて何も知らなかった。ガイダンスについてさえ、再々の文部省、教育委員会による上からの講習会によって、わけのわからぬままにとり込みつつある状況であったのだから、無理はない。ガイダンスとはどういうダンスなんだろう、などと言いながら受講した先生もいた。そこへロジァーズの理論と技法（といっても、先に述べた友田氏たちによる、カウンセリングワークショップの体験が主となっている）が入ってきたのである。彼の主張が、当時アメリカで心理治療の主流と目されていた精神分析へのアンチテーゼとして出発していることなど、知る由もなかった。

2　ロジァーズフィーバー

ロジァーズの教説そのものは魅力的であった。それについては厖大なロジァーズ全集が刊行されているから、そちらをご覧いただきたい。しかし当時のわれわれを惹きつけたのは、何よりも、彼が論敵を辟易させたという〝民主的〟なその装いであった。哲学者として有名な、ユダヤ教のラビでもあるマルティン・ブーバーとの討論（ロジァーズ、一九六七）で、導き手としてのカウンセラーという考え方を断固拒否して、あくまでもクライエントの主体性を強調したような論調である。借り物ではあれ、一九六〇年代（昭和三〇～四〇年代）のわが国では、まだ本物の民主主義を模索する動きが強かったのである。

しかしその考え方には、その後わが国のユング派の強調する、〝自己治癒力〟への信頼感のごときものが含まれていた。その頃の〝ロジェリアン〟で後に〝ユンギアン〟になった人の多かったことは、非医師による臨床実践の薄かったことによるとはいえ、うなずけるところが多い。ロジァーズの考えが、その後わが国にも定着する人間性心理学のいう、成長モデルに拠っていたことも考えておいてよい。これは身体医学から、さらには精神分析などのいう、修復モデルに対立するものである。

修復モデルとは、心にしろ体にしろモデルとして健康な状態を設定し、病いをそれとのズレとして考える立場である。フロイトが健康の基準として、壮年男子をイメージしていたことがしばしばうんぬんされる。したがって彼の視野には、女性と老人のことが十分には入っていなかったと批判されることがある。老年を衰退期とみるか完熟期とみるのかは、微妙な問題を含む。しかし今日では、ホスピスにみられるように、たとえ明日のなくなった人にも今日生きる意味のあることは、自明のことである。病いを癒すとは、身体病のように病者から苦痛をとり去ることだけではない。とくに心の健康については、「ノイローゼが治るとは、苦悩する能力を甦らせることである」とする、オーストリアの精神科医フランクル（一九六二）のことばをかみしめる必要がある。

ロジァーズの考えがあれほどの熱狂をもたらしたのは、その発想が単に〝民主的〟であるにとどまらず、こうした実存的な背景を負っていたことも見逃すことができない。そして彼は、クライエントがよくなるためのカウンセラーの条件として、受容と共感と純粋さとをあげた。これらについては後節でくわしく考える。しかし優れた実践家の御多分に洩れず、彼の説明には理論的整合性の欠けている部分がある。経験的に確かな手応えを感じているだけに、部分的な些事にこだわらないからである。河合隼雄（一九七〇）によれば、ロジァーズの三原則を野球にたとえれば、ヒットを打つのに、ストライクを打つ、バットのシンに当てる、野手のいない所に打つ、といっているようなもので、そのこと自体はその通りなのだが、具体的にどうすればよいかは見えてこない。

ここで指摘しておきたいのは、彼の理論が、カウンセラーに対して外的な条件をほとんど要求していないことである。以上の三条件は、いわばカウンセラーの態度について述べている。精神科医ならば医師としての訓練は不可欠である。精神分析家ならば、よき実践家であるためには、単に人間的な資質に限らない、教育分析をはじめとする長期にわたる研鑽をつまねばならない。ロジァーズの場合、カウンセラーが純粋、単純にいえば〝裸〟、になるだけでその程度に応じてクライエントはよくなるのである。したがって心理治療家としての衣裳（知識や経験）をまとう必要がない。共感し受容することさえできれば、即座に有能なカウンセラーになれる。そこで多くの、心理治療のこともカウンセリングについても何も知らなかった人々が、ロジァーズの方法を通してにわかカウンセラーを目ざした。私もまた、そのうちの一人であった。

3　カウンセリングマインド

そこで声高に叫ばれたのがカウンセリングマインドということばである。これはあらゆる人間関係を、できるだけカウンセリング的なものにしよう、すべきである、とする主張である。一言でいえば、ロジァーズ的なもの、つまり共感、受容、純粋さをどれだけとり入れるかによって、親子関係、夫婦関係、教師・生徒関係、職場関係など、一切の人間関係のよしあしが決まる、というものであった。人間関係のカウンセリング化ということができる。

たしかに多くの人間関係にはおのずから優劣、上下の関係が含まれ、お互いのコミュニケーションは一方的な指示、助言に終始することが多かった。カウンセリングがガイダンスの延長にあったことはすでに述べた。この流れに乗った人はほとんどが教師である。多くの子どもたちの健全な成長に責任のある人たちであった。そして従来の方法では、必ずしも十分役割を果たせていない思いがあった。そこへロジァーズブームである。カウンセラーになるために特別な訓練はいらないらしい。ひたすら受容しさえすれば、その際おのれの純粋さを高めさえすれば、子どもたちは自然に自分の中の〝有機体的プロセス〟にめざめ、〝自己実現傾向〟に開かれてゆく。だから、心理学やましてや心理治療にまったく素人であった人たちが〝カウンセリング〟活動にのめりこんでいった。

しかしこれには、この人たちを責めるだけではすまない一面があった。すなわち、当時大学で臨床心理学に関心をもち、そうした授業を行ってさえいた先生たちに、いわゆる臨床経験がほとんどなかったことである。だから実践にゆきづまったわれわれが、そういう人たちの門を叩いて教えを請うた時、返ってきた答えのほとんどは、「もっと受容してあげ給え」とか「共感的理解に欠けている」ということばであった。受容するにもできない、共感したいのだが共感できない、そういう状況にどう対応すればよいのかの、具体的な指導はまったくなかったといってよい。その限り〝偉い〟先生も現場の教師たちもカウンセリングの素人ということで、ほとんど変わらなかったのである。

カウンセリングマインドということばが声高に叫ばれ始めるについては、そういう背景があった。つまり、カウンセリング関係の特異的な、いってみれば非日常的側面、人工の、それだけ専門的な性質、が見逃され、非特異的な、あらゆる人間関係にあるはずの、日常的な〝よき〟関係、がカウンセリングマインドということで強調されたのである。たしかにそういう一面はある。しかしそこには、非特異的な好ましい人間関係は特異的な個別的状況を通してはじめて具体化される、という基本的認識が欠けていた。

たとえば〝仲がよい〟という非特異的な関わりは、誰しもに即座に理解できる。暖い、心が安らぐ、いつまでも一緒にいたい、などの感情の伴う関係である。しかし同じ〝仲のよさ〟が、親子、夫婦、友人、教師・生徒間では明らかに異なる。だから夫婦のように仲のよい親子というのは、どこかなじまない。恋人のように仲のよい教師と生徒というのも、何かおかしい。仲のよさとは、それぞれの社会によって定められた、したがって不自然な、個々の役割関係を通してのみ生きられる。つまり具体化される。だからカウンセラーとクライエントとの深い関わりも、カウンセラー・クライエント関係を通してこそ生きられるものであって、それ以外の関係で具体化されることはない。深いということでは共通するところがあるのだが、現実の体験としてはまったく特異的なのである。

カウンセリングマインドの強調は、そうした個々の役割関係を超えた、ある意味で超越的なレベルを目ざしてのものではあった。それだけ非現実的なものである。これを現実レベルで体験するには、おそらく行者レベルの凄まじい修業を必要とするのであろう。そこまでの覚悟のない場合、それは容易にきわめて安易な自己満足に終わる。当時カウンセリングにのめりこんだ素人の中には、分裂病もカウンセリングで治ると称して、精神科医の失笑を買った人もある。しかし当人は、本気でそう考えていたところが恐ろしい。

たとえば一九七七年、ラ・ホイヤのロジァーズの主宰するワークショップに参加した時、分裂病の既往のある参加者の一人が、ある種の妄想にかられて再三自殺を企図したことがある（氏原、一九八〇）。同室の何人かのメンバーはそのため眠れぬ夜を過ごさねばならなかった。翌朝の全体集会で、われわれの力、つまりカウンセリングマインドによってこの人を支えれば、必ずやこの人は回復する、という意見が強かった。私自身は前夜この人と偶然ことばを交わしており、異様なその雰囲気に圧倒される思いを経験していた。参加していた何人かの医師（精神科医ではない）の強力な主張によって、結局その人は病院に行くことになった。

似たようなことは、日本で参加したワークショップでもあった。その人もしばらくの間の入院を余儀なくされた。それがよかったのかどうかは問わない。退院後その人は元気を回復し、現在は一人前以上に活躍している。だからそのことがその後のこの人に大きいプラスになった可能性は否定できない。しかしグループ全体が、その時その人の状況をうけとめかねたことは間違いない。こうしたグループワークにこうしたハプニングはつきもので、そのために安定剤を用意している、と〝豪語〟する専門家もないとはいえないが、私自身はその無責任さを思わずにはいられない。近頃やや下火になったとはいえ、まだまだ根強い人気を保っている、潜在能力開発プログラムにはその意味でかなりの危惧を抱かざるをえないものが少なくない、と思っている。

4　カウンセリングワークショップ

ロジァーズブームが、友田氏らの主宰するカウンセリングワークショップを実践的な柱として広がっていったことはすでに述べた。私がはじめて参加したのは、昭和四〇年頃高野山で催されたものである。二〇〇人以上の参加があったと思う。ほとんどが学校の先生であった。たしか教育委員会がチラシを各学校に配布していた。一〇人ぐらいずつのグループに分かれ、それに一人ずつの世話人（現在のエンカウンターグループではファシリテーターと呼ばれている）がついた。しかし何よりの圧巻は、一週間位のスケジュールの、はじめ二、三日をかけて行われる全体集会である。参加者の全員が会場の広い本堂の床に座りこみ（これは、その後参加したラ・ホイヤの全体集会でもそうだった）、そのまんなかに友田先生が一人ポツンと立っておられる。どうしてそうなったのかは覚えていない。私が少し遅れたのかもしれない。そして異様な緊張が立ちこめていた。参加者が質問めいたことをしても、返事が返ってこないのである。一体どうなるのか、これからどうするつもりなのか、これでは校長にどう報告してよいかわからない、など相当感情のこもった質問、というより詰問、がとび出しても、友田氏はまったく動じない。いわゆる感情の明確化、おうむ返しをロジァーズの本に書いてある通りにくり返すのである。友田氏の緊張も相当なものであったろうけれど、表にはあらわれていなかった。

自然にそうなったのか、慣れた人がいたのか、それがいつの間にかいくつかのグループに分かれていった。こういうことをやりたい、そういう人はどこそこへ、と場所が決まり、順次全体会場から姿を消す。どこへも行かない（または行けない）人たちは、そのまま残って一つのグループを作ったらしい。何とはなしにあるグループに入ったけれども、そこで起こったことは全体集会の縮小版であった。みなフラストレートしてカッカしていた。宿舎は偶然の部屋わりで、グループの違う人たちも一緒に数名ずつ、時には大広間で何十人もが雑魚寝することもあった。それが眠れない。夜を徹して話しあうこともあった。以前本に書いたこともあるのだが、あらためてその折りの一つ二つのエピソードを紹介しておく。

一つは、世話人のあの超然とした態度は作り物に違いない。何とかしてそのポーズを崩すためにはどうしたらよいか、と画策したことである。確かにまやかしめいた雰囲気はあった。私が教育研究所に属していたため、その翌年いきなり世話人にさせられ、必死の思いで見よう見まねのポーズをとる破目になったから、世話人の中に怪し気な人の混っていたことは否定できない。

もう一つは、本当に〝自己一致〟した人があらわれ始めたことである。われわれの昂奮をよそに、しかし話に加わらないでもなく、にこにこしながら対応するのだが、明らかに、嘘をついているのではない、自然体なのである。それがおのずから場の雰囲気を和らげた。修業に来てそこそこに悟った人が出ているのに、自分はあい変わらずカッカしている。何かがわかっていない、と、とり残されそうな焦りにとりつかれた。その後茨城県の大甕町で、遠藤勉氏のワークショップに参加した時、ばかに物言いが楽になって、しばらくの間、相手に対して否定的なことも平気で言えて、しかも相手を傷つけない（その時は確かにそんな感じだった）ということがあった。前記の人たちはそれに近い状態であったものと思われる。

おしまいにもう一つ、夜、熱中して話しこんでいる時に、もし廊下で「便所はどこですか」と尋ねられたら、まず「あなたは便所に行きたいようなお気持ちでしょうか」と感情を明確化すべきなのかどうか、で大激論になったことである。「そこですよ」と言えばすむことではないか、という常識派と、いややっぱり気持ちをうけとめることが先だ、とする理念派に分かれて、本気で議論した。今思えば未熟であったが純粋ではあった。しかし、現在でもこうした矛盾に悩んでいる、現役の、とくに若い〝ロジェリアン〟（大部分、指導者の問題である）を目にすることがあるので、笑いごとではすまされない気がする。もっとも、近頃ではいろんな立場、いろんな技法が紹介され、若い人たちはカウンセリングについて頭でわかってしまっており、体験的に苦しんで身につける（あるいは見切りをつける）労を惜しんでいる面もあるので、一概にどちらがよいとはいえない。

第2章　カウンセリングと私

1　エンカウンターグループ

今考えると、当時のワークショップは今のエンカウンターグループ、それもベーシックといわれている種類のものである。それらについて、本書で説明するつもりはない。ただその頃九州大学（もう大阪大学に移られていたか）の三隅二不二先生らによるグループダイナミックスの研究（カートライト他、一九五三）は始まっており、その方面から、Tグループのことなどはわかっていた。ロジァーズのワークショップは、それに、彼独自の臨床経験をとりいれたものなのであろう。

ここでとりあげたいのは、未熟な世話人が混っていた（それもかなり大量に）にもかかわらずある程度の効果をあげ、したがってしばらくの間ワークショップが大はやりの観を呈したことである。現在でもエンカウンターグループは各地で催され、それぞれの特色を保ちながら結構人を集めている。もちろん当時に比べると、はるかに洗練されたものとなっているが、根本のところは同じような気もする。

私にはそれが、悪名高いマインドコントロールの一技法のように思われる。乱暴な言い方をすれば、それは軽い感覚遮断体験なのである。いわゆる潜在能力開発プログラムでもよく使われる手法である。われわれの五感は、常時、内界・外界からのさまざまな刺激をうけとめている。しかしそれらのすべてが意識されるわけではない。たとえばわれわれは、内臓諸器官の働きをほとんど意識していない。せいぜいその働きがスムーズでなくなった時、痛みとか圧迫感として間接的に意識する程度である。ましてや血液の働きなど、それが合目的々に機能している（異物を弁別して攻撃する）ことは知っているけれども、意識的にとらえることはできない。

湿度や気圧についても同じである。さらにいえば、この原稿執筆時、私は座っているいすの座りごこちはほとんど意識していない。今は関心がそこに向かっているので意識しているけれども。つまりわれわれは、常時多くの刺激を〝感じ〟ている。しかしそのすべてを意識しているわけではない。にもかかわらずそれらはどこかで感じられていて、内的状況と外的状況との微妙なバランスを保っている。それが健全な精神状態を維持するのに与《あずか》って力がある。だからふだん意識していない外的刺激が十分に感じられなくなると、時に幻覚体験が生じたりする。それが先述の感覚遮断実験である。ホームシック、あるいは時に生ずる外国でのパニックなど、みんな同じ系列に属する現象と考えてよい。今まで気づかないままに、ただしそれとなく全身的になじんでいた刺激がなくなって、多かれ少なかれ心の安定が乱れるのである。

私の参加した初期のカウンセリングワークショップにも、似たような効果があったと思う。まず会場は、なるべく都会を離れた交通不便な所が選ばれていた。各地から人が集まり、グループは今まで会ったことのない、そしてこれからもたぶん会うことのない人々によって構成されている。世話人の、それじゃ始めましょうか、くらいの一言でセッションが始まるが、どうしてよいのか見当がつかない。たまりかねて自己紹介を提案する人もいるが、はっきりした反応のないままにたち消えになる。要するに、お互いがどう関わってよいのか手がかりがないのである。せいぜい性別、年齢、服装、態度から、メンバーがどんな人か憶測するしかない。そこから、ふだん人と接する時、自分がどれ程外的な手がかりに頼り、表面的な対応しかしてこなかったか、がみえてくる。ただし、その場でそう気づくわけではない。むしろ先の感覚遮断実験に似た、その場にどう対応してよいのかわからない、一種の方向喪失感に陥りやすい。

ワークショップですっかり調子が狂い、時に入院する人の出るのはそのためである。当初、少しばかりおかしくなるのが望ましいと考えているらしい人が、参加者だけでなく世話人のなかにもいた。それだけに防衛メカニズム、つまり意識のコントロールがゆるむのである。こういう場合、催眠状態と同じく、目前の刺激に対しては異常に敏感になる。そのぶん被暗示性が高まる。潜在能力開発プログラムとか、時には何らかの目的をもつマインドコントロールの手立てとして使われる可能性がある。だからたとえば外科手術のように、十分な知識と技術をもった専門家がメンバーのために行うものであること、を銘記しておく必要がある。

いずれにしろ手がかりは目前の人たちだけであり、判断の基準（＝先入観）が大幅に欠けているので、まさしく「いま、ここ」の感覚だけが頼りになる。感受性（被暗示性でもある）が鋭くなっていることもあって、いまこそ自分が一切の余分な配慮を捨て、〝裸になっている〟ような気分になる。裸でメンバーと触れあっているという感覚が、そのまま本当の自分に触れている感じにつながる。その底には、自分がいかにやさしく扱ってもらいたがっているか（受容し理解されたいということである）、そして、人にもやさしくしたがっているか、という思いがある。うまくゆくとこれがグループ全体にみなぎり、いわゆる蜜月段階がくる。ワークショップでは期間の長短にかかわらず、大体全期間の三分の二が過ぎるあたりである。

私自身にはかなり衝撃的な体験であった。ロジァーズのことばでいえば、少なくとも以前より、〝十分に機能〟しやすくなった、と思った。主観的なものにすぎなかったが、家族関係をはじめ人間関係全般がスムーズになっていた、と思う。くやしかったのは、その感じがどういうわけか二、三日たつうちに薄れていき、一週間もすると、はてあれは何であったのかという思い出になってしまうことであった。

それともう一つ、こういうことが、たぶんカウンセリング場面に起こらねばならないのだ、と思いがちだったことである。だから前述のようなことを感じながら、世話人がどのようなテクニックを使うかをたえず注視してもいた。それを裏返せば、こうした経験をつむことでそのままカウンセラーになれる、と思いたがっていたのである。メンバーたちにも、同じ思いの人が多かったと思う。しかしそのことについては、第3章で触れる。

2　教師からカウンセラーへ

ここで少しばかり私自身のことを述べておきたい。「はじめに」に書いたように私の個人的経験が、日本におけるカウンセリングの実践の流れと重なっている、と思うからである。私は大学では史学科に籍をおいていた。昭和二八年の卒業である。不況で就職口がなかった。そこで公立高校の社会科の教師になった。当時のいわゆるでも・しか先生である。教師にでもなるか、教師にしかなれないという意味であった。不況とはいえ、教師になることは比較的容易だったのである。しかしそれだけに若干の鬱屈感があった。できたら作家になりたいと思っていた（いまも思っている）が、早く結婚したこともあり、その頃は諦めていた。

高校には一〇年いた。生来のおっちょこちょいにもかかわらず、わりに生真面目なところがあり、若くて馬力のあることもあって、生活指導の硬派として、いわゆる〝ワル〟たちにも人気があった。ロジァーズのことも少しは知っていた。そして昭和三八年に教育研究所に移った。研究所は同じ教育委員会の機関であり、先生たちが三年ほど現場を離れて研修する場所であった。そこで、社会科と発達心理学を結びつけるような仕事をしたいと言ったら、教育学が専門の所長が、それじゃ教育相談だとうむをいわさず教育相談係に配属されることになった。これが私のカウンセリングとの出会いである。それまで、カウンセリングを一生の仕事にすることなど、夢にも思っていなかった。

その頃、教育研究所の相談係はロジァーズの理論と実践に熱心にとり組んでいた。文部省がガイダンス―カウンセリングの導入にわりに熱心であったせいもある。そういう試みがわが国で始まったばかりの頃であった。ロジァーズの本とワークショップ体験だけが頼りであった。大学では臨床心理学が講じられていたけれども、先生方に臨床経験があったとは思えない。しばしばゆきづまって（当然のことである）教えを請うたけれども、納得できる答えの返ってこなかったことはすでに述べた。やがて日本のカウンセリングをリードすることになる先生たちも、まだ留学前か留学中であった。教育研究所は現場の先生たちの集っているところで、心理学の専門家はいなかった。しかしその頃のわが国では臨床心理学、ましてやカウンセリングの専門家など一人もいなかったのである。だからいわば素人の集団が、わずかな指針だけを頼りに右往左往していた、といってもよい。

私自身についていえば、惨憺たる状況であった。とにかくケースが続かないのである。教育委員会の機関であるから、いわゆる問題児とその親たちが相談にみえる。それに対して原則的には母子並行面接を行っていた。遊戯治療も親面接もやった。先任の先生たちは、それなりの成果をあげておられた。もちろん中断するケースもあったのだが、意外な程うまくいって、われわれも親御さんも大喜びすることが多かった。教育委員会や市会でも評判になったことがある。ロジァーズフィーバーが長らく続いたのは、未熟なりにがんばった、このような半素人の集団が相当な成果をおさめたからだと思う。もっとも相談の内容そのものは、今から思えば比較的軽いものが多かった。それだけやりやすいとは必ずしもいえないのだが。

そんななかで、私のケースはすべて一回きりで中断した。それじゃ来週、とお互いに手応えを感じ（少なくとも私にはそう思えた）、そういうクライエントが来てくれないのだから参った。二回目に来てくれるクライエントがあらわれるまで、二、三カ月かかったと思う。先輩たちが喜んで飲みに連れていってくれた。研究所に入って、何もわからないのにいきなり実践を始めたのだから、無理はない。しかしお互いが暗中模索している状態だったおかげで、ひどい孤立感は感じないですんだ。毎日多くの人が相談に見えたから、少しでも実効のあるカウンセリングをやらなければならなかった。後でも触れるけれども、全員がかなり根をつめて研修と実践にうちこんでおり、一種の連帯感があった。

3　素人性

三、四〇年前のわが国におけるカウンセリングの草創期、誰しもが素人に近い状況にあったことを述べてきた。そしてロジァーズの理論と方法が、そういう人たちにも有能なカウンセラーになれるという期待を抱かせてきたことについても説明した。しかし私の恐れているのは、そうした素人性が、現時点においてもわが国のカウンセラーたちに、抜きがたく残っているのではないかということである。その後、外国で訓練を受けた人たちが次々に帰国するようになり、かつてのロジァーズ一辺倒とは裏腹に、カウンセリングについて理論的にも方法論的にも百家争鳴の観を呈してきた。そのためにどういうアプローチを選べばよいのか逆に迷う人さえ出てきた。ロジァーズを批判的にいう人も少なくない。しかし私自身のスーパーヴィジョン経験からいって、現実には、まだまだロジァーズ的なありようが色濃く残っていると思う。そしてそれが、前述の素人性を相当程度ひきずっている印象も否めない。

たしかに大学院教育は整備されてきた。必ずしも十分とはいえないが、河合隼雄先生が京都大学に赴任されてから、一応カウンセラー養成コースとしての体裁と内容が整ってきた。それ以前の臨床心理学の大学院の状況は、とても専門家養成コースとは思えないところが多かった。先生たちの臨床経験が不充分だったのだから、当然のことではある。しかし現在、多かれ少なかれ京大の方法をまねて、あちこちの大学院が大学院らしくなってきている。もはや私の場合のように、素人から出発して専門家になることは望みがたい。医師志望者が、医学部における専門的訓練なしに医師をめざすことができない状況に近づいている。

しかし一方で、いわゆるカウンセリングスクールが多くの人を集めている。受講生は主婦、教師、企業の人事担当者、看護婦たちが多い。カウンセリング的な考え方をそれぞれの専門的な仕事に生かしたい、という人が増えてきている。それでも各スクールは、専門のカウンセラー養成を唱い文句にしている。受講生たちにもあわよくばの思いがある。しかしもともとはズブの素人たちである。現時点で玄人をめざすには無理がある。そういう人たちの支えが、前章の3に述べたカウンセリングマインドなのである。それはあらゆる〝よき〟人間関係のなかに生きているものであった。本来の人間性に根ざし、そのための特別な訓練は必要ない。誰しもがおのれのなかの純粋さに開かれさえすれば、何もつけ加えるものはない。したがってそこそこの人生経験と人間仲間への暖かみさえあれば、誰でもカウンセラーになれるように思えたのである。

そのことについては前節で述べたので、ここでくり返すことはしない。ただ、おそらくは近い将来、カウンセラー資格は国家認定になる。そこでその際問題になると思われることについて、少しつけ加えておきたい。一つは名称独占ということである。国家資格には付きもののことである。たとえば医師という名称は、国の認めた医師免許証の持ち主以外が称してはならない。カウンセラーの名称がどういうものになるかは予断を許さない。現在臨床心理士という資格があるが、これは財団法人である日本臨床心理士資格認定協会が認めたもので、国家資格ではない。国家資格となれば、違う名称が採用される可能性がある。

しかしもっと重要なことは、業務独占である。つまり国家資格ということになれば、その資格を認められたものが何をするのか、が法的に定められる。そしてその仕事は有資格者以外することを禁じられる。医療行為が医師以外の人によって行われてはならないように、である。ただし医療補助職というのがあって、医師の指導監督があれば医行為に従事してもよい職種がある。たとえば看護婦である。現在カウンセラーについて、医療補助職ならばいつでも認める、といった態度が厚生省（そのバックにある日本医師会）にある、と聞いている。真偽の程は定かではない。しかしいずれにしろ、それではいつまでたっても医師のアシスタントであって、独立した職種とはいいがたい。

こういう状況の生じた一半の責任が、カウンセリングマインドの強調にある、と私は考えている。くり返し述べたように、カウンセリングマインドとは〝よき〟日常関係に内在するものであって、横丁のご隠居にも、引退した人事係にも備わっている（ということになっている）。である以上、カウンセラーでないとできないこととはいえない。それだけ非特異的なのである。すると、カウンセラーにだけ独占的に認められる業務内容を定めることができない。専門家とは、その専門家でないとできない特殊な技能を身につけた人たちをいう。カウンセラーが専門的な職種であることを明らかにするためには、法的に、ということはカウンセリングにまったくなじみのない人にも、それが特殊な仕事であることをわかってもらう必要がある。従来、カウンセラーたちには、そのための努力を怠ってきたきらいがある。というよりも、できなかったのである。だからこそ、カウンセリングマインドを強調せざるをえなかった節がある。

それが当初のカウンセラー——ほとんどがロジェリアンである——の素人性から来ていることを、くり返し述べてきた。それが現在、まだ尾を引いている。もともとロジァーズには素人を尊重する傾向があったし、その限りわが国の良心的なカウンセラーたちが、あえてカウンセラーの専門性を否定しようとしたことにも、一理がある。しかし私自身は、カウンセリング関係は、日常関係とは違う、作られた、だからこそ専門的な関係だと考えている。

4　テープ研究会

教育研究所に入って、私なりのロジァーズ理解を踏まえて悪戦苦闘したことは、本章**2**に述べた。ここではその間のプロセスを、もう少し具体的にとりあげたい。その頃の私たちにとって、クライエントの「いま・ここ」で感じ経験していることを、あたかもクライエントであるかのごとく感じとることが急務であった。私自身には、以心伝心とか心眼に映るとかいうイメージがあり、何とかその域に達するべく、おのれのセンスを磨くのに懸命であった。それとカウンセリングワークショップ体験がどこかでつながらねばならない、という気持ちもあった。しかもクライエントに会う技法としては、感情の明確化、それもクライエントの発言を文字通りおうむ返しする、ということしかなかった。ワークショップの世話人たちが実際にそういうことをやり、結構効果が上がっているようにみえてもいた。

そこでかり立てられるように、しきりに事例研究会をもった。それは、まさしくロジァーズフィーバーといってよい熱気をもっていた。その頃、テープコーダーはカウンセリングにつきものであった。面接をテープにとり、それを何人かで聞くのである。そして忌憚のない意見を交換した。少々言いにくいことでもあえて言うのが純粋と思っていたから、ずいぶんきついやりとりが、一見和気あいあいの雰囲気の中で行われた。そしてテープ提供者はたいてい傷ついた。何しろ批判する方は本からつめこんだ理想的かつ抽象的な教条で頭でっかちになっている。それで具体的な生のテープを批判するのだから、勝負ははじめからついていた。おもしろかったのは、前回こてんぱんにやっつけた人が、自分のテープを出す時には逆にさんざんうちのめされることの多かったことである。カウンセラーの応答がクライエントの気持ちとすれ違っていること、がしばしばうんぬんされた。そして、理論的にその批判は、多くの場合当たっていたと思う。しかしそれを建設的に生かすだけの力が、当時の参加者には欠けていた。今思っても、あの時のテープ研究会のああいうやりとりにどれほどの意味があったのか。まったく無意味とは思いたくないのだが、それほど実り多いともいえなかったのではないか。

問題は、かりにすれ違ったとしても、なぜカウンセリングのこの局面でこのようなすれ違いが起こったのか、そしてそれを今後のカウンセリングのプロセスにどう生かすことができるのか、といった議論のほとんどできなかったことである。それだけの経験も知識も欠けていた、といわざるをえない（現在でも、似たような雰囲気の〝研究会〟は少なくない）。さらにいえばロジァーズの診断無用論が、そうした傾向に拍車をかけた。このことについては、後節でもう少しくわしく論じる。しかし、「いま・ここ」の経験を重視する彼の考えを鵜呑みにして、「いま」がいつか、「ここ」がどこかを確かめることの重要性を、当時のわれわれが見逃していたことは認めねばならない。

カウンセラーとクライエントは、たしかに物理的には「いま・ここ」を共有しているけれど、たとえば六〇歳のカウンセラーの「いま」と、二〇歳のクライエントの「いま」とは明らかに異なる。「いま」は時間的な流れ、つまり過去と未来を視野に入れてこそ、「いま」を「いま」たらしめているその意味が明らかになる。そのような、お互いに異なった意味をもつ「いま」を背負ったカウンセラーとクライエントが、「いま・ここ」で「いま」を共有するところに、「いま」のかけがえのなさがある。あるいは、クライエントはたしかに「いま、ここ」に、つまりカウンセラーの前にいるけれども、彼または彼女がどこから来てどこに帰ってゆくのかを知ることなしに、彼または彼女の「ここ」にいる意味を確かめることはできない。だからその頃のわれわれは、まるで真空状態の中で、ということは確かな基盤を踏まえることなしに、ひたすら〝出会い〟を求めていたのである。

いずれにしろ、そんなことで、研究会にテープを出すことは大変な負担になった。一回分のテープを起こすだけでも数時間を要し、それを清書して参加人数分印刷しなければならない。しかも出せばたいていやられるのだから、やられないように用心しなければならない。とすると、ロジァーズがしてはいけないと書いている（と、われわれが思いこんでいた）ことをやってはいけない。ということで、面接が終わり録音を切ってクライエントを送り出すまでの数秒間だけ、気楽になって本音を吐ける、といった冗談が出る始末であった。お互い、自分たちの実践がロジァーズの亡霊（その頃のわれわれが勝手に紡ぎ出していたものである）にとりつかれ、きわめて不自由なものになっている、本当の自分を出せない、まさに純粋さの対極にいること、を思い知らされていた。さらに悪いことは、そこからどうすれば脱出できるのか、ほとんど見通しのもてていなかったことである。

その頃、よく行われたのが、カウンセリングのデモンストレーションであった。講習会やワークショップの小グループでもよく行われた。たいてい世話人または講師がカウンセラー役で、クライエント役はメンバーの有志がひき受けた。こうしたロールプレイは何よりも臨場感のあることと、カウンセラー役、クライエント役の双方がその場にいるので、デモンストレーションの後、場面場面で両者の思ったことを直接とりあげられる利点があった。しかし私自身はあまり好きでなかった。カウンセリングはもともと二人限りの、その意味ではプライヴェートな空間で行われる。それを衆人環視の中で行わねばならない。そのぶん気が散るのである。とくにカウンセラー役をとる時は、立派にやらなければならない、という気になってついポーズをとってしまう。そしてそれは、ロジァーズの亡霊のおめがねに適ったものでなければならない。それだけ不自然になりやすかった。しかしその頃は、まだ「グローリアと三人のセラピスト」（グローリアというクライエントが、三〇分ずつ、ロジァーズ、ゲシュタルト療法のパールズ、論理療法のエリス、とカウンセリングのデモンストレーションを行ったビデオ。日本語版がある）も出ておらず、カウンセリングを目ざす人は実際のやりとりを見たがったし、一応責任ある立場にいると、やらざるをえないことが多かった。

第3章　臨床心理士の資格について

1　カウンセラーの分極化

やがて、そのようなカウンセラーたちの間に、分極化の動きが起こった。今まで述べてきた〝素人〟的な多数者と、大学で心理学を勉強してきた〝専門〟的な少数者とに、である。そして、こうした専門的少数者のなかから、指導者と目される人たちがあらわれてきた。ただしこれらの人たちが、素人集団と実践的レベルでどれだけ違っていたか、は別問題である。ただ横文字に長け、ロジァーズの新しい文献などにいち早く目を通し、その〝客観的〟手法などもとりいれようとしていた。ここで〝客観的〟といったのは、後で考察する、それこそが心理臨床にとっての最大の問題と考えられる、主観性を究めて客観的レベルに至るということではなく、いわゆるプロセススケール（Rogers, 1963）などにみられる、治療経過やその結果を何らかの数量的な形で把握しようとする試みである。アカデミックな心理学畑の人たちが、ようやく心理臨床に真剣にとり組み始めたしるし、と考えてもよい。

そして興味深いことに、これらの人たちが一様に、投影法、それもロールシャッハテストに一方ならぬ関心を示していたことである。ロールシャッハテストにはそれなりの診断的枠組みがある。創案者が精神科医なのだから当然のことであろう。しかしこれは、ロジァーズの診断無用論とはあいいれない。ロジァーズはアメリカ心理学の流れのなかでは現象学派に属している。これは、外界の知覚がクライエントの内的枠組みによって左右されるとする立場であり、だからこそクライエントの内界にそった理解が必要とされ、それが共感的理解につながる、とされたのであろう。そこで投影法の現象学的解釈が試みられたりもした（山本、一九六四：村瀬、一九六四）が、心理テストが基本的に診断的なねらいをもつことは変わらない。

当時素人集団に属していた私が、これらの人たちに影響を受けるのは、ある程度必然のなりゆきであった。だからかなり熱心にロールシャッハの勉強をした。そういういわば二足のわらじをはいて、それほど疑問にも思っていなかった。しかし、私なりの臨床経験をつむにつれ、その問題に正面からとり組まざるをえなくなってきた。そして、ロールシャッハテストの解釈法そのものが、同じような主観性と客観性の二律背反を含み、それをどう克服してゆくかに解釈者の個性がかかっていることにも気づくようになった。しかしそれにはかなりの年数が必要であった。いずれにしろ、華やかなカウンセリングブームの背景には、雑多な要素が未整理のままひしめいていたのである。

そうした背景をうけて、昭和三九年、日本臨床心理学会が成立した。臨床心理の専門家たちのはじめての学会ということで、実践に携わっている者には大きい励みとなった。それまで関西臨床心理学者協会などとして、地方的には組織化されていたものが、やっと全国的に組織化されたのである。しかし後に述べる事情や、何よりも、カウンセラーとクライエントとの関係は本来対等のものである、とする考え方（ロジァーズとブーバーとの討論が思いおこされる！）もあって、専門家としてのカウンセラーのあり方を批判する動きが高まり、学会活動の方向性に混乱が生じた。そうした考え方にある種の共感を覚えつつ、やはり現実の実践とはあいいれぬ思いをもった多くの臨床家は、呆然と成り行きを見守るしかなかった。

今にして思えば、そうした理念と実践とをどう統合させるかにこそ、専門家としてのカウンセラーを人間としてどう生き抜くかという、まさしく専門家的アイデンティティを確立させる課題、がひそんでいたのである。

私自身についていえば、会費未納ということでいつの間にか学会から切り離されていた。多くの方が、同じようにして学会から離れていかれたのではないか。しかし、実践に苦労している者同士、何とか力を合わせて一層切磋琢磨する機会をやはり求めてはいた。それが昭和五七年の日本心理臨床学会の発足につながったのである。

2　日本心理臨床学会の発足

しかしこれには、それ以外のさらに重要な目的があった。それは、その時までに心理臨床に携わるようになっていた人たちが、そうなるために費やしたエネルギー、げんに身につけている実力に比べて、社会的経済的にあまりにも低い待遇に押しこめられている現実を何とか改善したい、という願いである。少なくとも人間としての自尊心を失わない程度、つまりその仕事にふさわしい待遇を獲得したい、ということであった。そして現在（平成一一年四月）、学会員九千人を擁し、わが国における心理学関連学会で最大の規模を有するに至っている。他に日本臨床心理士会、日本臨床心理士資格認定協会も成立し、学会と不即不離の関係を保ちつつ、心理士＝カウンセラーの地位向上に努力し、それなりの成果をあげつつあることは、ご承知の通りである。

しかし、そこにかなりの問題の含まれていることは否めない。たとえば日本臨床心理士資格認定協会は、協会の認定する心理士の資格を得るためには、各大学が協会の定めるカリキュラム、教員スタッフを揃えなければならない、としている。民間の一団体が、各大学の決めるべきカリキュラムや教員構成に口を挟んでいるのである。もちろん大学は、その資格を不要と思えば、独自の方針でやってゆくことはできる。しかし現在、協会の認める臨床心理士をめざす学生の数は多く、学生減に悩む大学にとって、この資格をとりやすいことが受験生を集める格好の目玉になっている。だからかなりの反対があったにもかかわらず、協会の定めた線は多くの大学の認めるところとなった。文部省も、こうした協会の動きを黙認している気配がある。

もちろんそれにはそれなりの理由がある。昭和四五年、第五回の臨床心理学会の開かれた時、会長の戸川行男氏は、従来の心理学科がもっぱら研究者の育成に気をとられ、高度の専門技術者を養成する義務を怠っていたことを、率直に認めた。医学部や工学部では、研究者と同時に、即座に実際に役立つ、しかし素人にはできぬ技術の持ち主を、早くから世に送り出していたのである。このことは、いまだに心理学部、さらには心理学大学のない現状に如実に反映されている。後発の社会学、社会福祉学では、学部だけでなくそのための大学すらいくつかできているのに、である。

一つには、心理学卒の学生をうけいれる用意が、社会的に不十分であったことがあげられる。しかしそれとても、心理学科が、積極的にそうした職種の必要性を明らかにし、そのための専門家を雇うことが採算的にも十分ひきあうこと、を示せなかったからである。その結果、研究職を得ることのできなかった（大部分の）心理学科卒業生は、一部を除いて、教師にでもなるかサラリーマンにしかなれなかった。今、臨床心理士の制度が発達し、その有用性が徐々に世間に知られるにつれ、カウンセラーへの期待が今までになく高まっている。社会的ニードが先行してきたのである。いわゆるスクールカウンセラー制度（現在は制度化されていない。しかし時間の問題である）は、心理臨床家が学校に派遣されることがいかに役に立つか、を社会的に示すことになった。しかもその際、臨床心理士の資格をもつ者が中心的な役割を果したこと、は周知のことである。だからこそ文部省は、臨床心理学関係の学部および大学院の充実に本腰を入れ始めている。明らかに不足しているスクールカウンセラーを、できるだけ早く大量に養成するために、である。

これは資格認定協会が、かなりの問題はあったにせよ、強引に〝実力のある〟心理士の養成をはかったからである。今までの研究中心の心理学科を、高度の専門的知識と技能を有する実践家養成機関に変えるためには、おそらく避けられぬことであった。心理学科を、本来の姿に作り上げるために、あえて泥をかぶったきらいさえないとはいえない。とりあえずは臨床心理学が看板になったのだが、協会は、まともな臨床心理士になるためには、基礎心理学の充実の必要なことを再三再四発言している。私自身は西洋史学科出身である。そんな私がどうして心理臨床の専門家たりえたかは、すでに第2章の2で説明した。それが、これから心理士をめざす人にも役立つと思ったからである。そこでいいたかったのは、だから心理臨床の仕事は素人にでもできる、ということではない。基礎心理学の素養のないために私がどれだけ苦労したか、ということである。

いまだにその面での劣等感が拭いきれない。現実に、心理学科出身者に比べて劣等でもある。しかしそれを補うためにかなりの努力をした。心理学科の学部卒くらいの力は身についたか、と思っている。それでもいくつかの論文を読んで、おのれの基礎心理学的教養のなさにほぞを噛むことがしばしばある。後にくわしく述べるつもりであるが、心理臨床の仕事にはかなり主観的に思いを凝らさねばならぬ面がある。だからそれを、客観的に伝達可能なことばにおきかえる作業が不可欠なのである。そのために、基礎心理学についての基本的知識を欠かすことはできない。

心理学科出身でないので、昭和二〇年代の心理学科でどういう授業が行われていたのかは知らない。ましてや研究室の雰囲気など知る由もなかった。しかしもっぱら数理統計的な手法や動物実験が強調されていて、人間についての実際的研究はなされていないのではないか、という気がしていた。漱石が人間の心について知ろうとし、心理学の本を読んでいたく失望した、という話などが作用していたかもしれない。日本臨床心理士資格認定協会のやったことは、かなり乱暴だったかと思うけれども、〝停滞した〟心理学界に実践的な風穴を開けるということでは、やむをえなかったのではないかと思う。そしてそれなりの成果が上がり、臨床心理学にとどまらない、心理学全般に対する社会的評価を高めるのにも寄与したのではないか、と思う。

3　若い臨床心理士たちに

しかしそこから新しい問題が生じている（と私は思う）。若い人たちが、少し安易な気持ちに流されているのではないか、と思える節があるからである。心理臨床学会ないし心理士会および認定協会が、あまりにひどい臨床心理専門家の待遇改善をめざして発足したことはすでに述べた。現状では、かならずしもその目標が達せられたとはいえない。念のためにいっておくと、現在、病院の常勤の臨床心理士で、四〇歳、臨床経験一〇年以上で月給三〇万前後というのが普通ではないだろうか。三〇代半ば、修士課程卒、資格あり、臨床経験一〇年近くで二〇万前後である。四年制大学卒の四〇代の都市銀行員の年収は軽く千万を越えている。決して高いとはいえぬ、大卒の教員の初任給が二〇万に近い。先に述べたスクールカウンセラーの時給が五千円というのは、心理臨床家にとっては破格の扱いであった。病院関係者の間でも、心理士は相当の金を出さなければ来てもらえない、という雰囲気が徐々に固まりつつある。

われわれの世代（河合隼雄心理士会会長、大塚義孝認定協会専務理事コンビの世代である）が、心理臨床家の待遇改善を志したのは、力相応の処遇のなされない時、当事者の気力が萎えてしまうこと、その結果、有能な人がこの領域に入ってこなくなること、それが、ひいては日本人のこころの健康にマイナスの影響を及ぼすこと、を恐れたからである。「この道を志したばっかりに、仲間が不幸になるのは見るに忍びない」という河合のことばが、その間の事情をみごとに物語っている。河合はもちろん、その他資格問題に熱心にとり組んでいる人たちは、率直にいえば資格など無用の人たちなのである。資格がなくても十分に自尊心を守り、おのれの可能性を生かすだけの立場を築いてきている。彼らの努力は、同じ道を志す若い人が、少しでものびのびとその力を発揮する場を作ることに向けられている。オーバーにいえば、それがわが国の将来にも関わる、と考えているからに他ならない。しかし私個人の印象では、若い人に当事者意識が少なすぎる。すべて年寄りまかせで、何とかスッキリした形で格好をつけてくれ、といわんばかりである。

それと決して無縁でないのが、研修に対する受身的態度である。資格問題との関連でわれわれが当初めざしたのは、医師と同格の専門家である。現時点で、平均的な精神科医と平均的な臨床心理士とでは、訓練度、実力、責任感など格段の差がある。だから、医師の協力をも得た上で、この差をいかに早く埋めるかが最大の課題の一つである。医師にもいろいろあるけれども、平均して彼らの訓練は、臨床心理士のそれより厳しいのではないか。勤務医たちは、外来診療と担当の入院患者をこなし、その上で院内外の研修、読書、レポート作成に時を奪われている。六年間の医学部時代が、すでに心理学科の学生よりははるかに厳しい。高校時代の遊び仲間が、医学部入学後、忙しいのが理由で顔を見せなくなりさびしかった思い出が私にはある。文学部に入って一層ヒマになった私には、思いもよらぬことであった。

臨床心理士の資格試験の受験資格を、修士以上の臨床心理学専攻者に限ったことは、それなりの理由がある。国家資格には、高卒後何年の専門教育を受けたかが、後々までもつきまとう。それによって職務、給与などの基準が決まってしまうのである。医学部は学部六年である。だから四年制大学卒業者とは、当初から別の体系が適用される。臨床心理士が四年制大学卒でよいとなれば、いつまでたっても医師と同格に扱われることがない。逆にいえば、医療にかかわる仕事で、六年間の専門教育を受けた医師以外の者があらわれるのは、医師の既得権をおびやかすことになる。**2**でも述べたように、厚生省は、医療補助職ならばいつでも心理士資格を国家認定にする用意がある、という。医療補助職とは、医師の指導監督のある限り、非医師が医行為に従ってもよい、という職種である。その限り医師の優位はおびやかされない。

ある意味でわれわれは、現在の精神科医のレベルにまでわれわれ自身を引き上げようとしている。そのためには、現在の医師のしているより以上の努力がいる。しかし私の見るところ、平均的心理士の努力は医師の努力に遠く及ばない。たしかにシステムの問題がある。しかしだからこそ、個々の心理士の死にものぐるいの努力がいるのではないか。しかし現状のままでは、社会的経済的地位も含めて、ますます医師との距離が大きくなるのではないか、という気がしてならない。心理士たちがそれだけおのれの状況をつきつめていないのである。

しかしそれにはそれなりの理由のあることはすでに述べた。あえてくり返せば、私たちがカウンセリングを始めた当初、ほとんどの人が素人であった。それまで、心理学者がこころ病む人々に接することがほとんどなかったからである。あるいは、心理学を専攻していない人々もカウンセラーをめざした。私もその一人である。そこに若干の甘さがあった。そういう〝悪しき伝統〟がいまだにひき継がれているのである。一方で、実践的にも研究的にも素晴らしい人が多く出てきた。しかし大多数のカウンセラーは、ほとんどが日本心理臨床学会の会員であり、日本臨床心理士資格認定協会の資格の持ち主でありながら、必要な努力をしているとは思いにくい。なぜそうなのか。とくに若い人たちに考えてもらいたいことである。

第4章　ロジァーズの三原則

1　共感的理解

ここでロジァーズに戻る。彼には「必要十分条件」として知られている有名な論文がある（一九七五）。そこに本節でとり上げる、共感的理解、受容・無条件の積極的関心、純粋さ、の三原則が論じられている。しかし、これらを日々の実践の場でどう具体化するかが、当時のわれわれにとっての大問題であった。ロジァーズは技法的には感情の明確化を唱え、そのための方法として、クライエントのことばをそのままおうむ返しに返すやり方をあげている。今までに述べてきたように、カウンセリングワークショップで、世話人たちは終始そういう姿勢を崩さなかったし、それでそれなりの効果が生じているようにもみえていた。

しかしカウンセリング場面で実際にやってみると、なかなかうまくゆかないのである。「……のようなお気持ちでしょうか」と「……」の部分でクライエントの言った通りのことばをくり返すのだが、「違います」とやられ、「それじゃこういうお気持ちでしょうか」と返すと、再び「違います」と言われて途方にくれた。しかも内心何か言いたいことがある（たいていは意見、忠告、質問めいたものである。ロジァーズ派としてはもっての他、と考えられていた）のを抑えているから、クライエントからみたら白々しい限りであったと思う。その場を逃げ出したい気持ちに駆られることが再々あったが、以前に述べたことがある（氏原、一九七五）のでここでくり返すことはしない。

この小節では、共感的理解についてとりあえず三つの観点から考えたい。まず第一は、クライエントが「いま・ここ」で感じていることを、まるでクライエントのように感ずることはできない、ということである。たとえばこの頃母親のやることなすことみんなが疎ましくなってやり切れない、という女子高校生がやってきたとしよう。そして、自分のいない間に勝手に部屋に入りこんで日記や手紙を調べているらしいとか、今どき門限をきびしく言うのでまともな友だちづきあいもできない、などと言うのを聞くと、一応なるほどという気持ちにはなれる。しかしこの子どもは、幼い時、おしめを洗濯しながら微笑みかけていた母親の顔を覚えている。幼稚園の頃、手作りの服を着せてくれて、今から思えば着せかえ人形のようなものであったろうが、とてもうれしかった記憶もある。だから、母親がうっとうしいというこの子どもの「いま・ここ」の気持ちには、こうした過去の、むしろ楽しかった一こま一こまの重みもこもっている。しかしそうした記憶は、クライエントが話してくれない限り、カウンセラーにはわからないことなので、そこまできめ細かくは共感のしようがない。

そこで第二の問題が浮かび上がる。「いま・ここ」の意味である。「いま」の意味は、「いまがいつか」によって決まる。ということは「いま」が「いま」だけの「いま」ではなく、過去から未来につながる「いま」としてはじめて意味をもつ、ということである。「ここ」にしても、それが「どこ」であるかを相対的に位置づけることによって、はじめてその意味が明らかになる。カウンセリングとは、その限り「いま・ここ」の意味を明らかにしてゆくプロセスだ、とさえいうことができる。しかし当初われわれは、「いま・ここ」の意味を文字通り「いま・ここ」に限定し、抽象的ないわば真空の中に現実的な手がかり足がかりを空しく求めていたような気がする。それが先に述べた白々しさとつながっていた。

それとの関連で、まるでクライエントのように感ずることなどできないにもかかわらず、クライエントより深くクライエントを共感的に理解できる、という逆説がある。先の女子高校生の例に戻れば、カウンセラーに発達心理学的な知識があれば、本人の気づいていない、「いま・ここ」のクライエントの気持ちの背景がわかるからである。つまり、おとぎ話的ないい方をすれば、今までの愛《め》で慈しむ母親が、思春期から前青年期にかけて、呑みこみ閉じこめる魔女に変身するのである。これは河合（一九九二）のいう、母親の包みこむ働きが子どもの発達段階に応じて、成長を促す肯定的な姿から、成長を妨げる否定的な存在に変容するからである。これは、母親が変わるというよりも、子どもたちにとっての見え方が変わったのだ、ともいえる。だから今までのよき母親像に悪しきそのイメージをどうとりこむかが、この年頃の子どもたちの課題なのである。それは発達的にみて当然のなりゆきであり、個々の母親が悪いとか、その子どもがおかしいとかいう問題ではない。

そのことを承知して、カウンセラーがこの高校生の話を聞いていると、この高校生の語るやり切れなさの背景が見えてきて、話の節々が「腑」におちるのである。そのことをクライエントに伝えるかどうかはともかく、高校生の方も、カウンセラーの感じを通して、今までの一方的な激しいけれども部分的な感情を、全体的な自分の状況とつなぐことができる。ロジァーズのいう感情の明確化には、この、部分を全体につなぐ働きが含まれていたのだが、その頃のわれわれは、もっぱらおうむ返しにこだわって、クライエントの部分的感情をさらに断片化するようなことをしていたもの、と思われる。

2　受容―無条件の積極的関心

受容についていっておきたいことは、三つある。第一は、無条件に受容する（これは事実上不可能なことである。何とかそれに近づくべく努力する、ということであろう）ためには条件がいる、ということである。カウンセリングには制限がある。つまりクライエントのいいなりにならない、ということである。それが無条件の受容とどうつながるのか、は長い間われわれにとって大きい疑問であった。それが、上述の逆説を思いつくことによって一応解消した。実践的にいえば、五〇分たてばこのクライエントは帰る、と思えるからこそその五〇分に全力を投入できる。あるいは、納得できる反対給付、たとえば料金をいただいてはじめてがんばることができる。

おのれの大切さのわからぬ人に他人の大切さはわからない。クライエントさえよくなってくれればそれで十分というのは、よい意味でも悪い意味でもよほどおめでたい人である。おそらくわれわれは、おのれの安全が確かめられない限り、他人のために一生懸命になれない。サールズ（一九九五）という分裂病治療に著効をあげたアメリカの精神科医が、医師の献身はしばしばおのれの不全感に発する、といったのはおそらく同じ文脈に属する。彼はさらに、そもそも精神科医なりカウンセラーになろうと思ったこと自体、かつて十分にケアされなかったうらみを、他者をケアすることによって補おうとする傾性による、と述べている。そうしたコンプレックスにある程度気づくことがなければ、カウンセラーはとめどなく、いわゆる逆転移の網にからめとられてしまうことになる。ここで逆転移についてうんぬんする気持ちはないけれども、個人的な思いにとらわれて、カウンセラーとしての役割を見失った状態、としておく。

二番目は、カウンセラーの仕事は必要条件であって十分条件ではない、ということである。もともと日常的な人間関係がそこそこに機能していれば、カウンセリング関係などいらない。逆にいえば、カウンセリングのプロセスがどれほど順調に進んでいても、そこそこの日常関係が保たれていなければ、その効果の顕在化することはほとんどない。たとえばビタミン剤の投与は、しばしば身体的疾患に著効をもたらすらしいが、ビタミン剤だけですべての栄養素がまかなわれるわけではない。炭水化物、脂肪、たんぱく質といった日常的な栄養素が十分に摂取されていてはじめて効くのである。ビタミン剤はそれらを吸収する機能が十分働いていない状況を、改善するにすぎない。同じく、カウンセリングだけでクライエントの内的状況がすべて改善されること、はありえない。

家族、ケースワーカー、医師などの力がすべて集まって、はじめてカウンセラーの力が生きる。一週間に一度、それも一時間前後の接触で、クライエントがすっかり元気になることを期待することはできない。カウンセラーの受容は、それがなければその他の人たちの努力が生きてこない時、いわば最後の一グラムを提供し、みたところそれだけでクライエントがよくなったように思えることがある。実は一〇〇のうち九九までの条件が整っていたからこそ、しかし一〇〇のうちの一が不足していたばっかりに、十分条件が満たされていなかっただけなのである。しかしその一がなければ一〇〇にはならなかったのだから、カウンセラーの働きが不可欠であることには変わりない。

要するに、カウンセラーの力はそれだけでは十分でない、ということである。だからカウンセラーは、おのれの力の効用と同時に、その限界を胆に銘じておかねばならない。それが、カウンセリングにおける制限の必要な理由である。無条件かつ無制限にクライエントを受容することはできないこと。それでも十分クライエントの役には立てること。その二律背反を何とか自分なりに納得するために、何年もの模索の時が私には必要であった。

三番目のおそらく最も重要なことは、クライエントを受容するためには、まずカウンセラーが、おのれ自身を受容できていなくてはならないことである。それは、カウンセラーのクライエント理解が、カウンセラーの自己理解の域を超えることのないのと軌を一にしている。ただしこの場合のおのれとは、自分にとって好もしいだけの自分ではない。受けいれがたいその一面である。ロジァーズ（Rogers, 1959）によれば、自己概念に一致しない経験はまったく受けいれられないか、自己概念に合うように歪めて受けいれられる。その際、何らかの不適合感が仮定されているから、それとはっきり意識されていないにせよ、感じられてはいるわけである。しかし多くの場合、自分のものとしては感じられていない。そこに投影のメカニズムが働く。

たとえば自分をケチと思っていない人（現実には多かれ少なかれケチでない人はいない。それはきわめて重要な現実吟味能力の指標である）は、おのれの中のケチ根性を他人の中にみる。意識されていないだけに感じやすい。それがコンプレックスの特徴である。ごくささいな他人のケチが目につく。それが、ロジァーズ流にいえば、ケチでないとする自己概念をおびやかす。だからことさら唾棄すべき事柄と映る。そしてそういう人を許せない。しかし実は、おのれのケチ根性を受容できていないのである。

おのれのケチに気づいておれば、残念なことではあるにしても、そしていつか克服しなければと思うことはあるにしろ、とりあえずは仕方のないこととして認めることができる。すると他人のケチな行為に気づいても、ああ、あの人もやってるなということで、目くじら立てるほどに触発されることがない。そこそこ大らかに許容できるのである。その意味で、自分に厳しい人だけが他人に優しくなれる。しかしそれは、要するにおのれに対する優しさに他ならない。ただしその前に、受けいれがたいおのれの欠点に目を据える厳しさがいる。

以上、受容ということが、他者としてのクライエントをもっぱら受けいれることではないことを述べてきた。それは、おのれの限界に目を据えてはじめて可能になる。無条件に受容するための条件という、逆説的状況を通り抜ける必要があるのである。

3　純粋さ（genuineness）

純粋さとは、クライエントとの関わりにおいて自分自身になること、と定義される。ここで大切なことが、〝クライエントとの関わりにおいて〟ということである。しかし当初のわれわれは、もっぱら〝自分自身になること〟に気をとられた。そこから〝本来の〟〝裸の〟人間、といったイメージが浮かび、当然誰に対しても変わることのない自分、であることがめざされた。第**1**章の**3**カウンセリングマインドで述べたように、特異なカウンセリング関係が見逃されて、非特異的日常的なよき人間関係が強調されたのである。

卑近な例をあげる。映画『ゴットファーザー』を観られた方は多いと思う。アメリカのマフィア一家の興亡を描いたものである。彼ら一族のまことに優しい結びつきと、抗争相手に対する容赦のない残酷さが際立っていた。この場合、彼らの本質は、家族に向けられた優しさなのだろうか。あるいはギャング相手にみせる残酷さなのだろうか。しかし、どちらがウソでどちらがホントかなどは誰にもいえない。おそらく両方共がホントなのである。ということは、人間は状況によって優しくもなれば残酷にもなれる。どちらか一方を、〝裸の〟〝純粋な〟〝本来の〟自分と決めつけることはできない。優しさも残酷さもあわせもった人間が、個々の状況に応じてどう生きるか、というところに〝純粋さ〟がある。

似たようなことは、役割についてもいえる。役割は演技に通じ、どこか本当でないニュアンスがある。しかしあらゆる人間関係は役割関係である。親にしろ教師にしろ、社会的に期待された役割がある。そして役割を通してしか、〝本当の〟人間として触れあうことができない。同時に役割には、その陰に本当の自分を隠す働きがある。今日、親役割、教師役割の向こうにある本当の人間に触れようとして、子どもたちが暴れている場合は少なくない。にもかかわらず、われわれは役割を通してしか出会えない。教師である我が生徒である汝に出会う出会い方は、親である私が息子であるお前に出会う出会い方とはまるきり違う。そうであってこそ、そこに「我と汝」という普遍的な出会いが生ずる。

親と教師の違いは、親の特別扱いと教師の平等扱いの差である。こうした親との出会いを通して子どもは、おのれのかけがえのなさに気づく。教師との出会いを通しては、一人ひとりユニークな自分たちが、人間としては皆同じという事実を体得する。一人の人間が教師であり親でもある場合、わが子に対してもクラスの生徒たちに対しても、人間として感じるものは同じであっても、役割を通しての〝人間的〟ふれあいは、それぞれにユニークなはずである。

あるいは、はじめて若者を愛した少女の場合、少女にとって若者はまさしくかけがえのない相手である。そこに第三者の入りこむ余地はない。若者への熱い思いを、その若者以外の男性に分かつことはできない。もちろんこの少女の思いの底には、成熟した人間のメスの、オスに対する生物学的な欲求がある。その限り、不特定多数のオスたちと関わることが不可能ではない。しかし愛というすぐれて人間的な営みは、対象をかけがえのない一人に限定する。それによって、無方向的な本能的衝動が、個々の状況に縛られると同時に生かされる。ここで衝動をホンネ、状況に合せることをタテマエとは必ずしもいえない。内容（衝動ないしホンネ）は形式（状況ないしタテマエ）があってはじめて具体化される。形式は内容がなければ生気を失う。両者は二つそろってはじめて一つの現実を形作る。どちらかに片寄る、つまり形式が内容を窒息させたり、内容が形式を破壊する時、逆に〝純粋さ〟は失われるのである。しかし三〇年前のわれわれは、それらのことにほとんど気づいていなかった。そのため二律背反のはざまにひき裂かれ、しばしば立ち往生させられていた。しかしそれについては、後章でさらにくわしく論ずる。

第5章　診断的理解と共感的理解

1　診断的理解について

ロジァーズに診断無用論のごときもののあることはすでに述べた。そしてそれにはもっともな理由があった。しかしそれを額面通りにうけとると、いやおうなしにその一面性が浮かび上がってくる。そのギャップをどう埋める

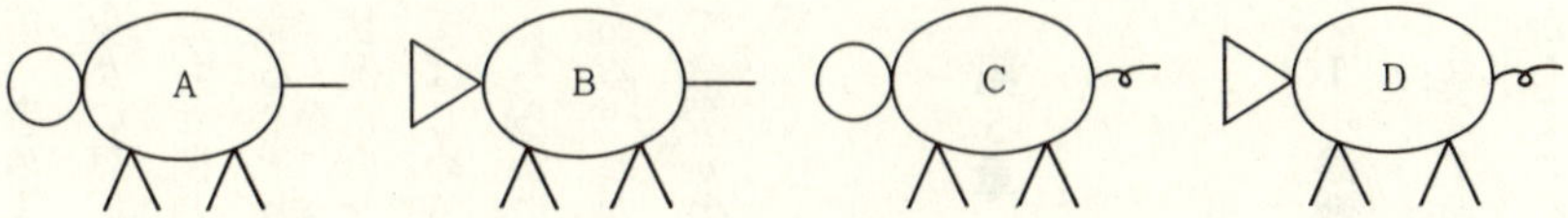

図1
（ハヤカワ 1969『思考と行動における言語』岩波書店，便宜上若干の変更が加えられている）

かが、いわゆるロジァーズ第一世代にとっての大問題であった。この世代が診断無用論に大きい影響を受けながら、ロールシャッハテストという診断的手段を手放すことのできなかったことが、彼ら（私をも含めて）のもつ深い葛藤を示していた。しかし今にして思えば、それがわれわれの直観的な知恵の閃きであったかもしれない。

ロジァーズが、診断的理解を共感的理解を妨げるもの、と考えたについては一理がある。というのは、診断的理解がクライエントをある種のカテゴリーにはめこんで、わり切ることを目的としているからである。思考を、主に言語を媒介とする分類機能（ハヤカワ、一九六九）とすれば、診断的理解とは主として思考機能に拠っている。これは対象を、いくつかあるその属性の一つに分類する作業である。たとえばハヤカワの例によれば、図1は四種類の四足獣を示している。これを顔の丸いもの（AとC）をバーバーと呼び、顔の三角なもの（BとD）をビービーと呼び、しっぽのまっすぐなもの（AとB）をブーブーと呼び、しっぽのくびれたもの（CとD）をベーベーと呼べば、四種類に分類することができる。バーバーは肉がおいしい。ビービーはニワトリを襲う。ブーブーは草しか食べない。ベーベーは人懐っこい。こうした分類は、これらの四足獣にどう対応すればよいかを明らかにしてくれる。しかしAをバーバーとしてしまうと、そのブーブーとしての属性は失われる。さりとてブーブーとしてしまえば、バーバーとしての側面が落ちる。対象ないし現実は、すべて全体的なものである。それは、われわれ自身が全的な存在であることに対応している。だから四足獣Aはバーバーでもあればブーブーでもある。それを生まれた時から育てておれば、その他さまざまな分類が可能である。家族の一員でありペットであるかもしれない。しかしそのように抽象化された断片をすべて合わせても、全的存在としてのAがとらえられるわけではない。Aは柔かく暖かい。それと寄り添って眠れば母親であるかのように感じたことがあるかもしれない。それらのすべてが渾然一体となり、丸ごとの存在として主体にかかわってくる。主体からみれば、かけがえのないAという存在と出会うことによって、同じく丸ごとのおのれの可能性に開かれてゆくそのつど、新たなユニークな体験である。

ロジァーズが、共感としてとらえていたものは、おそらくここに述べたような、丸ごとの体験のプロセスである。第1章の4、第2章の1で、カウンセリングワークショップやベーシックエンカウンターグループについて述べたこと、を思い出していただきたい。その場合メンバー同士は、今まで会ったことのない、これからもたぶん会うことのない人たちであった。自己紹介めいたものもほとんどない。手がかり（つまり分類の基準である）のないままに、文字通り「いま・ここ」の、性別、年頃、立居振舞いをわずかの拠りどころとし、全体的な、それだけ未分化な〝感じ〟に従って動いてゆくより仕方がない。だからはじめは、重苦しい探りあいのような雰囲気が立ちこめる。職業や肩書きがわかっただけで、どう対応すればよいか見当がついてホッとしたものである。何らかの分類が可能になった時、それに対して現実適応的に対応することが可能になるからである。

だから診断的理解は、クライエントにどう対応するかの見通しを与えてくれる。しかしそれは知的な抽象的断片的なクライエント像にすぎない。生きた丸ごとのクライエントからは程遠いのである。ロジァーズは、クライエントの生育史を知ることさえ、それによるカテゴリー化、つまり断片化を促し、「いま・ここ」の共感的プロセスが妨げられる、とした。たとえばクライエントの家が母子家庭であるとか、医師によって分裂病と診断されているとかを知ることは、そのまま先入観となって生きた関係を損う、というのである。たしかにそういう場合がないとはいえない。以前、知恵おくれ即養護学級と考えられていたように。

しかし母子家庭という〝一般的な〟状況をその人がどう生きるか、は別の問題である。医師が分裂病とみなさざるをえないある種の状態をどう受けとめるかは、個々のクライエントの決めることであろう。またそうしたクライエントにつきあうカウンセラーとしては、母子家庭なり分裂病についての一般的認識をもっているか否かが、共感性を高めるための決め手になることがある。ロジァーズにもそのことはわかっていたに違いない。しかし十分な説明をしていない。ただしこれらについては、後でもっとくわしく考える。

しかし当時の私たちは、本気でロジァーズの診断無用論、というより有害論を信じた。要するに、診断的態度とはクライエントを客体として見ようとするものである。それに対して共感的態度は、主体同士として感じあってゆこうとする。だから本質的にあいいれない、とする比較的単純な論理なのである。しかしわかるということは、それほど簡単に主観的客観的と分けられるものではない。客観的な認識がむしろ主観的な共感を促す場合がある。もちろん妨げることも多い。そうした逆説を、おそらくロジァーズは実践的には理解し、それを超えていたと思われる。しかし理論的にはあいまいなままに残した。いうまでもないとする気持ちがあったのかもしれない。しかしほとんど経験のない私たちが、ロジァーズの理論だけを頼りに実践にのり出した時、この矛盾はたちまち多くのカウンセラーをつまずかせた。それで四苦八苦したことは、すでに述べた通りである。

2　カウンセラーの枠組み

赤ん坊が母親を見つめる。即座に母親が見つめ返す。この時、見るという能動的な行為は、見返されるという受動的な行為と分かちがたく結びついている。それは、主体と客体が一つになり、あなたでもなく私でもない、私でもありあなたでもある融合体験である。この時赤ん坊は〝存在する〟。しかし見るという能動的行為において、すでに主体としての萌芽的な自我がある。そして見返されるという受動的行為において、客体に包まれる。この時見ることは見返されているのを見ることであり、見返されるとは見ている自分を見返すことである。もしも見返されることがないと、赤ん坊のまなざしは虚空に消え、存在の感覚は消える。環境との相互作用を通して、つまり関係の中ではじめて、赤ん坊はおのれの存在に気づくのである。

もとよりこれは、言語以前のプロセスである。ロジァーズが共感という時、こうしたプロセスが視野に入っていたと思う。それは世界と一つであるような全体感覚である。ウィニコット（一九六五）のいう being の段階。つまりそこにいるだけで意味に満ちた状態である。こうした言語以前の、感覚レベルの相互作用を含むプロセスを感情の明確化と呼んだところに、ロジァーズ理論が、少なくともわれわれに誤解される一つの理由があった。もっとも後に述べるように、感情を、対象を自分との関わりで意識した状態とすれば、以上の融合体験を、萌芽的な感情体験ということはできる。

もう一つロジァーズが誤解を招いた原因は1に述べた、「いま・ここ」を強調しすぎたことである。これは、カウンセリングルームにおける「いま・ここ」の重要性を思ってこそのことである。しかし「いま・ここ」の意味は、「いま」が「いつ」か、「ここ」が「どこか」を確かめることによってしかあらわれてこない。そしてカウンセラーとクライエントは、同じ「いま・ここ」を共有しているようにみえて、お互いが違った「いま・ここ」を生きている。実はその矛盾をどう生き抜くかが、〝純粋な〟人間としての出会いになる。先の赤ん坊が、見ているのか見られているのか、融合しているのか分離している（ロジァーズのことばでいえばセパレート）のか、その両方でありいずれでもない、という逆説的状況に似ているのである。しかしロジァーズは、異なった「いま・ここ」にカウンセラーの注意が向くと、カウンセラーの「いま」がクライエントに押しつけられるのを恐れたのであろう。われわれは、もっぱら同じ「いま・ここ」を生きようとして、悪戦苦闘していたのである。

同じようなことが、カウンセラーの枠組みについてもいえる。ロジァーズによれば、カウンセラーはおのれの枠組みに固執してはならない。クライエントの枠組みを通して万事を見なければならないことになる。しかし、おのれの枠組みを抜きにして、そもそも対象理解は不可能である。たとえば不登校の子どもの母親が相談に来たとしよう。どうすれば学校へ行かせることができるのか。やれることなら何でもする、と訴えたとする。常識的には、一番苦しんでいるのは子どもだから、暖く見守ってやりましょう、ということになる。しかしそれではほとんど役に立てない。

文部省が、不登校は普通の子どもにいつ起こっても不思議ではない、という通達を各教育委員会に出したのは数年前である。今までのように、特殊な環境の特殊な子どもの問題でない、ということである。神戸の小学生殺人事件の少年について、精神鑑定書には、親の責任でも学校の責任でもない、とあったらしい。だからこうしたことが起これば、誰の責任かと犯人探しをすることは、百害あって一利もない。多くの場合、犯人を特定することで、自分自身の責任を免れようとする意図が見え見えである。

いじめ問題がクローズアップされた時、ニュースキャスターや識者たちが、全国の視聴者の前でしたり顔に学校たたき（それこそがいじめである）をくり返していたことが思い出される。いじめについては多くの国民がイライラしていた。しかしそれが現代の日本の繁栄とつながりのあることは、うすうす気づいている。自分もまた共犯の一人なのである。何とか被告の立場を免れたい。それには真犯人の発見が一番である。そこで学校がスケープゴートに選ばれた。親たちは胸を撫でおろし、安心して先生たちを非難したのである。最近になってやっと、そういう風潮が教育の荒廃を招いたらしいとする反省が、かすかに芽生えつつある。

不登校にしても同じである。子どもが学校に行かなくなると、まず犯人探しが始められる。たいていの場合狙われるのは母親である。母親一人を悪者にすると、父親も祖父母たちも〝善人〟のままでいられる。母親自身、子どもにまで責められるようになると、やっぱり自分が悪いのか、という気持ちに追いこまれやすい。それが、何としても学校へ行かせたい、そのためにはどんなことでもする、という思いをかき立てる。子どもが学校へ行ってくれさえすれば、罪を免れられるからである。しかしそれが当然視野狭窄を起こし、とてもおちついて子どもを見守る心境にはなれない。

と、以上のような状況も、専門家であるカウンセラーは、クライエントより遥かに早く見通すことができる。また、できなければならない。それはクライエントの「いま・ここ」の気持ちの背後にあるものである。感情の明確化とは、実は「いま・ここ」の気持ちを、背景にある漠然としているが基本的な気持ちとつなぐことに他ならない。しかし以上の見通しは、すべてカウンセラーの枠組みによるものである。そのような枠組みによって、クライエントの「いま・ここ」の枠組みを包みこむことが必要である。クライエントの「いま・ここ」の限定された枠組みにこだわっている限り、カウンセリングの進展はない。ただし「いま・ここ」の気持ちを、背景の気持ちをも含みこんだより広い「場」、として考えるのならば、話は別である。「場」については、しかし第7章で述べる。

今まで述べてきたことは、要するに、前節でとりあげた診断的理解の効用についてのものである。ロジァーズに、その面への評価の不足していたことは否めない。少なくとも、書いたものから判断する限り、である。そこで同じ文脈に属するものとして、もう一つのテーマをとり上げてこの節の終わりとしたい。

それは、カウンセラーの価値観をクライエントに押しつけてはならない、ということである。一見もっとものようにみえて、ここにも一つの逆説が隠されている。それは、おのれの価値観を押しつけるな、ということ自体が一つの価値観だからである。知人のカトリックの修道尼は、信仰にめざめた時、こんな幸せを何とか他の人たちと分かちあいたい、と思ったという。いわゆるカルト集団は、オウム真理教をもち出すまでもなく、信仰を共にする者だけが救われるのであり、それ以外の人は今死のうがいつか死のうが変わらない、ということから平然と大量殺人を犯したらしい。既存の大宗教ですら、異端裁判とか魔女の火あぶりについては、ある種の信条を共にしない者は人間仲間と認めない、ということだったのではないか。げんに今なお、アメリカのある州では、公立学校で進化論の授業は禁じられているという。進化論が正しいのかどうかという問題ではない。多様な考え方が、他者のマイナスにならない限り認められるべきだ、という近代的な民主主義思想が受けいれられていないのである。

だから、自らの生き方は自らが決めるべきだとか、したがってカウンセラーの価値観をクライエントに押しつけてはならない、といった信条も、所詮は相対的な、数多くある中の一つの価値観にすぎない。クライエントはクライエントなりに生きるべきだ、というのは大方のカウンセリング学派の共通の立場であろうけれども、自分たちがひょっとしたら、善意のいわゆるマインドコントロールを行っているのかもしれないという反省を怠ると、意外に人迷惑なお節介をしてそれに気づかない、という仕儀になりかねない。私自身の個人的経験からいえば、私の価値観を大体共有してもらえた時、クライエントが〝よく〟なっている印象がある。

3　感情の明確化

ロジァーズの不適応論が、ジェンドリン (Gendlin, 1962) のいわゆる抑圧パラダイムに属しているのは明らかである。それは、自己概念に合わない経験は、自己概念に合うように歪めて知覚されるか、あるいはまったく知覚されない、とする理論をさす。しかしそれぞれの場合に応じて、極端に依怙地になったり傷つきやすくなる。こうした現象を知覚ないし意識の変化と見るかいなか、は定義の問題である。ロジァーズはそれについてほとんど言及していない。いずれにしろ、ある種の経験がそのまま自己概念にとり込まれない、という点では、フロイトに発する抑圧のメカニズムが前提されている。ロジァーズの理論がややこしくなるのは、経験とか知覚とか意識の定義がきわめてあいまいなことによる。さらに有機体的プロセスとか潜在知覚といった概念が、そのつどの都合で駆使されているので、その部分に限っていえば納得できても、全体的な体系の中にどう位置づけるかとなると、違ったことばが同じ意味で使われたり、同じことばが違った意味で用いられているので、一つ一つのことばを忠実に追う限り、読者は混乱せざるをえない。

本稿ではしたがって、私なりに理解した限りのロジャーズを踏まえて、彼の理論の足りぬ部分を補い、その理解をより深めかつ広げることがめざされている。もちろんそれが、彼の矮小化、歪曲につながっている可能性は承知している。しかしそうだとしても、それがロジャーズ理解の一つの観点を示しているという点では、まったくナンセンスではないと期待したい。

そこでこの小節で考えたいのが、彼のいう〝感情の明確化〟である。自己概念を前面に出してきていること自体、彼が感情プロセスに注目していたことを示している。もっともそれは、何度か述べてきたように、感情を自分との関わりで対象を意識する働き、とするならばのことである。これは『星の王子さま』（一九五三）の「バラはバラでも自分が水をかけたバラは別物だ」とする、あの感じ方である。あるいは第4章の1や前節で述べた、カウンセラーとクライエントの「いま・ここ」が物理的には共有されていても、お互いの「いま・ここ」の意味や価値はまったく違うという、個々人のユニークさに関わっている。「わが物と思えば軽し傘の雪」といった句の意味や、親からの形見の品を、客観的な価値とは関わりなく、かけがえのないものと感じることなど、すべてそれである。それはまさしく当のその人ならではの感じであり、他人には通じない。いわば独りよがりの、まったく主観的な経験の仕方である。

ロジャーズが強調したのは、こうしたクライエントの主観的な経験のプロセスを尊重すること、である。そしてそれを共感と呼んだ。どうしてそのことがクライエントの役に立つのか。カウンセリングの多くの諸派が共感の重要性を説きながら、なぜそうなのかの説明は意外にしていない。ロジャーズも例外ではない。私自身は、感情プロセスの回復がクライエントの主体的な態度を甦らせるからだ、と考えている。それが、対象を自分との関わりでうけとめることを促すからである。われわれは自分に苦痛をもたらす経験を、できるだけ自分と関わりのないものとして考えたがる。ロジァーズのことばをくり返せば、自己概念に合わない有機体的プロセスは、自己概念に合うように歪曲して知覚されるか、あるいはまったく知覚されなくなる、のである。そして、このようなプロセスをいかに自己概念に組みこむか、がカウンセリングの目的になる。そのために「感情の明確化」が必要だ、とするのである。

自己概念ということばは、一見ことばによって把握した自分、したがって客体として認識した自分、に限定されるように思えるが、そうではない。あいまいな、ただ主観的にかすかに感じられている部分をも含む。しかしそれらについては、これもロジァーズ（Rogers, 1942）にとって重要な概念である「知覚の（あるいは現象学的）場」との関連で、次節でとり上げる。ここではロジァーズが、今まで自分のものとしては受けいれがたかった経験を、自分のものとしてとりこむ（主体的に自分の問題としてひき受ける）ために感情プロセスの展開が必要であること、をこのことばを使って論じていたことを指摘するにとどめる。

すでに述べたように、ロジァーズは、有機体的プロセスがそのまま自己概念にとりこまれなかった場合、ある種の不安や傷つきやすさとしてあらわれる、という。その感じを明確にしてゆくことこそ、「感情の明確化」に他ならない。しかしこの感じは、感情というよりは身体感覚に近い。ロジァーズの弟子であったジェンドリン（Gendlin, 1962）は、この感覚に注目し、それを〝凍りついた体験過程〟として、独自のフォーカシングの技法を発展させた。私自身は、この不安や傷つきやすさをすでに一つの意識状態としてとらえており、その限り、ある程度自己概念に入りこんでいる（それを脅かすものとして）、と考えている。だからこそ、自己概念から排除（フロイト流にいえば抑圧）しようとする動きが生じるのである。

それはしたがって、そうした感じを自分に関係ないもの、として閉め出すことになる。ここで働くのが問題の客体化ないし一般化、いわゆる思考機能である。感情が個々人にとってユニークな、それだけ全人的ではあるが主観的、時に独断的なものであることはすでに述べた。思考はすぐれて言語的な働きであり、明快で現実適応的である。客観的で誰に対しても通用することが前提になっている。ただし分類化抽象化断片化への方向性を含む。ロジァーズが診断的理解に偏ることを恐れたのは、そのためである。

例をあげる。ある時ある女子高校生がカウンセラーのもとを訪れた。中学時代、知りあいの大学生に友人と共にドライヴに誘われ、その時複数の男性にレイプされたのである。そこでカウンセラーは、「あなたは身も心も穢れてはいません」と励ました。それでその高校生は来なくなった。ここで大切なことは「穢《けが》れ」の感覚である。「汚《よご》れ」は洗えば落ちる。しかし穢れは落ちない。浄めの儀式がいるのである。この高校生は、カウンセラーのもとにそれを求めてやってきた可能性がある。もちろん十分自覚はされていない。何回かの話しあいを重ねて、カウンセラーを恃《たの》むべき導師と思ったのかもしれない。しかしカウンセラーは逃げた。善意から出た励ましであるだけに、カウンセラーを責めることはできない。少女は立ち去るよりなかった。

穢れは、共に穢れてしかも穢れきらない立会人がいて、はじめて浄められる。ここでカウンセラーが何をすべきであったかは不明である。ただ自分自身の性に関する、もっといえば女性としての一切の体験を踏まえて応えるべきであった、とはいえる。もちろんそういう自分が、もしも中学生で信頼していた大学生に突如レイプされた場合、どう感ずるかも含めてである。ある意味で性の伝授者としての覚悟がいる。そのためには、自分でも触れたくない性のもつ不可思議な、しかしおぞましい領域に降りてゆく、つまり穢れねばならなかった。穢された少女に選ばれ、いわば恥部をさらしあう相手として少女を選び返す儀式がいるのである。感情の明確化とは、だからクライエントの感情だけのことではなく、カウンセラー自身の内的プロセスに関わることを思わねばならない。

もう一つの例をあげる。これは河合（一九七六）によるものである。ある女子高校生が、「私たちは愛しあってセックスしている。おとなたちは愛しあってもいないのに、夫婦というだけでセックスしている。どちらが悪いのか」と言いつのった。今まで先生たちや警察官まで辟易させてきた論理である。カウンセラーは、「世の中には理屈抜きに悪いことがある。あんたのしているのはその悪いことだ」と答えた。それでその高校生は納得した。これは、彼女がひそかに求めていたもの、をカウンセラーが提供したからである。それが何であったかは議論の分かれるところである。しかしカウンセラーが、思わず父親役をとらされていた、とはいえるかもしれない。それも共感の一つのあらわれである。しかしそれについては次章で考える。いずれにしろ、このクライエントがことばで表現している主張は、論理的に正しい。だからそのレベルでは、おとなたちもひき下がるよりなかった。このカウンセラーは、クライエントの論理＝思考の背後にあるものに反応した、といえるであろう。しかしそのためには、自分自身の論理以前ないし以後の領域を踏まえている必要がある。

4　見立て

見立ては診断と似た意味をもつが、臨床的なところに微妙な差がある。診断的理解に批判的なロジァーズが、見立てについてほとんど言及していないのはうなずける。しかし、ここでも自己概念が鍵概念となって、ロジァーズの実践に、見立てのプロセスが不可避的に入りこんでいたことがわかる。自己概念とは簡単にいえば、客体としてとらえた自分についてのイメージである。しかし、客体としての自分を見ている主体としての自分がある。さらに客体としての自分を誇らしく、または惨めに〝感じている〟自分がいる。彼の不適応理論によれば、自己概念に合わぬ経験＝有機体的プロセスは潜在的にそれと知覚されて、歪曲されたり抑圧されたりする。その場合、潜在的に知覚する自分が予想されている。しかも歪曲や抑圧によって、妙に傷つきやすくなったり不安になる受け身の自分がいる。彼の理論では、そうしたもろもろの自分が自己概念に含まれているので、主体なのか客体なのかしばしば理解しかねることが多い。

こうした混乱は、彼の強調する「いま・ここ」の経験についてもいえる。「いま・ここ」の意味は、「いま」が「いつ」か、「ここ」が「どこ」かによって決まることはすでに述べた。「いま・ここ」だけではまるで真空の中にいるようで、現実感につながらないのである。しかしそのことは、かならずしもつねに意識されているとは限らない。見当識ということばがある。まさしく「いまがいつか」「ここがどこか」という意識である。医師の問診で、現実感の有無を確かめるためにまず聞かれる。ふだんはほとんど意識していない。たとえば自分の年齢、今日の日付、家までの距離、帰宅のための所要時間など。しかし必要となれば即座に思い出せる。さらに大切なことは、それを意識していなくても（ロジァーズのことばを使えば潜在的に知覚されて）、「いま・ここ」の判断に決定的な影響を及ぼしている。外で楽しいできごとに夢中になっていても、たえずどこかで帰宅の時間が測られている。無礼講で寛いでいても、いつも相手の年齢や社会的立場が考慮されている。老人と若者とでは、同じことをしていても、残り時間の差が完全に忘れられることはない。

これが、自我がしばしば一つのコンプレックスと呼ばれる理由である。コンプレックスとは、ふつう無意識とされていながら、つねに現在の意識に影響を与え続けている。それにはいわゆるエディプスコンプレックスはもちろん、人種的コンプレックスや学歴コンプレックスなどいろいろある。当人がそれと気づいていないだけに、しかも周囲の人には丸見えのことが多いので、さまざまな深刻な悲喜劇をもたらすことは、ご承知の通りである。そしてロジァーズの自己概念も、大雑把にいえば、こうした自我コンプレックスを説明するための仮説の一つである。ジェンドリン（Gendlin, 1962）が、彼の理論を抑圧パラダイムの一つとして組みこんだのはうなずける。

いずれにしろ、「いま・ここ」のクライエントに共感する場合、以上のような枠組みが、ロジァーズの中で〝潜在的に〟機能していたことは間違いない。げんに彼は、クライエントにはカウンセラーの共感しやすい人としにくい人がいる、といっている（Rogers, 1951）。明らかに感じ分けているのである。そしてここに、彼の実践を考える上での、そして彼の触れていない、重要な要因がある。それは、個々のクライエントを前にしてカウンセラー自身の感じる、あるいは感じさせられる「感じ」である。今までにも何度か指摘してきたことであるが、日本語の場合、暑さや寒さや喜びも悲しみも同じように「感じられる」。ヨーロッパ語では、感覚と感情は微妙に感じ分けられ（少なくとも日本人よりは明確に）、使い分けられている。ここでカウンセラーの感じるものは、その意味で感覚に近いことに注意する必要がある。

というのは、ロジァーズのいう不安とか傷つきやすさは、もっぱらカウンセラーが感覚レベルで感じる、すぐれて主観的なプロセスだからである。たとえば、壁のようにはね返されるとか、触っただけで血が出そうな、とかいう感じである。そうした感じから、クライエントの知覚の歪曲ないし抑圧に気づく。さらには、クライエントがそうせざるをえないカウンセリング場面の雰囲気、またその雰囲気を作るのに与《あずか》っているカウンセラー自身の態度に思い当たることがある。クライエントの不安は、実はカウンセラーの不安への反応であった、とか。

カウンセリング場面とは、カウンセラーとクライエントとが二人して作る共通空間である。だから双方がその影響を受けざるをえない。クライエントに何らかの癖があったとしても、それが発現するのは個々の状況においてである。たとえば比較的怒りやすい人がいても、しょっちゅう怒っているわけではない。カウンセリング場面で怒りが表出されるのは、そこで怒りを触発されたからである。それはカウンセラーの対応の仕方による。それを、ああまたいつもの癖が出た、と決めつけてしまったのでは、「いま・ここ」の私とあなたとの関係が見失われる。カウンセラー・クライエント共に、カウンセリング場面での行動は相手の動きと分かちがたく結びついている。ロジァーズの強調した「いま・ここ」には、カウンセリングのこの面が含まれている。

カウンセラーは、クライエントが男であるか女であるか、若者であるか老人であるかなどによって、おのれの反応が微妙に異なっていることに気づいていなければならない。「クライエント」としては皆同じ、などとはいっておれないのである。これは、コネコやコイヌの仕草を見ると、われ知らず可愛く感ずるのに似ている。ひょっとするとこれは、幼い子どもを見ると触発される、哺乳類に生得的な傾向かもしれない。オスとメスとの誘引力についても同じである。こうしたことは、カウンセリングの場面でも当然起こる。さらにいえば、コンプレックスも無意識の心的メカニズムとして、生得的生理的メカニズムと同じように、当人にとっては〝自然〟に触発される。そして本人がそれと気づいていないことがある。それやこれやが重なると、どうしても好きになれないクライエントに出会う可能性がある。カウンセラーの意識的努力を超えて、お役に立てぬクライエントがいるのである。

第１章の４でワークショップ体験について触れた。一切の外的手がかりが失われ、メンバーはその場のいわば〝雰囲気〟に任せて動くより仕方なくなる。そこで期待されているのが、こうした本来的な傾向に目覚めることであった。だからいわゆる〝蜜月状態〟にまで進んだグループでは、お互いの〝裸〟の暖かさに包まれて、今こそ本当の自分に触れている、という実感が生じもしたのである。

しかし大切なことは、こうしたレベルのやりとりを通して、先の好き嫌いの気持ちも含めて、〝弁別〟の働きの進んでいることである。これは身体的プロセスが、合目的々に働いている（たとえば白血球がバイキンを攻撃する）にもかかわらず、決して意識できないのに似ている。しかし訓練によって、ある程度そのようなプロセスに気づくことができる。たとえば、カウンセラーに批判的なことを言う時いつも微笑を浮かべるクライエントに対して、「その微笑みは不自然に思える。あなたは私への攻撃をそれによってなだめようとしているのではないか。ということは、私への怒りをモロに出せるほどには、ここで安心できていないのではないか。ひょっとして、安心できないような雰囲気を私が作っているのだろうか」などと言うことができる。もちろん感じたことをすべて言ってよいわけではない。タイミングが重要である。

あるいは遅刻してきたクライエントに対し、「もう来ないのかと思ってた。あんたに見捨てられたのか、と。それは私があんたの期待に応えられていないから。それであんたは私に腹を立てていたのではないか。しかしひょっとしたら私の方が万能のカウンセラーのようにふるまって、あんたに過大な期待をもたせるように仕向けていたのだろうか」などと問い返せるかもしれない。それを、「いや出がけに電話がかかってきて一電車遅れたんです」という説明に納得してしまうと、せっかくカウンセラー・クライエント関係の中から生じてきた「いま・ここ」のプロセスを、棚上げすることになる。もちろんこの場合も、言うか言わないかは、今までのカウンセリングの経過、クライエントの状況など考えた上でのことであり、感じたことをすべて言うのではない。

以上要するに、クライエントを理解するのに、感覚レベルの共感の必要であることを述べてきた。それは、カウンセリング場面でカウンセラーの中に生じてくるプロセスに基づいて、クライエントの状態を理解することである。それはカウンセリング場面が、一種の融合体験を含むからである。つまり、見ることが見つめ返されることであり、見つめ返されることが見ることである状況、それこそがまさに存在することに他ならない乳幼児体験に通じている。それをエロス体験、関係に開かれたありよう、と呼んでもよい。しかもそうした融合＝忘我体験のなかで、おのれの存在が見失われていない。見る私のなかに見つめ返すあなたがとりこまれ、見つめ返すあなたのなかに見る私がいる。したがって私のなかにあなたがあり、あなたのなかに私がある。カウンセラーがおのれの動きに思いをこらすことによって、クライエントの状況を時にクライエント以上に感じとれるのは、そのためである。

見立てとは、客観的な診断的理解（それはそれできわめて重要である）に、こうした感覚レベルの理解を重ね合わすことである。したがってそれは、このクライエントに対して私が働きかける余地があるのか、あるとすればどういう角度から入りこむのか、その場合どんな経過が予想され、最終的にはどんな予後が期待されるのか、といったことがある程度見通せなければならない。もちろんそのつどの面接を通して、見立てはたえず修正される。しかし、何らかの見通しなしにただ一生懸命やらせてもらいます、というのは、しばしば善意の素人の域を出ず、時にクライエントに対して破壊的な結果につながることを、弁えておかねばならない。

おそらくロジァーズの場合、実践的にはかなり明確な見立てがあったはずである。ロジァーズ自身は、共感しやすいクライエントとしにくいクライエントがいる、ということしかいっていないのだけれども。そこで次章では、客観と主観、意識と無意識、融合体験と分離体験といった微妙な問題を、「意識の場」ということで考えたい。

第6章　意識の場

1　感情と感覚

前章で、共感には感覚的レベルのもののあることを説明した。ロジァーズの「いま・ここ」の強調が、おそらくそのレベルの共感を踏まえていることも述べた。意識すると否とにかかわらず、そこに診断的＝見立て理解と通じる面のあることにも触れた。ロジァーズ自身はそのことを明確にしていないけれども。そのため当初のわれわれは、診断的理解に対立するものとして共感的理解を考える時、もっぱら感情的レベルの共感を考えていたように思う。感情とは、私の定義によれば、対象を自分との関わりでとらえる時生ずる意識状態である（もっともこれは、本章3で述べる、意識の機能という観点からみた場合のことである）。

だからクライエントに感情レベルで共感しようとすれば、まずクライエントの状態に自分をおいてみなければならない。そして、「もしも私（「人間というもの」と同じ意味である）があなたと同じ状況だったら、たぶんこんな風に感じると思うのだけれど、あなたが今悲しいといっているのはそういう感じなのか」ということになる。そしてそのためには、いまクライエントのおかれている状況についてのできるだけくわしい情報がいる。そこには生育歴やテスト結果など多くの〝客観的〟知的な情報が含まれる。それがしばしば、クライエントを分類＝断片化する結果につながりやすいこと、は弁えておかねばならない。ロジァーズが診断的理解に危惧の念を抱いた最大の理由である。

しかし感ずるためには知らねばならない。一般論としても、昔ピルトダウン人という化石人類の骨格が発見され、一時期世界中の教科書に写真ののっていたことがある。現在では、それが類人猿の骨に加工したものであることが明らかになり、ほとんど顧みられなくなった。しかし本物と思っていた人は、その骨格を前にして、何がしかの感慨に浸ったはずである。しかし偽物と〝知った〟時、その感情は無関心にか、少なくともかなり異なったものに変わったと思う。カウンセリングについていえば、クライエントに関する一つの情報が、クライエント理解を一挙に進め、カウンセラーの気持ちを大幅に変えることのあるのは、実践経験のある方ならば、容易におわかりのことと思う。

しかしこの、相手の立場に身をおいてみる、というやり方は、「いま・ここ」の即座的直接的な感覚レベルの共感に比べると、間接的なものである。多くの場合、クライエントの感情は、面接場面以外の人に向けられており、カウンセラーがもろにクライエントの感情の対象になっていない。もちろん、今まで意識もされず表現もされなかった気持ちに気づいていくことは、それだけで大きな治療的効果をもつ。その際、カウンセラーの共感能力が物をいうのはいうまでもない。しかしこれはたとえば、映画や芝居の主人公に共感するのに似ていて、お互いの気持ちが直接ぶつかりあうことはほとんどない。

私はこのレベルの共感を、クライエントの被害者感情への共感と呼んでいる。そして私の知る限り、わが国のカウンセラーたちのこうした共感能力はかなり高い、と思っている。非常に大胆ないい方をすれば、多くのクライエントはこういうカウンセラーと出会うことによって、かなり癒されていくのではないか。しかし、それでは不十分なクライエントがいる。そういう人たちに対しては、私のいう「加害者感情」への共感が不可欠と思う。それはカウンセラーに向けられた感情である。それに気づくために、前章に述べた感覚レベルの共感性がいるのである。

多くの場合、そうした感情は、カウンセラー・クライエントの双方に気づかれていない。感情以前の感覚だからである。単純化を恐れずにいえば、ジェームズ‐ランゲ説を思い出してほしい。これは、悲しいから泣くのではなく、泣くから悲しいのだ、というあの学説である。一見奇異な学説であるが、ロジァーズの有機体的プロセスの概念を使うと、ある程度説明がつく。つまり、有機体は多くの刺激を弁別し、それぞれに対して合目的々に反応している。だから、意識的にはそれと気づくことなく、身体の方がまず反応することがある。そこで知的、すなわち言語的レベルではわけがわからないのに、まず身体的レベルで涙が出る。それによって、悲しんでいることがわかる、という論法である。

これをカウンセリング関係にあてはめると、お互いの相互作用は、感情的、ましてや知的に把握される以前に、生理的、つまり感覚レベルで意識される。しかもこれは、同じ哺乳類同士（〝人間〟の場合は、生得的というよりも学習された傾向が植えつけられている。そのためこのレベルの意識化がむずかしくなっている）として感応しあう面をもつ。だから一方の反応が、他方にそれに対応する反応を呼びおこし、それがさらに新しい反応を生んで、いわば双方で一つのプロセスを共有しているところがある。そこで自分の中の感覚プロセスに基づいて、クライエントの中に生じているプロセスを感じとることが、ある程度可能になる。さらにおのれの感覚レベルの意識を感情レベルの意識に高めることができれば、クライエントの感情プロセスについても、何がしか感じとることができるのではないか。

クライエント自身は気づいていないにもかかわらず、である。

たとえば、「こうしているとまるで壁に向ってるような気がする。何か言いたい気持ちがいっぱいあるんだけれど、どうしてよいかわからないので途方にくれている。ひょっとしたらあなたも、私に対して同じような感じなのではないか。そしてそれは、私が何でもしてあげられるような様子をみせてあなたを依存させ、そのためあなたが過大な期待をふくらませ、それに応えられないために私が無力感を感じ、逆にあなたに対し腹を立ててあなたを拒んでいたのかもしれない。それであなたは腹を立てて私を拒み、そのため私が、閉め出されてるような、見捨てられたような気持ちになっているのだろうか。しかし閉め出されていたのは、私に拒まれたあなたの方だったのだろうか」など。

さらに、「過大な期待を抱かされては裏切られ、その怒りに気づくことなく、相手に対して心を閉ざすような態度、まさに『いま・ここ』で私たちの間に起こっているような関係を、あなたはここ以外の人間関係の中で味わってきたのだろうか」などの問いかけができるかもしれない。侵襲性にとくに敏感なクライエントに対しては、まるでひとり言のように語ることになるかもしれない。しかしそれによってカウンセリングにおける「いま・ここ」の状況に、カウンセラーがいち早く気づくことによって、今まで無意識のままの、したがってジェンドリンのことばによれば〝凍りついた〟体験過程が、再開されるのである。

したがっていわゆる転移とは、カウンセリング場面にカウンセリング以前の人間関係がもちこまれることではない。カウンセリング場面に「いま・ここ」で生じた関係が、カウンセリング場面以外の諸関係を理解するのに生かされるのである。だから、まずそのようなリアルな関係がカウンセラー・クライエントの間に生じなければならない。そのような関係が生じていなければ、もっともらしい転移解釈をいくら並べても、ほとんど意味がない。

おしまいに、感情レベルの共感について一言しておく。それは、カウンセラーが自分の枠組みでクライエントに共感するそのことが、ロジァーズのいうカウンセラー・クライエントのセパレートネス（相互独立性とでも訳しておく）を明確にすること、である。つまり自分とは別個の枠組みをもつカウンセラーに理解されることによって、自分の感じ方が特異なものでは決してないこと、十分他者と分かちあえるものであること、が実感されるのである。我を忘れた一体感（それはそれで重要である）ではなく、お互いの独立性を認めあった上で、なおかつ理解しあえる、ということである。第5章の2で述べたように、何事であれ対象を理解するとは、すべておのれの枠組みを通してであることを見逃してはならない。

2　共感と解釈

ラカン派の女性分析家のドルト（一九九四）は、一歳未満の赤ん坊に対してさえ、母親のことばかけのきわめて重要であること、を述べている。たとえば、「ああ大きなウンチが出てスッとしたよねえ」とか、「お腹が減って泣いてたんだよねえ。さあオッパイあげますよ。そうらグングン飲んでだんだんくちくなってきた。ああ大きなあくび、ちょっと眠いのかな」など。もちろん、赤ん坊たちに母親のことばの理解できるわけはない。それでもことばかけが大切なのだとドルトはいう。それは、不可思議な母子の相互感応状態のうちで、赤ん坊が母親のことばかけを通して母親の全体的全身的な感覚をとりこむからである。その際、子どもの身体感覚は、多かれ少なかれ部分的なものと前提されている。しかし母親には排便の感覚にしろ空腹の感覚にしろ、全身的なものとして意味づけられている。その感覚がことばかけを通して赤ん坊に伝わる。こうして〝凝集〟された全身的な身体感覚が自我形成の基盤になる、というのである。

部分的なものを全体的枠組みに位置づけることが、不安を軽減することは明らかである。たとえばユング派のロンドン学派の総帥であったフォーダム（一九七六）は、赤ん坊にとって空腹体験は、精神分裂病患者の世界没落感に近い経験ではないか、と推測している。たしかに体の中心から次第に力が抜けていくような感じは、赤ん坊にとって破滅的なものと感じられている可能性がある。しかし授乳されると、体内に新しい力が湧き上がってくる感覚が、それを至福の体験に変える。しかも経験とは一定の時間的広がりをもつから、世界没落感がそれだけにとどまらぬ至福の体験と結びつけば、その不安感が破滅的なものになるとは考えにくい。

おとなにとって空腹とは、たしかに快適な経験ではないにしろ、不安を抱くことはない。それがどんなことであり、どうすれば癒されるかがわかっているからである。何らかの不安にとらわれている時、それを全体的文脈の中にとりあげるだけで、解決することは少なくない。不安という感情体験が、かなり知的な作業によって消えるのである。いわゆる解釈が、治療的に有効なのはそのためである。先のドルトのことばかけを、最も広い意味での解釈ということができるかもしれない。

箱庭療法や遊戯治療が、有力な技法として力を発揮しているのは、以上の理由による。箱庭によって表現される世界は、本人も言語的レベルではとらえていない、それだけに未分化なものである。しかしそのぶん全体的なのである。それが現前することによって、一面的なこころの世界がより大きいものに広がる。しかもその表現に際しては、治療者が終始見守っている。先のドルトの母親と赤ちゃんの場合のように、かりにことばかけはほとんどなくても、お互いの間に微妙な感応現象がある。そして治療者のもつより大きく広い枠組み、ないし感覚が、作品の全体的な性質を浮かび上がらせる。そこでなぜ治ったのかわからないままに、クライエントは癒されていく。

ここで言語的な解釈はほとんど不要である。クライエントに対して箱庭のもつ、全体的な意味を感じているだけでよい。ことばがすぐれて分類的抽象的な機能をもつことは、第**5**章の**1**で述べた。それは同時に断片化の働きでもある。ドルトのように、部分を全体につなぐ解釈は治療的にきわめて有効であるが、未分化ではあるが全体的な感覚を、明確ではあるが部分的なことばにおきかえることは、クライエントをいっそう偏った状況に追いこむことになる。その典型的な例が、フロイトによるドラの症例（一九六九）である。たしかにその性愛的な分析は鋭く、あるいは正しくさえあった。しかしドラの全体的感覚には程遠いものであった。三カ月での中断はやむをえなかったものと思われる。

遊戯治療についても同じことがいえる。少し古いけれどもロジァーズにも大きい影響を与えた、アレンの本（一九五三）に、一人の少年が、「ボク、このままでも悪い子ではないんだね」と叫ぶところがある。この「このまま」が、その時少年の感じている全身的な感覚である。おそらく、治療に訪れざるをえなくさせた問題行動、その背後にうごめく破壊的な攻撃的な衝動、同時に建設的な積極的感情、人々と親しみあいたいとする暖かさなど、、それらのすべてが一つになって「このまま」ということばであらわされている。少年自身によるみごとな自己分析というより全体性へのめざめといってよい。治療者が、この少年と受容的な接触を何セッションも重ねてゆくうちに、「このまま」の全身感覚が、部分的な「悪い子」イメージを包みこんで、「それでも悪くない」という洞察につながったのである。

だから共感と（言語的）解釈とは相反的なものではない。しかししばしば相反的なものとなりうる。それはことばのもつ両面性による。一つは部分を全体につなぐ、実は未分化な全体をより明確にする働きがあり、もう一つは、未分化な全体をより分化しようとして、全体を部分化ないし断片化する働きである。どちらもカウンセリングに必要なプロセスなのであるが、部分の総和が必ずしも全体につながらないこと、を忘れてはならない。全体とのつながりを見失うと部分化は断片化に陥り、部分を明確化する努力を怠ると、未分化な全体性の中で方向性が見失われる。ロジァーズの実践に、解釈的な要素がなかったとはいえぬことは、前章の**4**で述べた。しかし彼の実践の中で最も目立つのは、つねにクライエントの全体像を視野に入れていたことである。感情の明確化ということがそれを示している。しかし当初のわれわれはそれに気づくべくもなかった。しかし、それらについては、本章の**4**で再びとりあげる。

3　イメージとシンボル

前節で箱庭療法や遊戯治療に言及した。これらは、その意味は必ずしも明確でないけれども、クライエントの全体的な感覚を反映している。ユング（一九八二）によれば、シンボルとは、内的な感覚を現時点において最大限にあらわすもの、である。内的な感覚を無意識、あらわされたものを意識とすれば、無意識はシンボルを通してその限り意識化される。ここで意識・無意識の問題に立ち入るつもりはない。ただ、無意識とは定義上意識されていないのだから、意識からすれば無いも同然である。それを意識するとは、文脈上不可能なことになる。以下の諸節でとりあげることになるが、ここで投影《プロジェクション》の概念が有効である。つまり無意識は外界の事物に投影される。私の定義では、この事物がシンボルである。シンボルはイメージとしてとらえられる。

ロジァーズは、精神分析に対するアンチテーゼとして、その理論と技法を練り上げた。しかしその特色は、現在の人間性心理学などの唱えるように、精神分析の修復パラダイムに対していわゆる成長パラダイムを強調したところにある。だから、無意識理論を真っ向から否定するものではない。自己概念と有機体的プロセスとのズレに不適応の原因をみようとすること自体、ジェンドリンの批判するように、その理論は抑圧パラダイムに属しており、意外に精神分析に近い。そして、当然自己概念にとりこまれるべき経験がいかにして排除されるのか、の理論が精緻になればなるほど（ロジァーズはそのために潜在知覚その他の概念を駆使している）、いったん排除されたものがどうして自己概念にとりこまれるのか、の説明ができにくくなっている。

ここであえて投影の理論をとりあげるのは、ロジァーズ理論の、この、いわば欠けたる部分を補うためである。ここでユングのいう元型の概念を用いて説明しておく。

若者がはじめて少女を愛したとして、彼が少女の上に見るものは、現実の少女そのものではない。ユング派には、女性的元型の一つとしてアニマが仮定されている。もともと元型とは、あらゆる人の無意識の底（ユング派は集合的無意識と呼ぶ）にある未発の可能態で、それ自体として決まったイメージをもつものではない。個々人のおかれている状況に応じて出会う、外界の事物（＝象徴《シンボル》）を通してはじめて、その程度には意識ないし体験できるにすぎない。アニマとは、男性の無意識にある一切の女性的なものとされる。だから若者は、少女の上にアニマイメージを重ねて、見る。もちろん彼のこよなく愛するのは、まさしく現実の少女ならではのほほえみなのであるが、そのほほえみが彼の中のアニマイメージをさらに触発する。それがあらためて少女に投影され、少女のイメージはさらに深まってゆく。

これがいわゆる愛のプロセスなのであるが、若者自身にとっては、象徴としての少女を媒介としたアニマ体験に他ならない。つまりは、おのれの無意識をそういう形で具体化している。だからそれは、この少女に出会うことがなければ実現しない、おのれの中の未発の可能性に開かれてゆくプロセスなのである。愛が創造的なプロセスであるゆえんである。しかもこのプロセスは少女という他者なしには展開しない。その限り人間は他者と出会うことによってしか自分自身を生きられない、という逆説的存在である。これがエロス体験の秘密である。人間は一人では十全の存在たりえず、関係の中ではじめて欠けたる部分が満たされる。

問題は、遅かれ早かれ、こうしためくるめく状態の終わることである。その時はじめて若者は、かつて少女の上に見たものが何であったのか、苦い思いと共に噛みしめる。少女の魅力と感じたものは、実はただの思いこみにすぎなかったのか、と。愛についてはいうべきことが多すぎる。ここでそれらについて考える余裕はない。ただいっておきたいのは、そのプロセスが、今まで述べてきたカウンセリングのプロセス、とくに感覚レベルの共感に似ていることである。カウンセラーもクライエントも、この人とこういう形で出会わなかったら生きられることのない、それぞれの可能性に開かれる。こういう形というのは、個々の役割関係、つまりカウンセリング関係ということである。いずれも一種の融合体験であり、お互いの役割を忘れると方向を見失うことになる。カウンセリングでは、それが破滅的な結果につながりかねないことを忘れてはならない。

最後にもう一つ。投影は非現実的なものだから、〝引き戻され〟ねばならない、としばしばいわれる。しかし経験とは、内的プロセスと外的現実が出会うところに生ずる。さきの若者の例でいえば、アニマが少女と重なるところにこそ〝現実の〟恋愛体験がある。だからこそ自分に開かれてゆく創造的なプロセスが生ずるのである。シュヴァリエ（一九九六）が、一切の象徴体験に治療的意味がある、ということができたのはそのためである。

なお、ロジァーズには以上述べてきたようなプロセスは体験的にわかっていたと思う。彼のいう知覚の場または現象的場とは、次の**4**で論じる意識の場に近い。そこでは、外的な刺激が主体にとりこまれる際の、「場」が仮定されている。彼はそうした主体と客体との相互作用を、経験ないし有機体的なプロセスとしてとらえていたように思われる。

4　意識の場

意識の場とは、意識を瞬間的局所的なものとはせず、瞬間的経過を伴うプロセス、空間的な厚みと広がりをもつ場、として考えようとするものである。時間的空間的なものを含むので、なかなか一元的にはとらえにくい。くわしくは他書（氏原、一九九三）をご覧いただきたいが、その後の展開も含めて、ここで、ロジァーズとの関わりを主に、あらためて論じておきたい。

一言でいえば、今までに述べてきた、部分と全体との関わりの、全体を強調しようとする立場である。場ということでは、図と背景の相互作用に注目することになる。もともとは、遊戯治療や箱庭療法において、言語的な洞察がほとんどないにもかかわらず、クライエントがよくなってゆくこと、に気づいたからである。フロイト派ユング派を問わず、分析的な立場では、無意識を意識化することが健康を回復または促進することにつながる。多くの場合、こころを意識と無意識の二つの領域に分け、無意識をいかに意識的領域に組み入れるかが治療の目標とされてきた。そして、意識と無意識の境界には、堅固で越えがたい壁が仮定されていた。

河合（一九七六）は、こうした前提をある程度認めた上で、日本人の場合はこの壁が比較的薄いのではないか、という。だから、いわゆる無意識的なものが比較的容易に意識的世界に浸透し、よくいえば心の根っこの部分とつながっている。それに対して西洋人は、この境界がしっかりしており、それだけ明確で広い意識的世界をもっている。ただしその分、無意識的なものの侵入に弱い、というのである。このことを、さらにいわゆる未開人や子どもにまで広げると、彼らは日本人よりももっと無意識の領域に開かれており、多くの象徴を通してそれと交流し、あるいはそれを生き、心理的には西洋のおとなよりはるかに健康ということになる。

ユング（一九六二）のあげているプエブロインディアンの例では、山に雲のかかる時、彼らは部族以外の誰にも明かさぬ秘密の儀式を行う。それが太陽の運行を助けるのである。「もしこれをやめると、一〇年たたぬうちに世界は夜だけのものになってしまう」からである。太陽は万物の根源である。ユングによれば、それが心の根源、彼のいう自己《ゼルプスト》である。インディアンたちは、象徴としての儀式を通してそれを生きる。彼らの西洋人から見てもおかしがたい気品はそこに発している、というのがユングの推測である。

一面、それは彼らの〝自我境界〟の薄さ、外界のあらゆるものに内界を投影する、アニミズム的傾向につながっている。西洋的合理主義の立場からすれば、まさしく〝未開〟の思考ということになろう。しかしそれらは、あくまで西欧的基準を用いた場合に限られるのであって、いわゆるアフリカ的思考は、質こそ異なれ、西欧的なものに優るとも劣らぬレベルに達している、とする指摘もある（レヴィ　ストロース、一九七六）。ただし子どもはおとなに

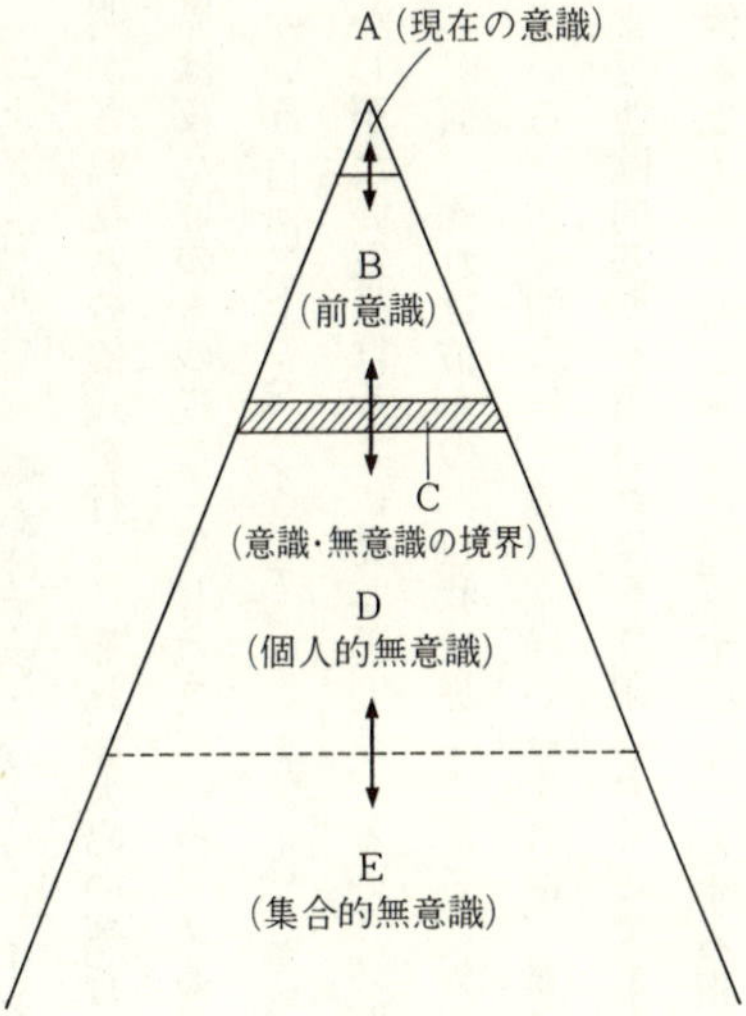

図2　意識の場1
（氏原寛 1993『意識の場理論と心理臨床』誠信書房）

なる。わが国をも含めて、心理的成長とはピアジェのいうような合理的態度を身につけることとほとんど同義である。その一面性は十分承知しておかねばならないが、子どものような〝無邪気さ〟にとどまることが望ましい、とは決していえない。おとなが子どもになることは、しばしばより高次の成熟を意味するが、子どものままにとどまることは、未熟以外の何物でもない。

以上のことを図示すると図2のようになる。Aは現在の意識。今の私についていえば、こうして書きつづっている今の考えが意識の焦点＝図《フィギュア》となっている。Bは前意識。今、明確に意識はされていないが、たえず図の背景としてたえず現在の意識に影響を及ぼしている。たとえば今私の書いていることは、たえず私なりの思考の流れ、今まで書いてきたこと、これから書こうとしていること、とそれとなく照合されている。そして、その流れに合わない、と感じられると捨てられる。さりとて、背景の流れに焦点を合わせるだけでは、何も書き出せないことになる。このことは、すでに述べた見当識や、自己概念についても当てはまる。ここはどこか、今はいつか、私は誰か、といったことは、通常ほとんど意識されていないが、たえず現在の意識に影響を与え続けている。この領域の特色は、意識しようとすればいつでも意識できることである。だからここまでを全体として意識的領域と考えてよい。

Cが、意識と無意識を隔てる境界である。この壁が、西洋のおとなの場合、東洋人や子どもより厚いことはすでに述べた。そのかわりこの図では三角形のずっと下に来る。それだけ彼らの場合、意識的領域が広いのである。だから太陽は、もはや投影を受けることのない客体、一つの天体として、この領域内の明確な一部分を形作る。プエブロインディアンの場合、この壁は三角形の上方に来る（それだけ意識的領域は狭い）が、下の部分、つまり無意識、の投影を受けて、意識の場全体としては、あいまいであるにしろ上下の領域をつないだものとなる。D・Eはそれぞれ個人的無意識と集合的無意識である。フロイトとユングの概念であるが、説明は省く。他書を参照されたい。三角形に底辺のないのは、無意識の底知れなさを示している。

この図で大切なところはAB、BD、DEの間にある双方向の矢印（↕）である。これは、これらの領域間の相互作用を示す。さらに重要なのは、図示はしていないけれども、AはBDEの全体と、BはDEの全部と相互作用を行っていることである。つまり意識の場は、きわめて明確に焦点づけられた部分と、限りなく無意識に近いあいまいな部分とが作用しあう全体、として機能している。その相互作用がスムーズに行われている限り、安定している。しかしそれが妨げられると不安定になる。ロジァーズのいう不安や傷つきやすさが生ずるのである。

たとえば映画を観たり小説を読んでいて、意識は眼前のシーン、今読んでいる場面、に集中しているけれども、どうしてそうなったかのいきさつが背景にあるからこそ、「いま・ここ」の意味はいっそう明確になり、迫力を増す。前の場面がどうであったかに気をとられると、今の場面への注意が不十分になり、かえって混乱する。背景にあって表にあらわれないことで、図とのバランスが保たれているのである。同じことは音楽を聴いている場合にも当てはまる。主楽器の奏でるメーンテーマは、背景の伴奏によって生きる。副楽器の音に気をとられると、音楽全体の作り出すハーモニーが見失われるのである。

図2は、主にロジァーズ（というより彼の援用したクームズ・スニッグ〔Combs & Snygg, 1959〕）の知覚の（または現象的）場の図に、ジェンドリンの体験過程の概念をとりこんで考えたものである。だからこの小節で述べたことは、ロジァーズ派の立場からみた意識論、と考えていただいてよい。もちろん、フロイトやユングなど、深層心理学の考え方もとりこんである。しかしこの図の意味（ということは私自身の意識論）をより明確にするためには、ユング

の考えと比較することが役立つと思う。そこで次節では、とくに彼の類型論をロジァーズの方法論に重ねて考えてみたい。

5　ユングの類型論

ユングが意識の態度を内向と外向、機能を思考、感情、感覚、直観に分けたことは有名である。この二つの態度、四つの機能を組み合わせて、彼は八つの類型を考えた。ただし、意識と無意識との相補作用が考えられており、たとえば意識的には内向、思考直観型の人は、無意識的には外向、感情感覚型になる。心とは意識無意識をひっくるめた全体ということになっているので、この型の場合、どういう態度なり機能が表に出てくるのかは微妙である。くわしくはユング自身の著作（一九八七）を参照していただきたい。ただし本稿で彼の類型論をくり返すつもりはなく、ただ意識の働きを説明するために、その態度論、機能論をとりあげることになる。

そこでまず図3をご覧いただきたい。Aを図《フィギュア》とBCD以下を背景として、全体が意識の場を表わしているのは図2と変わらない。ただしBが思考、Dが感情、Eが感覚の領域になっている。新たにFの領域がつけ加えられ、これは身体プロセスを表わす。ここで思考とはすぐれて言語レベルの意識であり、主に分類機能として考えられている。客観的抽象的かつ能動的な合理的機能である。感情は、すでに述べたように、対象を自分との関わりにおいてとらえた時に生ずる意識の働きである。その限り、思考と同じく判断を含む合理的機能である。ただし主観的であるところが異なる。かつ判断のプロセスそのものが意識的にとらえられることが少ない。気がついたら喜びがこみ上げていたり、怒りにとらえられたりしている。その点受動的である。感情や感覚がAの領域を占める、つまり意識の場の図として働くこともあるが、「うれしい」とか「痛い」と感じることがすでに言語化であるとすれば、これも思考レベルと考えることができる。その場合感覚や感情は、背景にあって思考レベルの意識を支えていることになる（ただしこの図は、静的な場の構造と動的なプロセスを同時に示そうとしているので、細部の説明がやや不十分になっていること、はお含みおきいただきたい）。

感覚レベルの意識には自我があまり関与しない。思考ができるだけ自我との関わりを切り離そうとし、感情が自我との関わりに基づいて機能するのに比べると、である。その分、感情よりもいっそう受動的な、あるがままの機能である。判断機能を含まない。その点、知覚機能とほとんど変わらない。弁別はするが判断はしない。だからユングは、これを直観と共に非合理機能とした。彼の類型論が、もっぱら意識の働きに基づいているからである。ただしユングのいう四つの機能は意識についてのものであり、無意識のプロセスは含まれていない。ところが、無意識が意識を補償している、というのが彼の重要な仮説の一つである。それが彼の理論を複雑にし豊かにもしている。しかしそれについては後にふれる。しかしその前に、ここで本稿における意識・無意識の関係を明らかにするために、意識についてあらためて定義しておきたい。

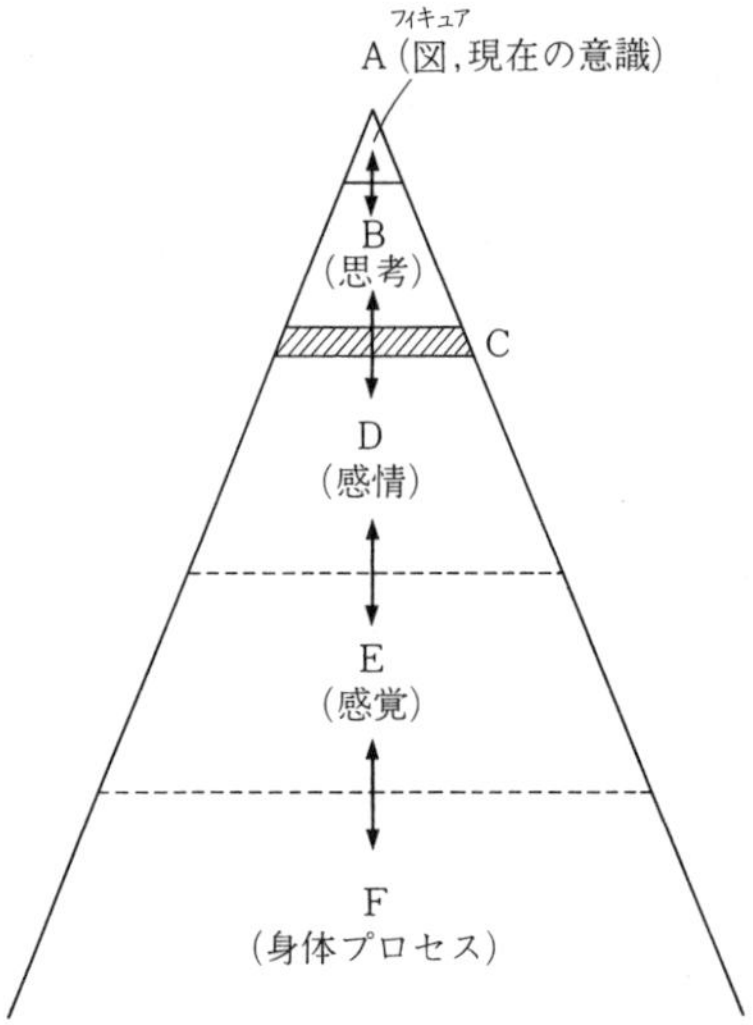

図3　意識の場2
（図2と同じ）

意識とは対象を客体として把握すること、である。ということは、客体を主体以外のものとして認識していることになる。それはだから、他ならぬ自分に気づくことでもある。これを自我意識のめざめといってもよい。したがって、自我の成立は同時に客観世界の出現でもある。すでに述べた、見る、見つめ返される体験が、こうした微妙なプロセスを促進する。これが、感覚レベルの知覚と異なるところである。弁別力という点では、動物の備えている知覚能力はしばしば人間のそれを上回る。太陽を追って回るひまわりの花や、水に向かって根をのばす植物にも、弁別力はあるとみなさなければならない。こうなると、意識・無意識とはほとんど定義の問題になる。

ユングが感覚機能をうんぬんする場合、それは意識の働きをいっているのだから、無意識の知覚機能と密接に関わりながら、やはり客観的にとらえられた状況であることは弁えておかねばならない。感覚型といわれる人は、だから感覚プロセスを意識しやすい人、と考えることができる。感情型についても同様である。さらにいえば身体プロセスについて、普通の人よりも気づきやすい人がいるかもしれない。通常われわれはほとんどの身体プロセスを意識していない。血小板が合目的的に機能していることを「知って」はいるけれども、その働きを意識することは不可能である。

直観機能は、しいていえば、この身体プロセスと関わっているのではないか、と私は考えている。まったくの思いつきである。たとえばフォン フランツ（一九九〇）によれば、ある種の雁は毎年エジプトから南スペインの同じ土地に渡り、誤ることがない。おそらくは地中海の上を飛ぶ雁たちには、もし人間的な意識が閃くことがあるとすれば、「この方向」という確かな感じがあろう。それは生得的に仕組まれた行動パターンによっている。気圧、地磁気、風向きなどさまざまな仮説があるらしいけれども、少なくとも現在の科学では因果論的に説明できないようである。そういうパターンまたはシステムが、われわれの中にもあるのではないか。その働きそのものは意識できないにしても、その効果を意識しやすい人がいるのかもしれない。それが、直観機能のすぐれた人になるのではないか、と思う。

ただし、それが身体プロセスとつながっているとすれば、まず感覚レベルで意識されるべきであろう。しかしユングは、思考―感情、感覚―直観は相反的な機能という。一方の優越している人は、他方が劣性にあるというのである。したがって身体プロセスに敏感な人を直観型とすれば、その感覚機能は劣等でなければならない。しかし感覚とは身体的な受容機関を通して感じられる。だから直観と感覚を相反的とはみなしにくい。ここで意識と無意識の相補性の仮説が生きてくる。意識的に感覚プロセスをうけとめにくい人の場合、それはまさしく直観レベルで意識されるのである。それは、思考・感情についても当てはまる。思考型の場合、感情プロセスは生じているのだが、意識的には受けとめられていない。したがって感情プロセスが思考に影響を与えているにもかかわらず、それが意識されない。思考プロセスが支配的になるにつれて、感情のプロセスはいっそう気づかれなくなる、つまり抑圧される。それが意識の場全体にある種の緊張をもたらし、たとえばロジァーズによれば、不安とか傷つきやすさという特異的な意識状態を生ぜしめるのである。

以上、ユングの類型論について述べてきた。それが次節でふれるように、ロジァーズの実践を理解するのに役立つと思うからである。ロジァーズの理論は、たしかにユングほどのキメの細かさに欠けるけれども、彼の方法があれほどの効果をあげ、多くの人々の関心をひきつけたのは、その実践から滲み出る間違いのない現実的な手応えによっていた、と思う。

6　ロジァーズの場合

まずとりあげたいのは「感情の明確化」である。彼の場合、どこまで気づいていたかは別にして、感情が言語レベルでとらえられるより広く深い、とする認識のあったのは明らかである。だからこそ表明された、つまり言語化された感情は、明確化されなければならなかった。それをクライエントのことばのおうむ返しによってとしたことと、明確化を、背景との相互作用を通して図の意味がいっそう明確になることだ、とは十分に説明しなかったことが多くの誤解を招いた。

図2、図3によれば、Dの部分はそれぞれ個人的無意識と感情の領域とされている。もとよりこれは便宜的な試

論にすぎない。図2がいわゆる無意識領域を表わしているのに対し、図3はそれが何らかの形で意識に届いたことを示している。それが多かれ少なかれ客体化を意味していること、はすでに述べた。そのためのいわばスクリーンが、ロジァーズのことばでいえば自己概念なのである。もっとも自己概念ということばにはすでに概念化、すなわち客体化されたニュアンスが伴う。それだけ意識化されている、と考えさせるところがある。しかしこれには明らかにフロイトの検閲機能と同じく、無意識のプロセスが仮定されている。だから定義次第では意識にも無意識にも属しうるプロセスが含まれているのである。

しかしいずれにせよ、ロジァーズが、言語化された感情だけを感情のすべてと考えていなかったこと、は確かである。言語化された感情はすでに思考レベルのものであり、感情とは、感じられているけれども意識されていないプロセス（これが同義反復的な表現であることは承知している。感じる、気づいている、潜在的に知覚するなど、ロジァーズ自身さまざまなことばを使っているが、要するに意識・無意識の微妙な境界域でのプロセスをとらえようとしてのことであるから、同義反復的にならざるをえないのである）だ、としていたのかもしれない。本稿で感情の領域を図2の個人的無意識の領域と重ねたのは、そのためである。

ところで、感情を、対象を自分との関わりでうけとめる時生じる意識的プロセス、とするのが本稿での定義である。ロジァーズが、自己概念をその不適応理論の中心に据え、技法的には感情の明確化を強調したのは、自己概念と感情との関わりを、漠としたものではあれ、経験的、直観的にはしっかりとらえていたのではないか、と思われる。感情の回復が主体性の回復につながること、はすでに述べた。ロジァーズのいう感情の明確化は、こうした感情の回復を促すプロセスであった。それは言語レベル以前の、定義によっては無意識といってよい、漠としたむしろ感覚的（たとえばロジァーズのいう「傷つきやすさ」）な感じ（意識）である。図3のD領域はだからまさしく「ことばで言い表わせない」いわば「感じ」の領域なのだが、「ことばで言い表わせない」というところまでは言語化されている。そして、その「言い表わせない」ところ、その感じ、を言語化してゆくことが感情の明確化なのである。

しかも先のロジァーズのいう「傷つきやすさ」ということばが示しているように、それは感情というよりはむしろ感覚に近い。さらにいえば、身体プロセスにつながっているとさえいえる。だから感情の明確化とは、図3でいえば、AB領域とD領域との、さらにはD―E、D―EF、E―Fの相互作用を含みこんだ場全体のスムーズな相互作用を促そうとするものである。したがって、単にクライエントのことばをおうむ返しするだけでできることではない。もちろん、ことばとしてはおうむ返しにすぎなくても、こうした全体的な動きをカウンセラーがそこそこに感じとっておれば、それが明確化につながるのはいうまでもない。

それがどのようにして可能になるのかは、すでに感覚レベルの共感について述べたおりに説明した。われわれは本来他者の存在に開かれており、他者と関わることによってのみおのれの存在に開かれる。だから関係とは、あなたでもなく私でもなく、私でもありあなたでもある、微妙な状況である。その場合、おのれの動きに思いをこらすことによって、眼前のあなたの動きを感じとることができる。これもまた図3によれば、背景としてのBDEFの全領域と、図としてのA領域の相互作用がスムーズになることによって果たされる。それをいいかえれば、部分的なものを全体の中に位置づけること、に他ならない。

以前われわれが、ロジァーズのことばを文字通りうけとめて、おうむ返しによってクライエントの感情の明確化を期待していたのは、経験のなさが最大の理由であるにしろ、まったくの見当違いであった。しかもことばとはすぐれて分類的な機能をもち、対象を明確化するけれども断片化する。クライエントは、意識の場の背景のもつ漠然とした、しかし豊かさと不可解さとをあわせもつ（まさしく無意識に対してしばしば与えられる形容詞である）感じを理解しかねて、断片的一面的なことばを洩らす。それをカウンセラーがくり返したのでは、一面性断片性を強化しこそすれ、全体的な感じが浮かび上ってくるはずがない。カウンセラー・クライエントともども、白々しい感じにとらえられたのは当然である。

おしまいに、以上述べてきたこととの関連で、ユングの意識・無意識の相補性についてふれておきたい。くり返し述べてきたように、外向・内向の二つの態度、思考・感情、感覚・直観の四機能は、すべて意識についてのものである。しかしユングによれば、こころとは意識・無意識の二つの領域からなり、無意識の方が圧倒的に広くかつ深い。だからこころの働き全体をみるとなれば、無意識の働きに注目せざるをえない。しかし、無意識とは意識されないからこそ無意識なので、意識からは無いも同然である。しかもわれわれには、意識できることしかわからないのだから、無意識の働きをそれ自体とらえることはできない。しかし、無意識の意識に対する影響をみることによって、無意識の働きをある程度推測することはできる。その典型的な例が、フロイトの無意識を実証的に裏づけたとされる、ユングの言語連想検査であろう。もともと無意識とは、意識を説明するために作り出された仮定であって、実体としての無意識についてうんぬんすることはできないのである。だからユングの高弟のマイヤー（一九九六）は、ユングの心理学は意識の心理学である、といい切っている。

いずれにしろユングは、無意識が意識とはしばしば相反的に働くことを認めながら、元来両者が相補的であることに注意を促す。それは、相反的とされる思考・感情、感覚・直観の四機能についても同様である。図式的にいえば、意識の働きが内向、思考直観型の人の無意識は、外向、感情感覚型になる。単純化すれば、彼のいう個性化（いわゆる自己実現とほぼ同義である）とは、この無意識的な機能（劣等機能と呼ばれる）をいかに意識的世界に生かしてゆくか、のプロセスである。しかも無意識を、意識に対する影響を通して把握しようとするので、いっていることが、無意識についてなのか意識についてなのかわからなくなること、が少なくない。

たとえば内向と外向について。第**6**章**3**に述べた、はじめて少女を愛した若者について考えると、最初に若者が少女に出会った時、少女の魅力が若者を触発したのは間違いない。外部の刺激が内なるプロセスを促し、若者のエネルギーは内に向かう内向である。次に、そこでめざめさせられたもの（説明の便宜上アニマということにしておく）が少女に重ねられる（投影のメカニズム）。ここでエネルギーは明らかに外に向っている。外向。その結果いっそう魅惑的な少女があらわれる。それによって若者のアニマ像は、さらに豊かにされ＝内向、あらためて少女に投影される＝外向。こうしたことのくり返しが、若者と少女の間に起こる。この場合、そのどの局面をとるかによって、外向、内向が決まる。実は体験とはこうした内と外との交互作用であって、どちらか一方に偏ることは考えにくいのである。

ここで、若者の見ているものが、現実の少女なのかアニマなのかは問題でない。少女とアニマの重なるところに、仮象でない、甘美な現実の恋愛体験がある。若者は、この少女を通して、またその限りにおいて、ということはこの少女とならではの、おのれのアニマ体験を深めかつ広げてゆく。もし象徴としての少女があらわれなければ、若者が内的なこのプロセスに開かれることはない。しかし若者自身にとっては、これは外的な恋愛体験以外の何物でもない。図2でいえば、ＢＤＥＦのすべての領域が、Ａを焦点に、たえず躍動しながらスムーズに働きあっている状態、と考えてよい。

若者が内向的タイプならば、おそらく投影の度合いは大きい。少女にまつわるさまざまな事物が、少女との一体感を高めかつ豊かにするかもしれない。外向型ならば、内的プロセスを意識することは少ないが、眼前の少女の魅力を満喫することになる。しかしいずれの場合も、現実のこの少女とめぐりあってはじめて〝意識化〟する自らの可能性、を生きることに変わりはない。ユングは、象徴を介して無意識を意識化するプロセス、を論じた。その体系はロジァーズよりはるかに広く緻密である。しかしロジァーズが、感情の明確化ということばで明らかにしようとしていたことは、究極的には、以上述べてきたような無意識の意識化である。カウンセリングの目標が、基本的にユングと異なっていた、とは思われない。

そもそも「意識の場」という考え方自体、ロジァーズの影響をかなり受けている。図2、図3による図式化が、彼の実践を説明するのにかなり有効なのではないか、と思っている。

おわりに

以上、ロジァーズについて思うことを書いてきた。書くうちに当初の思惑と違って、想念が勝手にふくらむようなところがあった。私自身は、その後ユングの考えや方法になじむようになった。しかし数年前、若い頃読みこんだロジァーズの考え方が、意外に深く根づいているのに驚いた憶えがある。こういうものを書く気になったのは、比較的最近、ロジァーズに関して書く機会があり（氏原、二〇〇〇）、その際、ロジァーズの実践的側面についてつっこんだ考察がわが国でほとんどなされていない、と思ったことである。

ロジァーズの真価はその実践にあり、当初来談者中心的実践にのめりこんだ者は、多かれ少なかれ理論との解離に苦しめられた。多くが経験不足によるものであったことは、第**1**章の**2**に書いておいた。そのためロジァーズから離れた人（私もその一人であった）、いっそうロジァーズにしがみついた人、などさまざまであった。そういった事情を、当の渦中にいた者がいま書いておかないと、草創期に苦しんだ実践家たちの思いが忘れられるのを恐れた。

もう一つは、ロジァーズの実践の方向性が必ずしもユングのそれと矛盾しない、と思ったことである。もちろん両者の差は大きい。しかし、実践家としてクライエントの中に見ていたものは、二人とも意外に近いのではないか、という印象がある。ロジァーズから離れたつもりでいて、ユングについての私なりの理解が深まるにつれ、ロジァーズの枠組みがその際の導きの星であったのか、という思いさえあった。少なくとも、本稿で述べたユングの類型論や元型論についての私の考えに、ロジァーズをも含めたアメリカのいわゆる現象学的心理学の影響のあることは否めない。

それともう一つ。私の思いすごしかもしれないが、日本のカウンセラーたちの甘さがロジァーズのせいではないか、という気持ちの強いことである。本稿を読んでいただいた方にはおわかりのように、ロジァーズの方法は、相当厳しい条件をカウンセラーに期待している。それは実践を重ねればおのずからみえてくる。しかし真摯にうちこんでいないと、いつまでたってもみえてこない。それをよいことに、安易に〝カウンセリングマインド〟によりかかっているカウンセラーに、口幅ったいいい方ではあるが、目を覚ましてほしかった。カウンセリングはプロの仕事である。プロにはプロとしての自覚と責任がいる。それを裏づけるだけの厳しい訓練も不可欠である。私自身のプロとしてのありように対する反省も、本稿にはこめられている。

それやこれやで、当初の目論見よりはかなり長いものになった。しかし、今まで論じられることの少なかったロジァーズの実践的側面を、同じ実践家としてユングの枠組みを援用して理論的に考察したものであるだけに、かつてのわれわれと同じように実践的に苦労している人々にとっては、かなり参考になるのではないか、と思いたい。

（一九九九・五・一五）

アレン、F.『問題児の心理療法』（黒丸正四郎訳）みすず書房、一九五三年
Bradford, L. P. et al (eds.) 1964, *T-Group: Theory and laboratory method.* John Wiley & Sons.
シュヴァリエ、J. 他『世界シンボル大辞典』（金光仁三郎訳）大修館書店、一九九七年
Combs, A. W. & Snygg, D. 1959, *Individual behavior.* Harper & Row.
ドルト、F.『無意識的身体像』上・下（榎本譲訳）言叢社、一九九四年
Fordham, M. 1976, *The self and autism.* Karnac Book.

フランクル、V.『夜と霧』（霜山徳爾訳）みすず書房、一九六四年
フランクル、V.『時代精神の病理学』（宮本忠雄訳）みすず書房、一九六一年
フロイト、S.「あるヒステリーの分析の断片」（細木、飯田訳）『フロイト著作集』5　人文書院、一九六九年　二七六―三六六頁
Gendlin, E. F. 1962, A theory of personality change. in Worchel, P. & Byrne, D. (eds.), *Personality change.* John Wiley & Sons.
ハヤカワ、S. I.『思考と行動における言語』（大久保忠利訳）岩波書店、一九六九年
伊東博訳編『カウンセリング論集』1～4　誠信書房、一九六〇、一九六二、一九六四、一九六五年
ユング、C. G.『自伝』（河合他訳）みすず書房、一九六一年
ユング、C. G.『自我と無意識の関係』（野田倬訳）人文書院、一九八二年
ユング、C. G.『タイプ論』（林道義訳）みすず書房、一九八七年
河合隼雄「日本における心理療法の発展とロジァーズ理論の意義」『教育と医学』一八巻一号　慶應義塾大学出版会、一九七〇年　一一―一六頁
河合隼雄『母性社会日本の病理』創元社、一九七六年
河合隼雄『心理療法序説』岩波書店、一九九二年
レヴィ　ストロース、C.『野性の思考』（大橋保夫訳）みすず書房、一九七六年
正木正『強迫神経症』大日本図書、一九六六年
マイヤー、C. A.『意識』（氏原寛訳）創元社、一九九六年
村瀬孝雄「カウンセリングと投影法：いわゆる心理テストの新しい活用法の試み」『カウンセリングの展望』誠信書房　一九六四年　二〇―五一頁
Patterson, C. H. 1962, *Counseling and guidence in school.* Hoper & Row.
ロジァーズ、C. R.『カウンセリング』（友田不二男訳）岩崎書店、一九六一年
ロジァーズ、C. R.「ブーバーとの対話」ロジァーズ全集12『人間論』（村山正治編訳）岩崎学術出版、一三九―一七三頁

一九六七年

Rogers, C. R. 1942, *Counseling and psychotherapy*. Houghton Mifflin.

Rogers, C. R. 1951, *Client-centered therapy*. Houghton Mifflin.

Rogers, C. R. 1975, The necessary and sufficient conditions of therapeutic personality change. *J. consult. psychol.* vol. **21**, No. **1**, 96-103.

Rogers, C. R. 1959, A theory of therapy, personality and interpersonal relationship as developed in the client-centered framework. in Koch, S. (ed.), *Psychology : A study of science.* vol. III. MacGraw Hill. pp. 184-256.

Rogers, C. R. 1963, The concept of free functioning person psychotherapy.

Rogers, C. R., & Dymond, C. F. (eds.) 1963, *Psychotherapy and personality change.* The University of Chicago Press.

サン テグジュペリ、A. d e『星の王子さま』（内藤濯訳）岩波書店、一九七二年

サールズ、H. F.『逆転移』（松本雅彦他訳）みすず書房、一九九五年

品川不二男（編）『教育相談の実際』日本文化科学社、一九六二年

氏原寛『カウンセリングの実際』創元社、一九七五年

氏原寛「カリフォルニアの異邦人」『心理臨床の実際』創元社、一九八〇年、七九—一〇一頁

氏原寛『意識の場理論と心理臨床』誠信書房、一九九三年

氏原寛「共感的理解と診断的理解」氏原寛・村山正治編『ロジァーズ再考：カウンセリングの原点を探る』培風館、二〇〇〇年、一—一六頁

フォン フランツ、M. - L.『おとぎ話の心理学』（氏原寛訳）創元社、一九八〇年

Williamson, E. G. 1965, The place of counseling theory in college program. in Steffle, B. (ed.), *Theories of counseling.* MacGraw Hill.

ウィニコット、D.『情緒発達の精神分析理論』（牛島定信訳）岩崎学術出版 一九七七年

山本和郎「診断的理解と治療的理解の本質的相異と両者の関係について：TATかかわり分析の出発点」『心理学評論』8巻 一九六四年 一八八—二〇五頁

Ⅱ　カウンセリングの枠組みについて

第7章　カウンセリングにおける「種の衝動」と「個の状況」

カウンセリング関係とは職業的関係であって、日常的人間関係とは異なるものである。しかし、だからこそ日常関係の一つでなければならない、という逆説を担っている。日常関係と異なるとは、たとえば親子関係、夫婦関係、師弟関係、友人関係、同僚関係などとはまったく違うという意味で、である。それらの関係が、当事者にとって無意味であるはずがない。しばしばお互いを傷つけあうことはあるにしろ、むしろお互いを支えあい、いわゆる人間的成長に役立っていることが少なくない。しかしそこで起こっている感情交流は、カウンセリングの場で生じているそれと基本的に異なっている。

他方、カウンセリング関係が日常関係でなければならないのは、それが一種の契約関係に他ならないからである。しかしそこでは、日常関係の及ばないほどの感情交流の生じることが多い。しかしその交流は、上述の日常諸関係にみられる個別性、現実性に欠けている。

1　種の衝動

人間は群を作る動物である。群を作る動物には、全体としての群への忠誠心のごときものがあるらしい。シロアリやミツバチの例はその極端なものであろう。一匹一匹の個体は、そこでは有機体を構成する一つの分子のごとき役割をはたしている。人間もまた仲間の人間に対しては、木石や動物に対するのとは違った反応をする。古今東西、集団のために個人を犠牲にした物語がわれわれの胸をうつのは、おそらくその名残りである。今日では、ピグミその他の狩猟採集民にしかみられなくなったけれども、そういう集団が生きてゆく場合、集団の中の最強者といえども一人では生きてゆけない。逆に、集団の中の最も無能な者の協力をも当てにしなければ、集団を維持することができない。集団の崩壊はメンバー全体の死につながる。おそらく人類の黎明期、巨大獣の中にあって人類が身につけた生き方であったのであろう。有能な者も無能な者も含めて、お互いがお互いの存在を当てにしている集団が仲間集団である。この場合、シロアリやミツバチほどではないにしても、つねに集団が個体に優先する。ちなみにピグミの場合、たとえば象狩りで仕とめた獲物は、全員に平等に分けられる（市川、一九八二）。

オスとメスについて考えてみよう。生物の至上命令はよき子孫を残すことである。そのためにはオスとメスが結びつかねばならない。ということは、オスもメスも単独ではその最も重要な機能をはたせない、ということである。プラトンは『饗宴』で、人間の場合について男女同体の寓話を語っている。男も女も失った半身に出会うことがなければ、十全の存在たりえない。内なる空しさが外に対象を求め、両者が出会う時、内と外のリズムは同調し、人々ははじめて全的存在として充足する。これは一種の忘我体験であるが、より大いなるものとのつながりとして、自己拡散というよりも拡充的に体験されることが多い。要するに、人間は個体としては欠けたる存在であり、他者とのつながりがあってはじめて満たされる。この他者志向を、関係性ないしエロス衝動と呼んでおく。

この衝動は内側からおのずから動く。感情体験というよりは感覚体験に近い。人間をも含めてあらゆる生物は、まともな発達をとげるためには要所要所で何らかの感覚体験を必要とする。ハーロー（一九八四）のサルは、恐怖体験をぬいぐるみの感触で癒し、本来の好奇心を発動させることができた。その感触の得られなかったコザルは、不可逆的な一種の自閉状態に陥った。今日、いわゆる潜在能力開発プログラムには、子ども時代の身体接触をともなう遊戯がとりいれられ、大きい効果をおさめている。老人に身体接触を試みさせることで、心身共に大幅な改善がみられたとする報告（大工原、一九九二）もある。思考・感情以前の感覚体験が、みずみずしい情感を甦らせるのである。

今日、クライエントと呼ばれている人たちは、多く連帯感の喪失に苦しんでいる。自立を求めるあまりの結果である。しかし次節で述べるように、つながり——あえて依存といってもよい——のない自立は孤立にすぎない。ある若いエイズ患者は、発症してはじめて自分にとって一番大切なものがわかった、と言う。それは優しさであった（キューブラー＝ロス『エイズ—死ぬ瞬間』）。多くの臨死体験者の報告にも、臨床的に死んでいた時出会う光のような存在が、最も評価するのは優しさであり富や名誉は問題にならないという（ムーディ、一九七七）。

生物には、それぞれ遺伝によって定められた本能的衝動がある。多くは生理学的なものであるが、人間にはたぶんそれと関連した心理学的なものがある。おそらく言語以前のものであり、文字通りことばにならない経験である。たとえば乳児の感じる空腹感は、いいようのない空虚感、破滅感であろうし、授乳による充実感もまたいいようのない満足感であろう。このリズムが狂うとかなり重篤な障害を生じることは、ホスピタリズムの研究が明らかにしている（たとえばスピッツ、一九六二）。それは生理的感覚レベルの経験ではあろうけれど、人間の場合、それに「こころ」が関わっている。「こころ」とは本稿では、無意識をも含んだ意識の働き、としておく。ただし無意識とは意識されぬからこその無意識だから、この言い方にはかなり問題がある。ユングにならって、無意識の意識に対する補償的な働き（たとえば夢にあらわれる）がその限り意識されているとする、そこから逆に存在すると仮定されているにすぎない。その働きを多かれ少なかれ意識的に生きる、それによって、生理的本能の充足されるのと同じような、こころ＝意識の満足がある。それは、それが充足されぬ場合の意識的欲求不満（たとえば対象を特定できぬ神経症レベルの症状として生じる）から推測される。

2　個の成立

前節に述べた関係性＝種の衝動は、個の成立と共に多かれ少なかれ抑制される。個とはおのれが他でもない独自の個体であると気づく、つまり意識する、ことによって成立する。「他でもない」という以上、「他」としての世界が同時に成立している。つまり、個は世界と同時に生まれるのである。これを意識の始まりと考える。だから意識とは、何らかの形で客体（自分をも含めて）の存在に気づくことである。おそらくそれは、動物たちの主客未分化の知覚世界に、主体としての自己の存在が意識される瞬間である。ということは、客観世界が認識される始めなのである。だからこそ意識は光である。その限り、エルゴン山の住民が昇る太陽につばきした手をかざし、その瞬間の太陽が神である、とする発想（ユング、一九七二）に通じる。暗闇に光をもたらすのは、分化、神話的にいえば天地、つまり抱擁する原父母、の分離である。個・意識・世界の成立と共に、人間に主体の意識が生まれた。もはや客体にふり回されるロボットではなく、客観世界にどう対応してゆくかが可能になったのである。ことばが生まれ客観世界の認識を容易にし、いわゆる現実適応が一段と進んだ。毒虫か否か、といったことばによる分類機能は、判断を誤ると時に致命的となる。前節に述べた働きをエロス機能と呼ぶとすれば、ここでの働きをロゴス機能と呼ぶことができる。

しかしそのためエロス機能の抑制が生じた。エロスは関係性であり、遺伝的な種の衝動であることは前節に述べた。それは内なる衝動でありながら、つねに外からのもの、つまり異質のものと感じられる（パイン、一九九三）ところが微妙である。おそらくコントロールの対象として、主体外のものと考えられるのであろう。そもそも身体プロセスそのものは、主体を支える不可欠の前提でありながら、しばしば客体化され対象化される。そこにエロスにみられる主客の合一、一体化からくる喜びは味わえない。性愛すら生理的な欲求充足として対象化され、相手との関係はおのれの欲求充足のための道具的なものとなる。一言でいえばかけがえのある関係であり、相手は異性としての体を備えてさえおれば、誰であってもよいことになる。

これはある程度当然のことで、重要な欲求がかけがえのない関係を通してしか充足されないとなると、欲求充足にはかけがえのないその相手の存在が不可欠となる。それでは主体的存在としてのおのれの立場は、極端にいえば相手次第ということになる。人間は生きてゆくためには相手を必要とする。原初の社会では多分万事グループ優先であり、そもそも個の観念もなかったろう。そこから徐々に意識がめばえ、集団は集団としてあるにしても、それを構成するメンバーの一人としての個の意識も生じてきたに違いない。しかしそれは、仲間と分かちがたく結びついたものであったはずである。親子、家族、隣人、村人など。一つには、集団がないと個の生存も覚束ない状況があった。

近代社会は、多くの単独生計者としての労働者を析出した。これが個人主義、民主主義と密接につながっていることは間違いない。人々が仲間に依存しなくても、物質的には一人でやってゆける状況が出現したのである。こうなると集団は個人の自由を束縛するだけのものと見えてくる。人々はできるだけ集団から自由になろうとし、かなりの程度それを達成したものと思われる。そこに意外な落し穴があった。一つは、かけがえのない関係の喪失である。相手が自分にとってかけがえのある道具的存在にすぎないことは、自分も相手にとってかけがえのある存在であることを意味する。そのため人々は、おのれの存在のかけがえのなさを感じにくくなっている。主体性とは、かけがえのないおのれの存在を裏づけるはずのものであった。それが逆に、自分は何のために存在しているのか、の意味を見失わせつつある。

同じ文脈から人々は、フロム（一九六三）のいう「…からの自由」をかちとった後、「…への自由」を選びとることができなくなってしまった。「…への自由」とは次節でも述べるが、いま述べたかけがえのない関係に生きる、つまり、ある種の客観的な不自由を主体的に選択する時、はじめて人間における自由がありうるということである。人々は何者にも束縛されずおのれの欲求を充足しているつもりで、いつの間にかそのつどの衝動のとりことなり、主体的なおのれのありようを見出せなくなっている。意識は、はじめ人類を主客未分化な闇から救い出す光であった。しかしひたすら明るみを求めることで、われわれは影の作り出す深み、文字通り陰影を失ってしまった。たとえば太陽の明るさに目がくらみ、月の光が見えなくなったように。対象と合体する時はじめて見えてくるものが、対象を客体化することに馴れて見えなくなってしまったのである。

3　個と種の出会い

さて、１で種の衝動について、２で個の成立について述べた。われわれが〝人間らしく〟生きるためには、種のプロセスを個のレベルで生きなければならない。種の衝動は生物として遺伝的に埋めこまれている。生理的本能と同じく、心理的にもこれを生かすことがなければわれわれは死ぬ。生物学的要求を満たすだけの物理的状況が整っているだけに、心理的レベルでのこの要求は当人にもなかなか気づかれていない。しかしこれが満たされないと、生きている実感がしばしば失われる。現代人の孤独、それにともなうさまざまな不適応はおそらくそこに発している。しかしだからといって、種の欲求をそのまま気ままに満たすことは個としてのありようを破壊してしまう。意識する、つまり個にめざめた以上、われわれは個としてのおのれを通してしか種を生きることができない。そこにこそ、まさしく人間的な生の喜びと悲しみがある。

個とは、個々人がそれぞれにおかれているそのつどの状況である。性別、年齢、人種、才能、財産など。われわれは、そうしたおのれの個別的な状況を通して種を生きる。種と個はしばしば衝突し、そのつどわれわれは身のひき裂かれる思いをする。人間関係についていえば、個は役割関係に反映する。われわれは誰に対しても同じようにふるまうことはできない。家族に対する場合、友人に対する場合、たまたま列車に乗りあわせたまったくの他人に対する場合、われわれの反応はおのずから異なる。役割関係は、当初は共同社会を維持するため、自然発生的に生じたものかもしれない。それは意識の成立と共に生じたはずである。この人とあの人とでは私との関係が異なるということは、個の認識なしにはありえないからである。それが失われることは、いわゆる自己同一性の感覚を見失うことになりかねない。

たとえば近親相姦タブーということがある。古今東西を問わぬ普遍的現象である。ということは、タブーがなければきわめて生じやすい現象であったことを思わせる。人間にもまた、生物の一種としてオス、メスの結合を求める本能がある。同性を前にした時と異性を前にした時は、おのずからその反応が異なる。両者が性的に成熟している時、そこに性的な感覚ないし感情の入りこむことは避けられない。「花嫁の父」というテーマが、何度も文学や映画に登場する。娘を嫁にやる父親の何ともいえぬ哀歓が人々の胸をうつからである。娘がメスとして成長し、今や結婚可能なところにきた。父親に女としての魅力を感じられることのなかった娘は、女性としての自信をなかなかもちにくいという。オスとして、魅力一杯のメスを他のオスに手渡す口惜しさが、花嫁の父にはある。どういう形で夫に結ばれるにしろ、娘の方にも父親に対してメスとしての心のプロセスがなかったとはいえない。たとえあらわれ方としてはマイナスの形をとったとしても、である。そもそも異性をうけいれることは、ほとんどの文明社会では、当初〝嫌らしい〞ことであったのだから。好悪いずれにせよ、父娘ないし母息子がもはや中立的でありえないのは、お互いの性を意識すればこそである。

だからといって、父親と娘が性関係をもつことは、ほとんどの社会で許されぬことである。だから父親も娘も、種の衝動を満たすためには社会的に許された関係を通してでなければならない。それぞれのおかれた社会的状況に応じて、〝より大いなるもの〞あるいは〝より動物的なレベル〞を生きるのである。だからこそ、たとえばユングのいうヌミノーゼ体験もありうる。それは、相対的な個としての自分が、絶対的な種のプロセスを生きる時に感じる、なかば宗教的な畏れと喜びの感情である。それだけに個が呑みこまれる恐れがある。〃より大いなるもの〃との接触は、多かれ少なかれ自我意識の喪失体験をともなう。だから意識を保つための枠組みがいる。それが、特定の時、特定の場所、特定の相手といった限定化である。

祭りの喜び、同時に悲しみ、は、それがいつか終わることをわれわれが知っているからである。日常生活とは、ほとんどの場合生産活動である。明日の生活を保証するために、われわれは額に汗して今日働く。その平板な生活に非日常体験を入れこむのが、もっぱら消費すること、あるいは「いま・ここ」を精一杯生きること、すなわち祭りなのである。毎日が祭りになれば、生存そのものが危うくなるだけでなく、心理学的な方向喪失感に捕われることになる。

この特定化・限定化のゆきすぎたものが、先に述べた道具的な人間関係である。現実適応的にはほぼ理想に近いありようが、逆に生命観を見失い主体性を感じられなくさせてしまう。ある程度対象と一体化する、つまり自我意識の喪失があってはじめて見えてくる現実がある。意識がまったく失われるのではない。日常の意識感覚が背景に消えるのである。その時、現実適応のために忘れられていた自然のプロセス、種の衝動が浮かび上がる。われわれがわれわれの食った動植物の生命を生き、そのあげく土に返り、そこからあらためて植物が生い育ち、再びそれが動物の生命をつなぎ、といった生命の循環が感じられてはじめて、輪廻転生の観念や永生観念が成立したものと思われる。

4　カウンセリングの枠組み

さて、普遍的な種の衝動が現実的な個のレベルで満たされるべきこと、を述べてきた。種の衝動が生かされなければ生命力が萎え、個の限定が不十分ならば方向性が見失われる。カウンセリングは、クライエントにおける両方のバランスを保つための仕事である。しかし個を強調する傾向の強い現代にあっては、どちらかといえば種の衝動を甦らせることの方が重要である。

ところで「はじめに」で、カウンセリング場面に生ずる感情交流は日常場面でのそれよりも深いことがある、また、日常の人間関係が〝治療的に〟役立つことは少なくないけれども、カウンセリング場面に生じるそれとはやや異なる、と述べた。それは、カウンセリング関係で生じる感情交流が、主として種のレベルのものであることによる。いいかえれば、エロス衝動の活性化である。にもかかわらず、それは本来的本能的なものにだけに、心の深いレベルから来ている。カウンセリングにおける〝深い〟関わりとはそのレベルのものを指している。普遍的なものであるだけに、方向性が定まっていない。ということは、個別的現実的ではないのである。すべて人間的なものは個を通してあらわれる。だからこそ前節に述べた「父と娘」葛藤が生じもするのである。エロス衝動＝関係性にはさまざまなものがある。男女、老若、親子など、相手によって自然な動きが生じる。だから、一見恋人、友人、親子関係に見まがうことがありうる。しかしそれらの現実的諸関係は、すでに述べたように、個々人の特定の状況に応じてこそ展開するものであり、種のレベルのそれとは次元を異にする。

いわゆる一目惚れの場合を考えてみよう。オスでありメスである以上、魅力的な異性に出会えば惹かれるのが当然である。そこで何らかの進展があったとする。その結果お互いの個別的、つまり現実的な状況が多かれ少なかれ明らかになってくる。相手に対する関心の高まりが必然的に招来することである。そこでいやおうなく「知りたくない事実」が露わになる。そこで、それでも好きかという問い直しが必然となり、そういうプロセスを経て現実の愛は熟してゆく。

カウンセリングにおいて、カウンセラー・クライエントの双方または一方が、相手に対して恋愛的感情を抱くことは、必ずしもマイナスとはいえない。しかし少なくとも、カウンセラーがクライエントの個別的感情に応えてはならないのである。つまりカウンセラーの役割は、すでに述べたクライエントにおける種のプロセスの活性化である。それは、クライエントの現実生活においてこそ満たされねばならない。カウンセラーは、時にクライエントに対して恋人的、母親的、友人的感情をかき立てられる。そうなるだけの魅力がクライエントにあるしである。しかし種のレベルの感情は、現実の人間関係を通してこそ具体化されるべきことはくり返し述べた。人間関係とは2に述べたように、すべて社会的関係である。カウンセラー・クライエント関係は、専門家と依頼者との契約関係である。そうした職業的関係ということでこそ、現実的個別的な関係たりえている。その限り、浅い。クライエントのエロス衝動の高まりを、カウンセリングの成果として認めあいつつ、その対象をカウンセリング外の現実場面で見出すべきことを考えねばならない。

しかしここにむずかしい問題が生じる。関係性志向の高まったクライエントは、現実場面でも誰彼なしに過大な期待を寄せるからである。われわれがわれわれの仲間感情を満足させようとすれば、さまざまな人間関係が要る。だからこそ親子関係、夫婦関係、友人関係などが複雑に絡みあっている。それらを巧みに使い分けることによって、スムーズな社会的関係が保たれている。それらのすべてを一人の対象に期待すると、当初は何とか対応してくれた相手も、やがて負担に耐えきれず逃げ出すことになりやすい。このことがクライエントにとって、またしても裏切られないし見捨てられ体験となる。もともと彼らが関係性を断ち切ってきたのは、裏切られ体験、見捨てられ体験を避けるためである。だからおのれの殻に閉じこもり傷つくまいとしていた。それが、やっと外に向って再び働きかけてまたしても同じ体験を重ねたのでは、かえってマイナスになる。

ここでカウンセラーが、時にクライエントの日常関係に介入する必要が生じる。それがどのような時どういう形で行われるかはケースバイケースである。ただ、カウンセリングルームでのカウンセラー・クライエント関係にだけ集中しておればよい、といえない場合のあることは弁えておく必要があろう。要するにクライエントは、人一倍現実的な人間関係を求めていながら、うまく関われない人たちだ、と考えてよい。だからこそカウンセラーは、カウンセリング関係の枠内にとどまらなければならない。なぜならカウンセリング関係だけが、クライエントの維持している唯一の現実関係であることが多いのだから。

おそらく日常関係では許されないような状態に陥っても、カウンセリング関係内では、契約による当事者同士の関係が保たれることによって、クライエントは、カウンセリング以外の場面でも、徐々に現実的な関係を作りかつ維持してゆくことが可能になる。こういう場合カウンセラーが、現実的個人的立場を明確にして、できることできないことをはっきりわからせることが決定的に重要である。カウンセラーの特別の好意によって関係が保たれているのではなくて、一人のカウンセラーと一人のクライエントの職業的、つまり社会的関係が維持されているその事実が、クライエントが社会的に他の人たちとも関わりうる唯一最大の証となるからである。

その意味でカウンセラーとの冷たい、あるいは表層的な関係が、クライエントを支える枠となる。箱庭や風景構成法の枠が、心理治療的にきわめて大きい意味をもつように、カウンセリング関係のもつ枠が、クライエントにとっては現実適応のためのホームベースになることを思わねばならない。

以上、カウンセリング関係のもつ現実的な「枠」としての意味について考察した。しばしば種のレベルと個のレベルの深浅を混同し、クライエントはやむをえないにしても、カウンセラーまでが混乱している例が少なくないと思うからである。カウンセリング関係と日常の人間関係とは、お互いの深浅が交叉していることが多いことを強調しておきたい。

大工原秀子『老年期の性』ミネルヴァ書房、一九九二年
フロム、E.『人間における自由』(谷口隆之助・早坂泰次郎訳) 東京創元社、一九六三年
ハーロー、H. F. 他『ヒューマンモデル』(梶田他訳) 黎明書房、一九八四年
市川光雄『森の狩獣民』人文書院、一九八四年
ユング、C. G.『自伝』(河合他訳) みすず書房、一九七二年
ムーディー、R. A.『かい間みた死後の世界』(中山善之訳) 評論社、一九七七年
パイン、F.『臨床過程と発達』(斉藤、水田他訳) 岩崎学術出版社、一九九三年
プラトン『饗宴』(久保勉訳) 岩波書店、一九九一年
スピッツ、R.『母子関係のなりたち』(古賀行義訳) 同文書院、一九六二年

第8章　転移と逆転移について

はじめに

最近、いつの間にか若い臨床家に対して物を言うことが多くなってきている。こちらが今まで身につけたものを伝えたい、という気持ちがなくもないのだが、まだまだ精進してこれからという気持ちの方が強いので、少しわり切れない感じがある。カウンセリングという仕事は、結局クライエントをどれだけ理解できるか、にかかっていると思うのだが、そのクライエント理解は、カウンセラーがどれだけ自分自身についてわかっているのか、と分かちがたく結びついている。今、私はこの原稿をチューリッヒで書いているが、それはここで教育分析を受けているためである。教育分析についてくわしく説明することはできないけれども、要するにカウンセラー自身がクライエントになって、いろいろと自分のことを考える訓練である。それで何がわかるのかは、別の機会に書いてきたことでもあるし、ここでこれ以上述べることはしない。しかし意外に、なるほどといった実感の薄いわかり方であることは、私個人の経験についてはいえる。

プライヴェートなことは当然書けないけれども、相当つらい思いもして、一夏チューリッヒで分析を受けるだけの意味はあるのであろう。それもこれも、いくつ年をとっても自分のことはわからない、逆にいえば、まだまだわかってゆく余地が残っている、ということなのであろう。まだまだ中途半端なものなのだが、若い頃思っていたよりは、だからたぶん今の若い人たちよりは、少し自分について見えてきたところもあるか、とは感じている。そしてそれを伝えたい。一つには、この程度のことをさえまだ知らぬ若い（？）臨床心理士がいる、という驚きとも悲しみともつかぬ歎きである。もう一つは、心理臨床家養成のプログラムが遅々として進まぬことへの焦りである。心理臨床学会が一五年前に発足したことについてはいくつかの理由があるが、何よりも、心理学を勉強し一応の訓練を受けた者たちの、あまりにも低い待遇を何とか向上させたい、というのが一番のものではなかったろうか。

それにはいくつもの理由が重なっていて、だからこそ臨床心理士資格認定協会の仕事が、ある程度進みながらもいくつかのネックに阻まれている。その最大のものが、私個人の印象では、個々の臨床心理士の実力不足である。これは今まで、制度的にもあまり期待できることではなかった。現在でも、心理士の立場が向上し、実践にしろ経験にしろ資格取得後一層の展望が開かれている、などとはとても思えない。だからこそ、今こそわれわれが逆境に耐えながら、われわれの実力を周囲の誰しもが、たとえば親、教師、医師、ケースワーカーが、それに当の本人が、認めるほどのレベルにまでひき上げる努力がいる。その努力が若い人たちの間で、若い医師たちと比べるとまだまだ不足しているのではないか、というこれも個人的な印象が私にはある。

もともとは医師と変わらない専門的な職業資格を、ということであったはずである。そして現状とか将来性も含めて、心理士たちが医師たちと格段に不利な条件にあえいでいるのも確かである。しかし現時点に関する限り、医師と心理士との実力上の格差は蔽うべくもない。だからすぐさま同格の専門家としてというのは無理があるし、現状に沿わない。しかしこの差は詰められねばならない。そしてそのためには、臨床心理士の側の必死の努力が不可欠なのである。にもかかわらず、現状では若い医師たちの方が、若い心理士たちよりもはるかに勉強しているのではないか。現段階で条件のよしあしをいってみても始まらない。かなりの悪条件に耐えつつ医師に劣らぬだけの努力をつみ重ねることなしに、両者のギャップを埋めることは考えられない。

とくに私が近頃やや悲観的になっているのは、いわば教授クラスの指導者レベルの人たちが、あまりにも一匹狼的状況に慣れすぎているのではないか、ということである。研究も積み経験もある。若い人たちの経験していないことを一杯知っている。それでお山の大将的発言をくり返しているうちに、一種の教祖的な存在になり下がる。同格もしくはそれ以上の研究者のいる場を避ける。かつて注目していた中堅以上の臨床家で一〇年一日のごとく同じことをくり返している人をなしとはいえない。

中堅についても似たようなことがいえる。あちこちの講習会の講師として招かれることが多く、〝先生〟として〝学生〟であることを見失ってしまうのである。その程度の知識や経験をすら必要としている数多くの受講生のいることは、ある意味で有難いことである。しかし、その人たちの実際の期待に応えうるだけの知識と経験を身につけた中堅臨床家の数は、意外と少ないのではないか。ここでも同年輩の医師たちと比べてほしいものである。だから、もともと距離の開いていた医師と心理士の実力、訓練、責任感の差を詰めるはずの動きが、かえってその差の大きさをあらためて思わざるをえない皮肉な結果につながりつつある、といってもいい面がある。

もちろんこれは、心理士に対する医師も含めた世間一般の期待が高まり、いやおうなく臨床の現場で専門を異にするもの同士として接触するチャンスが増え、そのため意外にやれると面目を施したり、やっぱりこの程度かと馬脚をあらわす機会が増えたからであろう。だから喜ばしい経過の過渡的現象の一つといえなくはない。しかし、最近比較的多く若い医師と接触する機会をもち、心理士の場合とは違った手応えを感じて一種の危機意識をもったのも事実である。真摯にかつ地味に、ひたすら孤剣を磨いている心理士の方には言わずものがなのことと思いつつ、大多数の心理士の方にぜひ心にとどめておいていただきたく、あえて書いておいた。

1　転移と逆転移

さて、本論のテーマは転移と逆転移である。これは、われわれ臨床心理士も、ようやくこうしたテーマでおのれの臨床を考えられる時期が来た、という認識を含んでいる。このことばが、もともと精神分析学の流れから出ていることはいうまでもない。したがってわが国でも精神分析学になじみの深い人たち――医師が多い――は、以前からわりにこのことばを使っていた。そうしてそういう人たちの影響力が大きくなるにつれて、精神分析学以外の領域でもこのことばを使う人が増えてきている。これはある程度当然で、細かい点に目をつぶれば、精神分析家もカウンセラーも、心理学的につまずいた人たちに心理学的に働きかけて何とかお役に立ちたい、ということでは同じ仕事をしているのだから、日々の臨床でおそらく同じ現象にしばしば出会っているのである。それをどう考え、どう対応するか、そして何よりも専門家同士のお互いのコミュニケーションのために、それを客観的なことばでいい表わす努力のなされるのは当然のなりゆきであった。そしてこの転移・逆転移ということばは、使ってみると実に便利なことばなのである。

人間関係には特異的な面と非特異的な面がある。非特異的な面とは、かつてカウンセリングマインドということばがはやり、あらゆる人間関係のよきもあしきも、カウンセリングマインドがどれだけ生かされているかどうかで決まるといわれたような、そういう面である。親子関係であれ夫婦関係であれ教師生徒関係であれ、あるいは行きずりのよそ者同士の関係であっても、そこにはおのずから〝人間同士〟としての親しみがありうる。犬に対する場合、虫に対する場合、木や花に対する場合、石ころに対する場合とは違う、人間が人間に出会った時にしか生じない、おそらくは生物学的な基盤を有するであろう人間同士のなじみ感である。

これがたとえば夫婦関係とか友人関係になると、根本にそうした非特異的なものを踏まえながら、関係はたちまち夫婦ならではの、または友人ならではの特異なものに変わる。以前授業中にある同僚について、先生はあの先生と仲が良いのですか？　という質問を受けて、仲のよい恋人・仲のよい親子・仲のよい同僚など、仲のよさにもいろいろあり、〝仲のよさ〟ということでは共通のものを含みながらそれぞれ異なっていること、これが同じになれば大変な場合のありうることを説明したことがある。当然カウンセリング関係にはまさしくカウンセリング関係ならではの特異的な面があり、そのことの吟味の怠られてきたことが、今日カウンセラーがなかなか専門家の仕事として認められにくいことにつながっているについては、前にかなりつっこんで考えたことがある（氏原、一九九五）。

ところで転移・逆転移についても、似たようなことが起こっているのである。精神分析学にも各派があり、大方での合意はなり立っているにしろ、細かい点では技法にしろ理論にしろずい分のくい違いがある。ただ議論がどうしても非特異的な面に及ぶと、各派の、ひいては精神分析学全体の特異性までがぼやけてしまう。それとの絡まりで、精神分析学以外のカウンセラーの学派まで、自分たちのやっていることを精神分析学のめざすところと同じではないか、と考えこみやすい。これはとくに、最近のわが国の心理臨床の世界で目立っている現象ではないか、という気がしている。

心理治療の特異性を強調するべきか非特異性を強調するべきかは、単純化すれば好みの問題にすぎない。おそらく創始者の個性が大幅に与っている。どちらか一方がよくて一方が悪いというものでは決してない。だから心理治療である以上、オーバーにいえばあらゆる人間関係に、この両者がつきまとう。そもそも人間関係がそんなものだからである――これについては後でもう少しくわしく触れることになろう――。

ただし非特異性があまりに強調されると、各派の独自の性格が薄れるだけでなく、かつてのカウンセリングマインド騒動のように、ある種のやり方ないしあり方だけが絶対で、他の方法は一切無益あるいは有害でさえあるという単純な論法がまかり通る。これは人間心理のいわば複合性を見失った暴論といわねばならない。かつてロゴテラピーの創始者であるフランクルが、うつ症状を心理療法だけで治そうとすることの無謀さを批難したことがある（フランクル、一九六八）が、当然のことである。薬物だけで一切の精神症状がとれるわけではないにしろ、そのことの効用と限界について相当の認識をもつことなしに、心理治療、それも特定なやり方に固執することは有害な場合の方が多い、と思われる。

本論を執筆する気になった一つは、心理治療にはさまざまな局面があり、それに応じて対応の仕方が変わってくること、ただ一つのやり方にこだわることはむしろ専門家としてとるべき態度ではないことを、同じ心理臨床家としてむしろ忸怩たる思いを抱えながら、比較的経験の浅い心理士の方たちに聞いておいてもらいたい、ということである。

2　告白（Bekenntnis, confession）または浄化（Katharsis）

きっかけは、比較的古い短い論文である（Jung, 1929）。古い翻訳があるが、わが国ではあまり注目されていないようである。ただしユング派のロンドンスクールでは以前から関心を集めており、引用されることが多い。それによれば、ユングは心理治療を四つの段階に分け、それぞれの段階に応じて用いる技法の異なるべきことを説いている。ユングについては、転移を望ましくないと考えていた、という説（たぶん『分析心理学』〔一九七六〕による）と、転移こそ心理治療のアルファでありオメガと信じていたという説（おそらくは『自伝』〔一九七二〕か）がある。しかし、ユングが転移の必然性と重要性に十分気づいていたことは、その『転移の心理学』（一九九四）に明らかである。執筆年代に差があり、彼の思索の深まりと共に考え方が変わった、ということもできるが、この小論を見る限り、ずい分早くから転移（もちろん逆転移）の効用と限界について、相当深い体験と思索を重ねていたのは明らかである。

ただし以下に述べることは、ユングのこの論文の紹介ではない。たまたまユングの分けた四つの段階と、私の考えているカウンセリングの四つの側面にそれぞれ対応するところがあると思われ、現時点においてカウンセリングについて私の考えていることを、ユングの枠組みを採用して（例によって私なりに、である。ユング自身の考えに興味のある方は原著によっていただきたい）整理しておこう、とするものである。

ユングは精神療法の段階を四つに分けている。すなわち告白、解明（Erklärung, elucidation）、教育（Erziehung, education）、変容（Verwandlung, transformation）である。私自身は、これらのことは心理療法のあらゆる局面に並行的に生じていると考えているが、便宜上、段階的に見てよい節があるとは思っている。

ところでユングによれば、多くのクライエントは、この告白ないしカタルシスの段階でかなりよくなってしまう。これは当たり前のことで、われわれの生活がホンネとタテマエの使い分けからなっている以上、しばしばホンネが鬱屈して抑えこまれてしまう。これを誰かに聞いてもらうことは、それで現実の問題が解決されるわけではないにしろ、かなりの程度気が休まるのである。たとえばサリヴァン（一九八六）は思春期におけるチャムの重要性について述べているが、今までもっぱら尊敬の対象であった父親がどうもうさん臭く感じられ、そのように感じる自分に罪悪感めいたものを感じている少年が、同年齢群の少年に、お前もか、実は俺もそうなんだよ、と言ってもらうだけでずいぶん気が楽になる。これからおとなの男同士として父親とのつきあい方をまさぐってゆくその時期の、誰しもに当然の不安がこうした愚痴の形で始末されることは、意外に多い。

Bekenntnis というのは、本来司祭に対する罪の告白である。おのれの影を自ら認めることによって神の赦しを乞う。そこまでいわずともいわゆるカタルシス効果、たまりにたまった鬱憤をぶちまけ受けとめてもらうだけでも、今まで抑えていた部分がその分統合されるという意味で、心理治療的に役立つのである。ただし本稿では、それに加えて二つの点を強調しておきたい。

一つは、わが国でよくいわれるロジァーズ流の受容である。ひたすらクライエントの言うことをうけいれる、質問をしてはいけない、カウンセラーの意見を言うなどもってのほか、カウンセラーはクライエントのことばをくり返し感情の明確化に徹する、というあのやり方である。これには実践的に深い意味がある。しかしすぐれた実践家にしばしば見られるように、ロジァーズの理論にはかなり不備なところがある（これについては今まで再三指摘してきた。氏原、一九七四、一九七五、一九八五など）。感情だけをとり上げても、そこには明確な部分と曖昧な部分とが錯綜しており、それが全体として一つのまとまった情緒的な場ともいうべきものを形作っている。だからクライエントがことばで表現する感情は、つねにその一面、比較的意識に近いところ、激しいけれども浅い部分である。そのことばをおうむ返しにくり返しても感情に応えたことにはならないし、もちろん受容したことにもならない。感情ないし関係の何を深いとし浅いとするかは今は問わない。ただロジァーズの理論と技法が導入された当時、私をも含めた日本のロジェリアンのほとんどは、ひたすらことばのレベルの応答に縛られていたと思う。そのためカウンセラーの個性、自然な心の動きはほとんど閉ざされ、クライエントからみれば、カウンセラーの善意のごときものはある程度感じとれるにしても、いわゆる人間同士としての相互交流には程遠いところに立たされていたのではないか。逆に、ことばで把握したレベルを強調されて、全体としての感情の場を混乱させられる場合がなかったとはいえない。だから、ロジァーズの感情の明確化という指示は正しかったのだが、ロジァーズの説明不足と、何よりもわれわれの体験不足が重なって大きな誤解が生じたのである。

二番目はそれとも関連するが、その程度の実践でも、かなりのクライエントのお役に立てたことである。だからロジァーズの本に書いてあることを金科玉条として踏襲してゆきさえすれば、あらゆるクライエントのお役に立てる、現在それができないのは自分のロジァーズ的な訓練がまだ不十分なためだ、と思いこみやすかったことである。今日、ある種の方法を万能と思いこんでいる心理治療家はごく一部である。フロイト派のてこずった患者をユング派が一ぺんに治したとか、逆の報告も少なくない。何もしなくても心理治療を受けたのと変わらない〝治療的〟な効果が生じる、とする報告もある（アイゼンク、一九六五）。しかし現在なお、こり固まった信念をもつカウンセラーが、わが国においては必ずしも少なくない。そしてそういうカウンセラーの比較的多く働いている機関がある。そういう所へは、当然比較的問題の軽いクライエントたちがやってくる。そしてかなりの程度よくなってゆく。むずかしい人たちは来ないし来てもすぐ来なくなる。来てもどうにもならないことがわかるからである。こういう所で長く働いていると、画一的な、悪い意味でのロジァーズ的やり方で結構自信がつく。ただしそのようなカウンセラーはむずかしそうなことを言う人のいる場には出たがらない。臨床経験は長いし、結構本は読んでいるので一応のことはしゃべれる。先にお山の大将になりやすい教授クラス、講師先生に崇め奉られて学生的熱意を見失った助教授クラス、について述べた。それと並んで、同格もしくはそれ以上の専門家集団の場で切磋しようとする気持ちの薄いこのグループの人たちが、わが国の臨床心理士の成長を阻む大きい要因、と私は考えている。

3　解明（Erklärung, elucidation）

いずれにしろ、告白だけでかなり治るクライエントが少なくないのである。そして、できれば手間ひまかけず、ちょっとしたお手伝いで元気になってくれるクライエントが多ければ多いほどうれしい。しかしそれだけでは治らぬ人がいる。そこで次の解明に入らざるをえない。クライエントの問題も違うし、対応する技法もまた異なってくるわけである。

ここでユングは、フロイトによる精神分析が必要になる、という。だから転移・逆転移という複雑な人間関係の中に入りこまねばならない。私自身は精神分析学の専門家ではない。だからここでユングが何を意図していたのか、よくわからない。カウンセラー・クライエント関係の中に生じるさまざまな心の動きの中に、忘れてしまった両親との体験を重ね、いわゆる抑圧された外傷体験を再体験してゆくらしい。大切なのは幼児体験の想起ではなく、いま、ここのカウンセラー・クライエント体験である（たとえばラッカー、一九八二）。ユングが転移を、なるべくならばない方がよい、といったのは、転移・逆転移を否定的にとらえたからではなく、なるべくならば簡単な方法でクライエントに元気を回復してもらうのが一番だからである。助言や忠告やあるいは読書や講演を聴いて、心の癒される思いをした人は少なくない。しかし転移・逆転移的現象は、あらゆる人間関係につきものである。そして精神分析の学派内においても、厳密にこれをどうとらえるかについては各種各様の考え方がある。それらについて論をつくすだけの余裕も力量も今の私には欠けている。だから本稿では、この問題を共感性ないし主体性の回復という角度から考える。ここでは告白ないしカタルシスが、やや非特異的な面をもつのに対し、少しく特異的な様相が見えてくる。

第Ⅲ部で紹介されているが、四歳時に母親が目前でレイプされた女性が発症し、あれは母親の問題で自分とは関係ない、と言いつのっていたのだが、ある時、その時その場での恐れ、さびしさ、怒り、恨みその他を再体験し、以後治療がスムースに進行したケースがある（箱庭療法学会第四回大会発表論文集）。親の問題は親のことで自分には関係がないとするのは、明らかに一種の合理化である。合理化とは単純化していえば思考機能の一面であり、対象をおのれとの関わりなしに意識する働きである。しかし好むと好まざるにかかわらず、われわれは対象をおのれとの関係においてしかとらえることができない。親の問題は子どもとして、よその親がどうなったかといった同じレベルで客観的に処理できないのである。人間とはそもそも関係の中に生きており、それが人間同士の場合、いやおうなしのエロス性・関係性を完全に切り離すことをできなくしている。しかしおのれの経験——これを大雑把にいえば対象との関わりである——がおのれにとってあまりに受け止めがたい時、われわれはそれをおのれと関わりないものとして処理する。それがいわゆるアレキシシミア（失感情症。誤訳とされている。感情失語症というべきで、感じてはいるのだがそれを表現することばの出ない症状）である。

ここでくわしく触れることはできないが、われわれは対象との関係なしに生きることができない。後に述べるように、そこに一種の融合体験が生じる。その一種没我に近い体験を、すっかりは失われていない主体の体験することが、よきにつけ悪しきにつけいわゆる超越体験である。ユング派のいうヌミノーゼ体験がこれに当たる。

感情体験とは、この対象との一体感を踏まえて自我の経験する意識状態であるから、多かれ少なかれヌミノーゼ性を担う。しかもヌミノーゼ体験は自我がおのれ以上の心的プロセスを経験するがゆえの意識状態である。これは対象との融合体験なしには生じえないことであるから、主体を超えた文字通り超越体験がつきものなのである。しかし主体性は失われていない。超越体験を主体が受けとめているからである。だからこそ、畏れ、戦《おのの》き、喜び、悲しみが必然的にともなう。

いわゆるノイローゼと呼ばれている人々は、こうしたおのれの体験を、おのれのものとしてひき受けることを極端に避けている人たちである。解明の段階でカウンセラーがクライエントに期待するのはそのレベルである。それは、人間はこういう場合こんな風に感ずるものだがあなたはその時そんな風に感じなかったのか、という問い返しにつながる。さらにいえば、もし私があなたと同じ状況にあればたぶんこんな風に感じるはずだが、あなたはどうであったのかという、いわばカウンセラーの感性を通してのクライエントへの詰問―対決なのである。それがしばしば幼児体験とつながっていることがある。ユングがこの段階を、フロイトの精神分析技法の有効な段階としたのを、私はそのように理解したく思っている。

4　教育（Erziehung, education）

ここでユングのいうのがアードラー風の教育である。しかし私には、ここにも四番目の解明と同じくかなりの単純化があると思われる。アードラーの方法には忠告や助言がかなり入りこむのだが、要は、クライエントが現実処理にいかに不適切な行動をとっているか、に気づかせることである。私はこの時期を、現実適応の段階と呼んでいる。つまり解明の段階で、たいていのクライエントは自分がいかに傷ついているかに気づく。先の少女の例でいえば、あれは他者である母親の問題であった。しかし四歳の少女が、母親に起こったことを自分とまったく無関係のこととしてうけとめられるはずがない。だからオーバーにいえば、母親に起こったことはそのまま少女に起こったことであった。少なくとも、母親と重なって生きていた部分は重篤な傷害を蒙ったはずである。それをあえて自分のものとしない。だからそれを自分の体験として思い出した時、少女はその体験を〝主体〟としてうけとめたことになる。

従来、共感の重要性が叫ばれながら、それがどのように治療と関わるのかについての説明が十分でなかった。しかし私は、クライエントの共感性の回復はそのまま主体性の回復につながるものと考えている。関係性ないしエロス性が、どこか融合的な側面（主体喪失）を含みながら、だからこそ治療的な意味をもつのは、クライエントの主体が客体と分離しているからに他ならない。

ところで抑圧にしろ分裂にしろ、主体がそれをおのれのものとしたがらないのは、つらいからである。満たされないおのれの願望がいかに傷つけられてきたかを思えば、もろに人に関わることを避けて、もっぱら機能的に、私流にいえば道具的な人間関係に閉じこもればすむ。そもそも期待さえしなければ裏切られることはないからである。それで心を閉ざしているクライエントが何人もいる。ユングのいうように、あるいは以前私が述べたように（氏原、一九八五）、共感性にめざめたからといって問題が片づくわけでは決してない。共感とは人と人との感じあいである。それは人間関係という枠があってはじめて可能なものである。しかし枠というのは人間関係を支えるためのいわば外枠であって、それなりの社会性がある。だから解明の段階で、今までいかに自分がその感情を押し殺し人と距って生きてきたかに気づいたとしても、それではどう関わってゆけばよいのかわかっていない場合がほとんどである。先に「仲がよい」といっても、夫婦、きょうだい、友人、同僚、師弟の場合にはそれぞれ微妙な差のあることを述べた。それがここでいう社会的な枠である。

ところがある程度カウンセリングが進み、生きるとは人との関わりに他ならないことに気づいても、それをどのような形で具体化してよいかわからないと、現実場面ではまったくお門違いの関係が期待される。一人の心優しい相手に、母親役、父親役、友人役、恋人役、指導者役などのすべてを期待しやすいのである。当然、はじめは好意的であった相手も、あまりの期待の大きさに応えかねて逃げ出すことになる。ここに再現されるのがかつての見捨てられ体験、裏切られ体験である。そこでしがみつけばしがみつくほど突き放されることになる。

教育の段階でカウンセラーの心得るべきことは、このような関係性ないしエロス志向が現実的な枠内で満たされるよう配慮することである。いわゆる転移関係についても、それが現にカウンセラー・クライエントの双方に生じている現実的なものであることを踏まえつつ、カウンセラーはカウンセラーにしかすぎないことをわからせる必要がある。ここで前述の見捨てられ（裏切られ）体験に近いものがクライエントに生じることがあるが、それにどれだけ耐えられるかがカウンセリングの山場になることがある。フロイト派ならば、ここで幼児期体験に重なる解釈が与えられるのであろう。次節でも考えるつもりであるが、カウンセリングにつきものの融合体験を、解釈という知的作業を通してつき放して見るところに、フロイト派の特徴があるらしい。ユング派の場合は、融合体験のプロセスをもう少し見てゆくのではないか。ただしその場合、一つの方向性がカウンセラーに見えていることが不可欠である。これが見えていない時、カウンセラーはしばしば不安になる。微妙な問題を含みながら、この不安は、このカウンセラーとこのクライエントとの行える限界をさし示していることが多いと思う。

そこまでゆかずとも、ここでカウンセラーがクライエントの日常関係に介入する場合も生じる。一見不可解なクライエントの行動の意味について、たとえば家族と話しあう必要の生じることがある。あるいは、ここで何をすべきかについて直接クライエントと相談する場合もありうる。カウンセリングをもっぱらクライエントを受容しその話を聞くだけだ、と思いこんでいるカウンセラーからみれば、まるで日常の人生相談と変わらぬような話しあいが、談笑のうちに〝深い〟レベルで行われることのあること、を思わねばならない。

5　変容または融合（Verwandlung, transformation）

人間はおそらく単独では存在しえない存在である。ミツバチやシロアリの社会では、群全体がいわば一つの有機体で、各個体はそれを構成する分子のような働きをしているらしい。各個体がおのれの使命を〝意識〟しているとはとても思えないが、お互いが微妙に感応しあうことはできているようである。およそ群を作る動物にはすべてこの種の働きがあって、一見各個体がバラバラに行動しているようにみえて、実はもっと大きい力、おそらく本能ともいうべきものに動かされているのであろう。人間も群を作る動物だから、その生物的な仕組みの底には似たようなメカニズムが働いているに違いない。早い話、オスはメスを前提として創られ、メスもまた同様である。そして生物の大前提がよき子孫を残すことであるのならば、成熟したオスとメスのあい惹かれるのは、恋愛と呼ぼうと欲情と呼ぼうと、生物としての人間の避けられぬ衝動である。

とくに思春期に目立つ異性への憧れは、おのれの中の満たされぬ部分が他者と出会うことによってはじめて満たされる思いである。この時、内から外に向かうエネルギーが外的対象によってうけ返され、そこではじめてわれわれは〝十全の〟存在感、さらにいえばおのれを超えた他者との一体感、超越体験を味わうことができる。人間がエロス──関係性に開かれているとはおそらくそのことである。しかしこの体験は、私があなたに呑みこまれる体験でもある。逆説的には、おのれを失うことによっておのれの存在を確かめる、自我の最も昂揚する体験でもある。あなたでもなければ私でもない、私でもあるしあなたでもある体験、といえようか。内なる動きと外のリズムが連動し重なりあい、そこに一つの「場」ができ上がる。私だけでもなくあなただけでもない、二人いてはじめてできる場が成り立つのである。

私は以前、うかつなことであるが、役者とは自己顕示欲の強い人か、と思っていた。確かにそういう一面はあろう。しかし彼らが芝居をするのは、観客との一体感がこたえられないのである。芝居は観客と一つになって一つの場を作り、一人では経験できないおのれの可能性を体験する場なのではないか。そして、それと同じことがカウンセリング場面でもいえるのではないか、と思っている。このクライエントと出会う時、そのクライエントと会う時にしか具体化されないカウンセラーの可能性があらわれる。だからカウンセリング関係は、クライエントだけが変容する場なのではなくて、カウンセラーもまた変わるのである。ユングのいう一種の化学変化の場であってそれは両者の変容の場であり、鏡のように単にクライエントを写し出すだけの場ではないのである。そこにユング派のいう逆転移の意味がある。しかしそれは、時にカウンセラー自身の自我喪失、ひいては自我解体の危険性を含む。ユングが、できれば転移・逆転移関係は起こらない方がよい、といったゆえんである。その間の経緯をある意味で〝具体的に〟きわめて象徴的ないし抽象的に書いたのが『転移の心理学』（一九九四）である、と私は考えている。

以前にも書いたことがあるが（氏原、一九九五）、私はこの問題を、種の衝動と個の状況としてとらえうるのではないか、と考えている。種の衝動とは、先にも触れたミツバチやシロアリの社会で、一匹一匹の個体はおのれの行動の意味を意識していないけれども、群全体にとっては合目的に行動をとるあの傾向である。個の状況とは、個人がいかにして種の衝動をおのれのおかれた個人的状況（男女、貧富、民族、年齢など）を通して具体化してゆくか、ということである。カウンセリング状況ではいったん個の状況が超越（忘却？）される。そこでカウンセラーとクライエントは、オーバーにいえば同じ人間と人間として出会う。当然相手が魅力的な異性であれば惹きつけられあう。年齢差のある男女の場合ならば、父性的母性的息子的娘的感情を触発される。私の理解する限り、精神分析学派の人たちはこのプロセスをここで現実の親子関係に還元する。だからよくいわれるように、ここで大切なことは過去の親子関係の想起ではなく、現にカウンセラー・クライエントの間に生じている関係である。それがかつての親子関係に重ねられる。おそらくそれが解釈と呼ばれるものなのであろう。現実のプロセスはそれだけ抽象化され、しかしそのレベルではかなり意識化される。正統な分析療法は週四～五回のペースで会う（この頃は減少の傾向があるというし、わが国ではその意味での〝正統な〟分析はあまり行われていない、と聞いたことがある）。連日、こうした関係を続けてゆけば、多くの場合、両者の間に何らかの変化の生じるのは避けがたい。

問題は、そこで生じる逆転移である。これにもいろんな定義があって、それ次第で意味はどうとでもとれる。そこで議論の嚙み合わない場合が時に見られる。私はここでは、一応中本（一九九四）の投影的同一視の定義に従っておく。それは、一方の思いこみが他方にその通りの結果を生ぜしめる、とする幼児的な前論理的魔術的思考である。分析家たちはそのことが起こる、と信じている。しかもそれこそが分析治療の要である、と考えている節がある。本人は否定しているけれどもフロイト派のサールズ（一九九二）や、ユング派のシュワルツ＝サラント（一九九五）などの場合、一見共精神病的な印象すら与える。しかし、先のミツバチやシロアリのたとえに返れば、こういうことはありうるのではないか。たとえばわれわれが哺乳類の幼獣をみる場合、思わず可愛いいと感じてしまうような、あるいはセントバーナードの仔犬が自分よりずっと小さい狆の成獣に甘えるような（ローレンツ、一九六八）。種としての人間同士の間には、ある場合、まさしく前論理的魔術的思考（というべきか？）の通じあうことがあるのではないか。もちろんだからこそ、ここでカウンセラーがカウンセラーとしての個の状況、カウンセリング場面ということでいえば、場の方向性を見失ってはならない。分析学派の人たちが、そのプロセスを現実の親子関係に還元したがるのはそのせいと思う。

ところでユング派の場合、このわけのわからないプロセスにもう少し長く身を任せる人が多いように思う（まったくの個人的印象である）。それだけに、見たところ何もしない人が多い。本当に何もしていない人も案外いるのではないか、と危惧することもある。それでなければ早くからこのプロセスを元型的概念で括ってしまい、フロイト派よりも還元的な方法に頼ってしまう人が、とくにわが国のユング派を称する人の中に散見されるような気がしている。

まったく無責任な言い方をすれば、フロイト派にはしっかりした方法論があり、何とかそれをマスターする程の人ならば、そこそこの仕事はできるのではないか。それに対してユング派は（とくにわが国の場合といった方がよいかもしれない）、かなりの程度名人芸的な直観がいるように思う（フロイト派に不要という意味ではない）。だからそうした直観に恵まれない人は、方向性の見えないままに、フロイト派以前の状態にとどまってしまうのではなかろうか。ユング派のロンドンスクールが、一見フロイト派と変わらぬアプローチをとらざるをえなくなったのもそのせいではないか、と思っている。

以上、転移と逆転移の問題を頭に入れながら、心理治療がさまざまの方法論をもち、同じクライエントに対して同じカウンセラーが接する場合でも、状況に応じて多様な局面の生じうることを述べてきた。ユングの小論はそれを段階的なものとして説明しているが、私自身は、ある面が優勢になることもあれば、同時平行的にいろんな面があらわれたり、しばしば逆行する場合さえある、と考えている。

アイゼンク、J.（編）『行動療法と神経症』（異常行動研究会訳）みすず書房、一九六五年

フランクル、V.『夜と霧』（宮本忠雄訳）みすず書房、一九六六年

ヤッフェ、A.（編）『ユング自伝』Ⅰ Ⅱ（河合他訳）みすず書房、一九七二年
Jung, C. G. 1929, *Die Probleme der modernen Psychotherapie* GW16, 57-81. Walter.
ユング、C. G.『分析心理学』（小川捷之訳）みすず書房、一九七六年
ユング、C. G.『転移の心理学』（林道義他訳）みすず書房、一九九四年
ローレンツ、K.『人イヌに会う』（小原秀雄訳）至誠堂、一九六八年
中本利征『精神分析技法論』ミネルヴァ書房、一九九四年
ラッカー、H.『転移と逆転移』（坂口信貴訳）岩崎学術出版社、一九八二年
シュワルツ＝サラント、N.『自己愛とその変容』（小川捷之監訳）新曜社、一九九五年
サールズ、H. F.『逆転移』Ⅰ（松本他訳）みすず書房、一九九一年
サリヴァン、H. S.『精神医学的面接』（中井他訳）みすず書房、一九八六年
氏原寛『臨床心理学入門』創元社、一九七四年
氏原寛『カウンセリングの実践』誠信書房、一九八五年
氏原寛『カウンセリングはなぜ効くのか』創元社、一九九五年

第9章　グリム童話「がちょう番の娘」をめぐって

——転移・逆転移再考

はじめに

先年、ユングの *Die Probleme der moderner Psychotherapie*（1929）をめぐって、転移・逆転移について考えた（氏原、一九九七）。その後少しばかり思うことがあり、かつ偶然「がちょう番の娘」について話す機会を与えられ、それがユング派のいう個性化のプロセスを表わしているという考え（Klein, 1991；Hinton, 1991）に若干の疑問を感じたので、もう一度このテーマをとり上げたく思った。

個性化については、同じユング派でもチューリッヒ（たとえばマイヤー、一九九三：フォン フランツ、一九九〇）とロンドン（フォーダム、一九九七）では意見が異なるようである。チューリッヒ学派が個性化のプロセスは中年以降に始まる、それまではもっぱら自我の強化、つまり社会的にそれなりの立場を築くことが必要、とするのに対し、ロンドン学派は、誕生の直後から、乳幼児においてさえすでに個性化の兆がある、と主張しているからである。綿密な乳幼児観察に基づいているだけに、説得力がある。私自身は、チューリッヒ学派、とくにフォン フランツの個性化の概念には賛成できない。前掲書以外にも、彼女はその著作のあちこちに、個性化はエリートの仕事である、中年までにそれなりの社会的立場を作れないような（無能な）人たちには望むべくもない、といったことを書き散らしている。彼女自身、以下のアレキサンドリアの学僧の話を引用しているので、そのへんの事情は承知しているはずなのに、である。

ある学僧が、アレキサンドリアでは自分が一番神に近いと思っていた時、天使があらわれて、「お前は二番目だ。一番目は別にいる」と言うのでそこまで案内してもらった。天使は彼をゴミゴミした下町に連れて行き、横町の小さな靴屋を指さして、「彼だ」と言う。学僧はさっそく店に入り問答を始めるのだが、靴屋は、「私にはむずかしいことは何もわかりません。ただ家族を養うためにこうして一生懸命働いているのです」と答えた、というものである。フォン フランツの本を読んでいると、この学僧の姿が彼女と重なりあってくることが時々ある。

私自身は、生まれた時から人間は個性化の道を歩んでいる、と考えている。たとえ本人には不本意でありまわりにも迷惑をかけるだけの生き方をしていても、それが彼または彼女にとっての個性化のプロセスと思うからである。フォン フランツは、個性化のプロセスをまるで最終の到達点のあるもののように考え、ユングは、そしておそらく彼女自身も、そこに至っていると錯覚しているのかもしれない。

ところでクラインは、「がちょう番の娘」を解釈するに当って、それが個性化のプロセスをあらわすとした上で、錬金術の四段階との対比を試みている。黒化（nigredo）、白化（albedo）、赤化（rubedo）である。そして娘の髪の黄金色が最終段階の金、つまり到達点を示すという。この四段階をユングの前掲書にある心理治療における四段階と、さらに私自身のカウンセリングの四段階説（氏原、一九九三）とを比べるのが、本論文の目的である。

1　がちょう番の娘

はじめにこの物語の全体を紹介するべきであるが、長いので要約するにとどめる。

王が死んで長らくの、年とった女王が美しい姫と一緒に住んでいた。姫は遠い国の王子との婚約が整い出発する。

女王は至れりつくせりの荷物の他に、侍女を一人とファラダという人語を話す馬をつける。そして自分の血を三滴しみこませたハンカチを与え、大事にしまっておくように言う。出発して一時間もすると、姫はのどが渇き、侍女に黄金の杯に水を汲んできてほしい、と言う。しかし侍女は勝手に飲めと言い、姫は流れに身をかがめて水を飲み、「情けない」と呟く。すると三滴の血が、「女王さまにわかったらその心臓は破裂するでしょう」と答える。間もなく再びのどが渇いたお姫さまは、再び侍女に水を汲んでくるように言うが、同じことがくり返される。しかも地面に伏せて水を飲んだ折り、懐のハンカチを流れに落してしまう。そのため人を抑える力がなくなったのを見て、侍女は姫の衣裳を自分のそれととりかえ、自分がファラダに乗って王子の城に着く。その上、一部始終を誰にも言わないことを姫に誓わせる。ファラダはみんな見ているが何もしない。

王子は大喜びでにせの花嫁を迎え入れ、王さまだけが姫に気づく。しかし花嫁に言いくるめられ、がちょう番の小僧の手伝いをさせる。一方、花嫁は、ファラダの首を切って殺すことを王子に承諾させる。そのことを知った姫は殺し役にお金を払い、その首を街と田舎をつなぐ暗いトンネルの門の壁にかけるよう、頼む。朝晩がちょうを連れて姫が往復する道である。門を出る時「可哀想なファラダ、こんな所にかけられて」と言うと、首が「可哀想なお姫さま、女王さまが知られたら、心臓がはりさけることでしょう」と答える。それからがちょうを原っぱに追い立てて、姫は髪をほぐして梳こうとする。小僧が黄金の髪のきらめきに魅せられて、二、三本とろうと寄ってくるが、姫は風を呼んで小僧の帽子を吹きとばす。そして小僧が帽子を追っているうちにすっかり髪を整える。翌日も同じことが起こり、腹を立てた小僧はそのことを王さまにいいつける。そこで王さまは、翌朝門の後に隠れて一部始終を見、姫が戻ってきた時そのわけを聞く。しかし姫は、それについては人に言わぬ誓いを立てているので言えない、と答える。

王さまは、それではそのストーヴに言いなさい、と言って立ち去る。そこで姫はありったけの思いをストーヴに告白する。すると隠れて聞いていた王さまがあらわれて、姫に王女の衣裳を着せる。祝宴となり、王さまはにせの花嫁に、主人にとってかわるような女はどうすればよいか、と尋ねる。にせの花嫁は、すっ裸にして内側に釘のつき出た樽に入れ二頭の馬にひき回らせればよい、と答え、その通りになる。

2　母と娘――最初の状況

冒頭は男性のいない状態である。王と三人の息子型とは逆に、この話が、男性性をいかにして女性性のうちにとりこむか、を語るものであることがわかる。しかも、遠い国にはすでに婚約者の王子さまがいる。男性と出会う第一歩は踏み出されている、と考えてよい。おそらくは母女王のはからいであろう。だから母親として、娘との別離の覚悟はほぼでき上がっているのである。それとお姫さまの他者志向が重なっている。男性も女性も、いわゆる年頃になれば、一人では満たされない憧れの思いがつのってくる。それが、自分がそれ自体では不完全な欠けたる存在であることを思い知らせる。他者と出会うことなしに、この憧れの満たされることはないからである。

男性にしろ女性にしろ、おのれの男性々ないし女性々を身につけようとすれば、まずその社会の同性のおとなたちがどのようにふるまっているかを見、それらをモデルにしなければならない。次に、異性の前に立った時、おのずから内に生ずるプロセスがある。これは感覚的身体的プロセスに近いが、それを確かめおのれの人間像の中に組みこんでゆかねばならない。思春期が「わが身体との出会い」（笠原、一九七七）の時と呼ばれるのは、そのためである。この姫の場合、未分化な母子一体感から他者志向へと動きつつある、という状況が示されている。

母女王は娘を嫁に出すのだから、ある程度分離の覚悟はできている。しかし、やはり不安は蔽いがたい。至れりつくせりの結婚支度は一見過保護を思わせる。クラインやヒントンはそれを否定的に考えているが、マレ（一九八四）は過保護のマイナス面は承知の上で、未分化な一体感が、人格の最も深いところで本人を支える基盤になりうることを指摘している。姫が最終的には本来の状態に戻るために、それが重要な要因であった、というのである。いずれにしろ母女王が、花嫁を花婿に無事手渡すために侍女をつけるのは、娘がまだ一人では何もできないことを承知しているからである。さらに三滴の血のついたハンカチを渡している。ベッテルハイム（一九七八）によれば、この話の別版では「三滴の血」という標題のものがあり、このテーマの重要性が示唆されるという。事実三滴の血は、白雪姫や忠臣ヨハネスなど、グリムにつきもののテーマである。ノイマン（Neumann, 1955）によれば、それは生理、出産、授乳（乳は血から生ずる、と考えられていた）を表わしている。しかしクラインたちは、授乳よりも破瓜の方がこの物語にふさわしいと述べている。いずれにせよ、女性が性的に成熟するために払うべき血の犠牲である。女性は成熟と共に身体的感覚的な自然のプロセスに従うべきこと、その際多かれ少なかれ自我を犠牲にしなければならない、ということである。だからこのハンカチを、嫁いでゆく娘に対する母による女性々の伝授、と考えることもできる。しかしマレ（一九八四）は、こうした間接的な方法でしか伝授できない母女王の弱さを指摘している。なおクラインは、白地に赤ということから、アルベド（白化）からルベド（赤化）への移行が含まれるとし、また白＝女性、赤＝男性、とすれば、両者の統合がすでにほのめかされている、といっている。

3　ハンカチ――移行対象

ところでこのハンカチは、当然母親の分身としての意味を担っている。だからいわば移行対象なのである。この母と娘との結びつきはきわめて強かったのであろう。それまで、その関わりを断ち切る男性原理、ロゴスが働いていなかったからである。娘にとって必要なことはすべて母親によって果たされてきた。その限り、娘は母親との共生関係にどっぷり浸って、自分自身を試し自分になるチャンスをほとんど与えられていなかったのであろう。嫁がせることと嫁ぐことは、その状態を打破する第一歩である。母の知恵と娘の他者志向性がようやく結びついたため、と思われる。しかし一挙に関係が切れてしまうことは、母女王からすればさすがに危険にすぎる。そこでハンカチを頼りとして女性としての成熟を期待し、同時に母との分離を促した、ともいえる。

しかしいかに他者志向性が高まっても、そこそこの自立なしには他者と関係を結ぶことは不可能である。だから王子さまの城への旅は、まさしくそのための試練の旅であった。お妃は、ひょっとしたらかなりの見通しをもって娘を旅立たせたのかもしれない。だからこそ自分が姫を届けることをせず、侍女をつけたのである。

お守り代りのハンカチを一種の移行対象と述べた。移行対象とは、子どもが親から分離してゆく時、親代りとして何らかの事物に固執することをさす（ウィニコット、一九七七）。それは非現実的な空想の産物であり、それが現実でないことは子ども自身が知っている。同時にそれは一つの心的現実であり、言語以前の母親とのつながりを多少とも再体験させるものである。娘が悲しむと、「お母さまの心臓が破裂する」とハンカチが答えるのは、娘にとっての自立の厳しさと同じくらいの、別離の苦しみを母親も同時に味わっている、ということであろう。

それらとの関連でもう一つ考えておきたいのが、ウィニコット（一九七七）の「二人いるから一人になれる」ということばである。これは、子どもは母親がいる時にのみ自分自身になれる、つまり、親のいることを忘れて積み木や絵本に熱中できる、ということである。いわば「より大いなるもの」とのつながりを感じている時にのみ、われわれは孤独に堪えられる。もし母親がいなければ、さびしさのあまり子どもはもっぱら母親を探し求め、積み木遊びどころではなくなるのである。

しかしこのことばは、「二人いても一人になれる」といいかえられもしなければならない。つまり子どもが母親を忘れ母親から分離（自立でもある）しようとする時、母親がそれを歓迎しなければならないのである。しばしば母親はこの分離体験を拒む。したがって子どもは、自立することは母を捨てることになるという罪悪感を負わされやすくなる。すでに述べたように、とくに思春期には、男女を問わず他者志向性が強くなる。とくに同世代の異性との結びつきを通して、母子のつながりから逃れようとする。それが当然の発達の筋道である。だから母親との共生関係は破られねばならない。しかしそれには、しばしば母親からする抵抗の大きいことはすでに述べた。

つまり子どもは、自立のために二人いなければならない。二人いるから一人になれるのだからである。しかし、十分に一人でありえなければ母親に呑みこまれる恐れがある。そこで多かれ少なかれ母親から離れなければならない。しかし、母親とのつながりが感じられなくなると子どもは孤立する。要するに、二人いて一人になれぬ時には共生的に呑みこまれ、二人いて一人でありすぎれば孤立して見捨てられる。まさに進退きわまった状況なのである。母子共々このアンビヴァレントな状況を、「まあまあの母親」なら何とか切り抜ける、というのがウィニコットの意見である。このテーマは、もともとは乳幼児と母との観察から得られた知見であるが、誰しもにおそらくは生涯を通じての課題である。依存と自立は相補的な関係にあり、決して相反的なものではない。だからこそウィニコットは、「依存のない自立は孤立にすぎない」ともいっている。移行対象とは、そうした自立と依存との微妙な関わりを解明するための一つの構成概念である。クラインやヒントンは、ここのところを見落としている。だから自立と依存との逆説的な相補性に気づかず、ひたすら依存を克服することを自立と考えているようである。

4　ファラダ——物言う馬

次が物言う馬ファラダである。これがハンカチと同じ移行対象的な意味をもっているのは間違いない。娘が声をかけるとそのつど、「お母さまがお知りになったら……」と、ハンカチと同じ答えをするからである。馬は本能的、とくに性的自己主張的な心的エネルギーを表わすという（Klein, 1991）。しかしそれが物を言うのは、本能的なものが人間的領域につながるからである。渡り鳥が毎年誤ることなく同じ渡りの地に着いたり、キツツキが間違いなく虫の隠れた樹幹をつつくことなど、本能的な知恵には理論的な知識の及びもつかぬ不思議がある。もっとも、与えられた状況が少し変わるだけで、もう環境に対応できない信じられない程の愚かさもあるのだが。

ファラダは本能的な知恵である。賢しらな人間の思いもよらぬ知恵を秘めている。それらはすべて、自然なままに体に備わっている。母女王が娘に与えた三滴の血の意味も、それが生物的なプロセスであるだけに、この馬にはわかりすぎる程わかっているはずである。当然姫の未熟さと、成熟するためには厳しい試練の必要なことも。だから姫が侍女に虐げられているのを見ても、自分の腹におさめるだけで何も言わない。

悲しいから泣くのではなく、泣くから悲しいのだとする考えがある（ジェームズ‐ランゲ説）。これは、頭で判断するより前に感覚的身体的な状況判断があり、それに対して感覚的身体的レベルでまず反応が生じる、それを確かめることによって、自分（意識）にとってのその意味がわかり、悲しくなるというのである。むずかしくいえば識閾下知覚ということになる。なかば以上無意識の、感覚的直観的な判断機能としてもよい。フォン フランツ（一九七九）によれば、おとぎ話にはさまざまな動物が出てくるが、一つだけ確かなのは、彼らの忠告に従えばまず間違いない、ということである。それらが人類出現以来、あるいはそれ以前からの、蓄積された本能的な知恵に発しているからである。

その意味でファラダは、ハンカチ以上に母女王の分身といえる。そして姫の苦しい試練をひたすら見守るのである。もちろん、姫を手放したお妃の苦悩も十分理解している。しかし姫の苦しみは、実は姫を嫁に出す前のお妃には予想されていた。それがないと姫の女性的成熟はありえないからである。他者志向に従って他者と出会わなければならない。ファラダはいわば、お妃の代りに姫の成熟のプロセスを見守る役割を与えられていた。与えられた課題に姫が自分の力でどう対応してゆくかが問題であり、もはやお妃もファラダも姫のかわりに事をひき受けることができないのである。

5 侍女——影

侍女が母女王の、したがって姫の影だとするクラインやヒントンの考えに反対する理由はない。母と娘は奉仕されるのが当たり前と思っていた。生まれながらの王族であったのであろう。しかし、侍女は仕える側にいる。王族たちの愛や優しさはお互いの間に限られていて、召使いにまで及ぶことはめったにない。少なくとも同じ人間として関わろうとはしない。せいぜい飼い犬や飼い猫に対する親しみの域を出ない。仕える側に多かれ少なかれルサンチマンの蓄積していることなど、思ってもみないのである。傲慢、権力志向などが王族たちの悪徳なのだが、母と娘はそれに気づかず、二人の愛情を確かめあうだけで、むしろ自分たちを心優しい人間と思いこんでいる節がある。影はそれと気づくことがないと、まわりの人に投影される。お妃と姫は、こうして知らず知らずのうちに召使いや従者を傷つけている。

ただし気がついていたからといって、影を形作っている心的要素がなくなるわけではない。今まで、おそらく自分のものとしてうけいれたくなかったからこそ、影の領域に追いやられていたものである。それが見えてきた。それにどう対応するかこそが誰しもの課題である。そして影の要素をそこそこにうけいれてはじめて、他者の似たようなありようが見えてきて、ある程度寛容になれる。もちろん影の要素は躓きの石である。何とか克服したいと思う。が、なかなかそれができない。しかしそのことの必然性が理解されると共に（たとえばわれわれは、しばしば不本意な身体的欲求を満たさねばならない）、まあ、よいか、あるいは、仕方ないか、といったある種の諦観と共にうけいれることが可能になる。時には愚かさを承知の上で、それを楽しむことさえできる（たとえば移行対象と遊ぶこと）。それによって全体としての自分の傷つくことが少なくなるからである。だから自分の影に気づくことは、他人の影に気づくことでもある。しかしその場合は、ひと事とは思えぬ共感が伴う。気づいていない場合、それはもっぱら投影されて相手の欠点として映り、対人関係を著しく阻害する。本人の〝善意〟にもかかわらず、である。「ヘンゼルとグレーテル」のグレーテルは魔女の悪企みをいち早く見抜き、逆に魔女を欺いて殺すことに成功した。これは、魔女の悪計を見破るだけの悪さがグレーテルの身に備わっていたからである。この物語の無邪気なお姫さまには思いもよらないことである。だから姫は侍女の悪企みにまったく気づいていない。そして王子さまのお城への途中で、ものの見事に役割を逆転させられてしまう。

これを影が主人公を乗っとった、ということもできる。姫と侍女は二人して一人の女性の両面をあらわし、今まで無邪気な一面をあらわしていた姫が、悪賢い侍女としての一面を露わに、王子さまのもとに赴くのである。衣裳から何から何までとり代えるのは、ペルソナによって内実を蔽うためであり、にせの花嫁を歓迎する王子にも、真実を見破る力のまだないことを示している。しかし無邪気な姫にとって、これは思いがけない召使いの反逆であり、これに対してなす術をまったく見出せていない。いったん城を出て母女王と離れると、右も左もわからないのである。黄金の杯に水を汲んできてくれ、と言うことにも、母女王によってすべて欲する時に無条件に与えられてきた名残りがある。召使いに拒否された時、姫ははじめて〝他者〟の容易ならぬ現実に直面する。白馬に跨った王子さまがにこやかに迎えに来る、などといったものではないのである。やむなく流れに身をかがめ、さらには大地に腹ばいになって流れから水を飲まねばならない。

これが謙譲の第一歩である。今まで、卑しいものと決めつけていた侍女の言うままになるのだから。さらに大地に身を投げ出すことが、ファラダの背の、足の地につかぬ状態から、母なる大地、自然の懐に身を任せることになる。母女王を超えた母性との出会いである。そして大事なハンカチをそこで失ってしまう。これはお守り―移行対象―の喪失であり、その結果一ぺんに力を失くしてしまったのはうなずける。そのため侍女のいいなりになる。しかしこの旅で姫の果たすべきことは、影の存在に気づくことである。すでに述べた他者志向とは、母子一体の共生世界から現実世界への出立を促すものでもある。ヒントン（Hinton, 1991）は、姫のしょっちゅう感じる渇きを、自分自身を生きていないしるしとし、本来の自分をとり戻そうとする促しだ、と述べている。

ここで姫は侍女によって、起こったことを誰にも言わぬことを誓わせられる。好むと好まざるにかかわらず、侍女と秘密を共有したのである。秘密には二重の意味がある。一つは、誰に何を秘密にするかによって、われわれは相手との距離を保つ。それによって、相手に呑みこまれない自分自身の立場を守るのである。もう一つは、誰にもうち明けられない秘密は、しばしば自己疎外の原因となる。その意味で秘密をもつことはタブーであり、一種の穢れである。侍女との秘密の共有は、侍女と仲間になることであり、その邪しまさ、穢れの取りこみでもある。この穢れを共同社会に明かさぬ限り、穢れの浄められることはない（社会復帰できない）。侍女からいえば、こうした影を抑えこみ、上（ペルソナ）だけで自分の立場を支えようとするのである。いずれにしろこの時点で、姫は母の守りを失い、大地にひれ伏し、かつ母に対する秘密をもつことになった。クライン（Klein, 1991）がこの段階をニグレド（黒化）の段階としているのは、思いつきである。

こうして二人は王子さまのお城に着く。この物語が、男性原理＝ロゴスをとり入れるプロセスを描いているとすれば、姫はようやくロゴスの領域にたどりついたわけである。ここでの王子さまは実に無邪気ににせの花嫁を歓迎する。王さまだけが姫の存在に気づき何かを感じるのだが、にせの花嫁に言いくるめられ、がちょう番の小僧の手伝いをさせることにする。ここでヒントンとクラインががちょうについて述べていることを紹介しておく。

まずそれは愚かである。だからそれを世話することがおのれの思考機能を育むことになる。飛びもせず泳ぎもせず地上を歩くことは、現実的な立場を表わす。アプロディーテの聖なる鳥でありエロス的な意味あいをもつ。世界創造の黄金の卵を生む。生涯一夫一婦と考えられ夫婦愛の象徴である。長い首がファルロスを連想させる。エジプトでは再生と不死の観念と結びついていた。野生の雁が渡りに示す内的な方向性は個性化の象徴である、など。

ここでファラダの首が胴体から切り離される。お腹におさめたものが口をついて出るのを、にせの花嫁が恐れたためである。影の花嫁は、今やおのれの影（影の影）の明るみに出るのを恐れている。内容のないペルソナだけの花嫁として生きるためには、である。本当の姫の方は、みずからお金を出して、その首を朝夕がちょうを追って通るトンネルの門の壁にかけてくれるよう、首切り役人に頼む。このトンネルを街と田舎、意識と無意識、男性性と女性性の接点だとする、ヒントンの解釈がある。

ファラダが母女王の分身であることはすでに述べた。姫は今ようやくそれに語りかけることができる。そしてファラダも答えるのである。姫はかつての未分化な母子一体感にまどろんでいた、つまり何もしなくてもすべて叶えられていた時とは異なり、自ら語りかける。そのための手配も自ら行う。そしてファラダ、母の分身に語りかける。このつながりが姫を強くする。まさに二人いる（依存できている）から一人（自立）を感じ、一人いて（自立して）二人を感じ（依存できる）ている。先の、近寄れば呑みこまれ、離れれば見捨てられる状態の逆の状況が生じているのである。ハンカチやファラダが、姫が途方にくれる時つねに「お姫さま」と呼びかけるのは、姫のアイデンティティ、たとえがちょう番の女に貶しめられ誰も本当の自分を知らなくても、自分は自分、すなわち紛れもない王女であることを思い出させていること、もつけ加えておきたい。

さて小僧である。これは姫が最初に接触する男性である。未熟な姫でも（しかし旅の前の姫とは明らかに違う）あしらえる程度の男性性といってよい。または、この程度の未熟な男性がやっと彼女の心の中に動き始めた、といってもよい。しかし姫の黄金の髪の毛を奪おうと寄ってくるのだから、すでに性性《セクシュアリティ》が芽生えている。姫がこれ見よがしに髪をほどくのは、それに対する反応を期待する、誘惑の可能性がある。マレ（一九八四）はハイネの詩を引いて、ここでの姫とローレライとの親近性をうんぬんしている。他者志向性が定められた方向を見失うと、思春期の女性の場合、乱脈な異性関係に発展することがある（ヒントン）ともいう。しかし姫は小僧に髪を取らせない。風の力で小僧の帽子を吹きとばし、小僧を寄せつけないからである。

6 小僧と風

ユングが心理治療の段階を四つに分けたことは、前章「転移と逆転移について」で紹介した。そしてその第二段階が解明の時期に当たる、（精神）分析の段階なのである（クラインはアルベド〔白化〕の段階としている）。これは意識的な告白レベルだけでは不十分な患者に、無意識部分を解明することによって、感情機能を甦らせようとする試みである。姫が侍女の影を取りこんだことは、彼女の感受性を豊かにした。影は、感情・感覚レベルの体感を感じさせなくすることが多いからである。しかしだからといって、誰彼なしに関係をもとうとすることが必ずしも望ましくないことは、すでに述べた。

この物語でいえば、一般的な他者志向性を特定の他者に限定する必要がある。それによって、おのれの置かれた個人的状況を通してしかあらわれてこない内的プロセスが現前する。ある種の衝動が自然のものだからといって、その具体化をそのままはかることは、しばしば方向感の喪失を伴うし、少なくとも衝動に負けた無力感、挫折感を生ぜしめる。姫が小僧との間にくり広げる状況は、姫の一段の成熟を表わしている。髪を梳き整えることは、明らかに成熟した女性のたしなみ、そのペルソナ作りである。ただしペルソナにも二重の意味がある。一つは、にせの花嫁のペルソナ、真実を蔽いかくすためのものである。もう一つは、ここでの姫のように、真実を生きるためにはペルソナを通すしかないことである。少し粗っぽいが、ペルソナを社会的役割に近い意味にとればわかりやすいと思う。

だから感情機能が回復し、エロス＝関係性志向が高まったからといって、誰彼なしに関わろうとするのは危険である。誰といつどのように関わるかを決めるためには、情熱もさることながら、現実的な配慮がいる。お互いがどんな関係、どんな役割を通してつながっているのかを確かめねばならない。たとえばユングもフロイトも、近親相姦願望をどのように克服するか、がその後の人格形成に決定的な意味をもつことを指摘している。自然な感情ない し衝動を、相互の社会的関係を通して具体化する、ということである。確かに姫と小僧は女性と男性であり、すでに性的な色合いの入っていることはすでに述べた。しかし二人は性的に結ばれるような関係に立っていない。それぞれのペルソナがそのような結びつきを許さないからである。姫は成長した娘らしく髪を整え、小僧は大事な帽子を被ることによってそれぞれのペルソナを作りあげる。なれなれしく髪の毛を奪わせてはならないのである。

ここで姫が、小僧の帽子を飛ばすために風を使うところが興味深い。風は方向性を表わす。しかし風自体は目に見えず、風を受けた事物によってその存在および方向性がわかるにすぎない。それは、無意識が直接意識されることがなく、象徴としての外的事物に投影され、その限り間接的に意識されるのと同じである。無意識は意識を通してしか意識されない。ここで風は、その現実世界に及ぼしている影響――小僧の帽子をコロコロ転がす――を通してしか見えない。姫は旅の苦難を通して、どうやら無意識から発するエネルギーを感じとる力を身につけたようである。それは、母王女の三滴の血やファラダの犠牲を通して、女性の中の自然な、身体的な、したがってしばしば意識されないままのプロセスに、気づきつつあることを示している。ある程度性的に触発されながら、女性としての本能的な構えがあえて小僧を近づけさせないのである。

そこで小僧は、事の次第を王さまにいいつける。小僧には手に負えないほどに成熟した姫を、然るべき男性につないだのである。一部始終をひそかに調べた後、王さまはどういう事情であったのかを姫に確かめる。しかし姫は、先に侍女との間に行った誓いのために何も言わない。誰に何を秘密にするかが相手との距離を保ち、自分の立場を守るのに役立つことはすでに述べた。信頼した者同士の間に秘密があってはならないというのは、未熟なセンチメンタリズムにすぎない。だからここで姫は、立場こそ違え対等の人間として王に物を言っているのである。そこで王は、思っていることをストーブ（爐あるいはかまど）に向って言ってみたら、と提案する。

クラインはこれをルベド（赤化）の段階とする。腹におさめた感情をありったけ吐き出すことだからである。彼女の分類では城への旅がニグレド（黒化）で、ファラダの死がアルベド（白化）になる。しかし感情とは、一度吐き出せばすむものではない。

私自身の定義（氏原、一九九三）によれば、感情とは経験を自分との関わりでうけとめた時、おのずから生じてくる意識状態であるし、無意識を意識の側から説明するのは、小僧の転がっている帽子が風なのか帽子なのかを論ずる、同義反復的傾向に堕しやすい。ユングは感情機能を、思考機能と共に判断機能としている。それは対象の、個人としての自分に対してもつ意味ないし価値を測る働きなのである。ところで彼は、心理治療の第二段階として解明の段階をあげ、そこではフロイトの方法が適用される、と述べている。われわれには身体的感覚的レベルの意識がある。母女王のハンカチやファラダが姫に伝えようとしていたことである。姫が大地に腹ばいになった時、感じていたのもそれである。多くは全身的で未分化であり、何となく感じている（傍点：感じている）というレベルにとどまっている。わけがわからないということでは、無意識といってもよいし、感じているのだからすでに意識されている、といってもよい面がある。

共感のプロセスとは、カウンセラーの感性を通して、以上述べたクライエントのあいまいな感覚＝無意識をほり起こす試みである。転移・逆転移の重要性は、カウンセラーとクライエントの間にまず本物の深い人間関係のでき上がることである。それは「いま・ここ」の相互作用を通して、多かれ少なかれ情動的な色あいをおびる。それを幼児期体験に重ねることが大切なのである。解釈が適切であれば効果があるとは必ずしもいえぬ場合があるのではないか。たとえばフロイトのドラの証例（一九六九）は、以上のようなお互いに感じあうプロセスがなく、まさしく外科手術のごとく解釈が与えられている。フロイト自身、このケースでは転移・逆転移への配慮が足りなかった、と述べているのだが、嘔吐感をフェラチオ願望として説明されたのでは、思春期の少女であるドラにはとてもうけいれられるようなものではない。分析が中断したのも当然と思われる。

ところが、必ずしも無意識の掘り起こしを目ざさなくても、治療的に意味深い状況の生ずることがある。それがユングのいう第一の告白段階である。それだけでもかなりのカタルシス効果をもつ。先に秘密のもつ二つの側面について述べた。自分だけの秘密をもつことが、時に耐えがたい重荷になることがある。たとえば「王さまの耳はロバの耳」の理髪師は、柳の木に秘密をうち明けることで苦しみから救われた。キューブラー・ロス（一九七五）の臨死患者との最初の面接相手だった少女は、「今まで本当に聞いてほしかった、話したかったのに誰も聞いてくれなかったそのことを、先生がはじめて尋ねてくれた」と涙を流す。

7　ストーブ

だから姫がストーヴに向って話すのは、まずカタルシス効果が大きかったと思われる。くり返し述べてきたように、秘密には自らを世間に閉ざす働きがある。たとえストーヴであれ真剣に告白することは、ストーヴを通して世界とつながろうとすることである。しかもストーヴの向こうには王さまがいる。今や成熟した姫が、かっての母子未分化なままの子どもではなく、〝おとな〟として事の異常を嘆いているのである。これはストーヴへの語りかけなのであるが、内容は理非曲直を正したいという、父性＝ロゴスへの呼びかけである。王さまはみずからストーヴの背後に隠れたのであるが、実は姫が呼びとどめたといえなくもない。母への思いもあるが、それについては後にふれる。

それとの関連でもう一つ。未熟な者には未熟な者が対応する。先に、女性は文化的なものをとりいれるだけでなく、男性的なものに触発される内的プロセスを通して女性として成熟する、と述べた。男性もまた同じである。お互いはお互いにとって未熟な存在である。こちらがどれだけ相手によって動かされているかによって、相手の動き方も変わる。相手が深まることによって自分も深まり、逆も真である。フロイトと症例ドラの間にはこの相互作用がない。感覚レベルの意識（それとても性的願望とわり切ってしまうフロイトの考え方は、単純すぎる）が、その意味を確かめることなく（つまり感情レベルを仲介することなく）、一挙に知的解釈の対象になっている。緻密な論理に基づいているだけに、ドラはだんだんと追いつめられていったような気がする。いずれにせよ人間関係は、相手にどれだけ自己を開示するかによって浅くも深くもなる。浅いだけの数多くの関係をもつことが、関係の意味を明らかにすることは決してない。ドラの症例にはこの関係性が欠けているのである。

姫の前にまずあらわれた男性は、がちょう番の小僧であった。その時点では、姫にふさわしい相手だったのである。しかし姫の成長が、小僧には手に負えなくなる。そこでより成熟した男性として王があらわれたのである。王は外界の法と秩序を保つ。真相を知って姫を外の世界に導き出し、ふさわしい衣裳（ペルソナ）をつけさせる。姫の美しさは隠しようもない。

ところで囲いのあるストーヴは、そのまま秘密の洩れることのない秘密の器、と考えられる。これを心理治療の場になぞらえられるかもしれない。クラインはストーヴは女性の変容の秘儀の場という。これを母の器とすれば、三滴の血やファラダの首と違って、はじめて母が娘の声に耳を傾けることになる。秘密はやたらと人にうち明けるものではない。秘密には何がしかの疎外感、したがってタブーないし穢れの感じがつきまとうからである。秘密を聞く時には、相手と穢れを共にする覚悟がいる。それは、自分がクライエントと同じ経験をした場合、どのように動かされるのかについての、むしろ受動的なプロセスである。受苦といってもよい。その時、告白の場は変容の場たりうる。しかし聞き手にその用意のない時、語り手は多かれ少なかれ傷つかねばならない。ある三〇歳の女性は、幼児期のレイプ体験をとうとう母親に話すことができた。しかし母親は、「あんたそんなこと気にしてたの」と笑いとばし、女性は直後に自死された。あるカウンセラーは、中学三年生の時知りあいの大学生たちにレイプされたという高校生に、「あなたは身も心も汚されていない」と言うことによって、〃模範的に〃みずから共に穢れることを避けた。

おしまいににせの花嫁の末路である。ストーヴが姫の秘密にたじろがず、それを抱えて洩らさないということは、侍女との秘密に穢された姫の浄めのプロセスに当たる。クラインがそれを女性の変容の秘儀とするのは、その意味でうなずける。それをいいかえれば、おのれの中の母性的機能に気づくことでもある。だからこのストーヴを、肯定的な母親イメージとすることができる。一方、にせの花嫁の閉じこめられた樽も、包みこむということでは母性的なのである。しかしそれは、内側に針の出たもので、中に入った者は母による死の抱擁を受けねばならない。これも生み育むストーヴの母に対して、母性、死の母のイメージを呼びおこす。おそらく母なるものは、身体的感覚的なものをうけいれない侍女のように、ペルソナ、内実のともなわぬ表面的なありようだけで生きる者を許せないのであろう。身体的なものをうけいれることで、女性としての成熟を果した姫に、ふさわしいペルソナの与えられるのと好対照である。

以上、主にクラインとヒントンの考えによりながら、「がちょう番の娘」について考察した。あわせてユングのいう、告白、解明、教育、変容の各段階と、クラインの黒化、白化、赤化の段階を比べてみた。クラインの第四段階は、姫の黄金の髪を示す最終的到達段階である。しかし以上みてきたように、両者の間にはかなりのズレがある。転移・逆転移についても、クラインは何もいっていない。ユングについていえば、その変容の段階がこの物語では必ずしも明らかには語られていない。しかし実は、この物語のはじめから終わりまでが、全体として変容のプロセスを示している、と考えておきたい。たとえば解明の段階において、ユングはフロイトの方法論をうんぬんしているけれども、ドラに対するフロイトのやり方を考えていたのならば、それを越えた変容の段階がすでにそこに含まれている。いずれにしても、ある時期、つまり母子分離期の女性性の発達の段階がみごとに描き出されていることは間違いない。しかしこれを個性化のプロセスとは考えにくい。個性化のプロセスには到達点がないし、とくにこの話では、未熟な王子さまとの〝対決〟が残された課題と思えるからである。

ベッテルハイム、B.『昔話の魔力』（波多野・乾訳）評論社、一九七八年

フォン フランツ、M-L.『おとぎ話の心理学』（氏原寛訳）創元社、一九七九年

フォン フランツ、M-L.『おとぎ話と個性化』（後藤・鳥山訳）人文書院、一九九〇年

フォーダム、M.『ユング派の心理療法』（氏原・越智訳）誠信書房、一九九七年

フロイト、S.「あるヒステリー患者の分析の断片」『フロイト著作集』5（細木・飯田訳）人文書院、一九六九年

Hinton, L. 1991, "The goose girl": Puella and transformation. in Stein, M. & Corbett, L. (eds.), *Psyche's stories.* Chiron Publication. pp. 141-153.

Jung, C. G. 1929 *Die Probleme der modernen Psychotherapie.* GW 16. Walter Verlag. pp. 57-81

笠原嘉『青年期』中央公論社、一九七七年

Klein, L. 1991, "The goose girl": Images of individuation. in Stein, M. & Corbett, L. (eds.), *Psyche's stories.* Chiron Publication. pp. 65-90.

キューブラー・ロス『死ぬ瞬間』（川口正吾訳）読売新聞社、一九七五年

マレ、C.-H.『〈子供〉の発見』（小川真一訳）みすず書房、一九八四年

マイヤー、C.『個性化の過程』（氏原寛訳）創元社、一九九三年

Neumann, E. 1955, *Great mother.* (trans by Mannheim, R. Princeton University Press.)

氏原寛「転移と逆転移について」『椙山女学園大学紀要』28　九一―一〇一頁、一九九七年

氏原寛『意識の場理論と心理臨床』誠信書房、一九九三年
ウィニコット、D.『精神発達の精神分析理論』（牛島定信訳）岩崎学術出版、一九七七年

第10章　カウンセリングにおける〝癒し〟について
——おとぎ話「いばら姫」と「三枚の羽」をめぐって

1　中空構造

癒しには治療とはやや違ったニュアンスがある。治療にはどちらかといえば治すという姿勢が強いのに、癒すには治るという含みが大きいからである。しかしどちらの場合にも、カウンセラーが媒介としてクライエントの傍にいなければならない。カウンセラーは、クライエントが癒されるために何かをしなければならないからである。しかし、ある意味でクライエントはひとりで治ってゆくとすれば、傍にいるカウンセラーは何をするのか。河合隼雄(一九九二)はその場合しばしば、「何もしないことをする」という。これは一見したところ、まったく何もしないことと変わらない。しかし通常、何かするよりも何倍ものエネルギーのいる作業である。この、カウンセリングの実践家ならば体験的にわかっていることをどのようにとらえるか、ないし記述するかはむずかしい。しかし私は、ここでも河合の中空構造の概念(河合、一九八二)がきわめて適切なのではないか、と思っている。

この概念は日本神話、とくに古事記の分析から抽出されてきたものである。たとえばアマテラスとスサノオという二人の対立する主人公の間にツクヨミという無為の神がいること、日本神話にはそういう三人組が他にも多くあり、そこに実は日本人心性の特色があるのではないか、ということである。河合は天皇制というわが国の類まれな制度のなかにもそれを見ているが、その問題については、ここで深入りすることはできない。彼によれば、もし西洋的に考えるとすれば、アマテラスとスサノオはことごとに対立する神性であり、それらが対決することによって高次の統合が生じることになる。しかしわが国の場合、アマテラスはスサノオあってのアマテラスであり、スサノオもまたアマテラスとの関わりにおいてこそ意味をもつ存在である。そして両者を仲介してそのバランスを保つのがツクヨミの仕事だ、とするのである。

もしツクヨミがいなければ、アマテラスはアマテラスそのものとなり、その限りでそのイメージを精細に描き出せば出すほど、その本質的な部分は中空に消え、いわば生気のない幾何学的図像に堕してしまう。スサノオについても同じである。中空を通して眺めてはじめて、両者とも本来の姿をあらわす。しかもそこにはことばがない。ツクヨミは語らないし語られることもめったにないからである。だから言語レベルでこの部分を把握しようとすれば、それは文字通り空《うつろ》なのである。神話がどこからどのようにして生じてきたのかについて考えることは、筆者の手に余る。しかしそれが、ある時、ことば以前、イメージ以前の領域からたちあらわれたとは仮定してもよいのであろう。それは未分化ではあるがエネルギーに満ちた領域である。

おそらくそれを感覚レベルの意識としてとらえることが可能である。乳幼児は母親（またはその代理）にことばがけされることによって、バラバラの身体感覚を纏《まとま》った身体像として凝集させ、それが自我意識の基盤になるという（ドルト、一九九四）。この場合、彼らに母親のことばを理解する能力はまだ備わっていないのだが、母子一体の未分化な状況が、母親の纏った感覚を何となく子どもに伝えるらしい。

ここでことばの果たす役割はきわめて大きいのだが、それは感覚レベルの意識、体験のあればこそである。大切なのは母子が二人して作る場の状況、私でもあればあなたでもあり、あなたでもなければ私でもない、一種融合した感覚である。ことば以前の体験と考えてよい。赤ん坊はこの体験を通して母を見、母もまたこの体験を通して赤ん坊を見ている。意識レベルでは客体としてのお互いを見ているのだが、感覚的、あえていえば無意識的には、さらに私の定義（氏原、一九九三）に従えば「意識の場」の背景では、お互いの一体感が感じられている。こうした感じが母親のことばかけで的確に表わされる時、子どもの全体としての身体感覚ひいては自我基盤、の形成されることはすでに述べた。

ところでことばにはもう一つの働きがある。分類機能である。これは、対象をある一面でわり切ってしまう。茸を見れば食べられるかどうか、ヘビを見れば毒蛇か否か、人を見れば敵か味方かを見分けることである。見分けを誤るとしばしば致命的な結果に通じる。しかし見分けの場合、対象のもつ全体的な姿は見失われてしまう。同時に、対象に対する全体としてのおのれの反応の大部分も抑制される。現実適応を考える場合、この分類は不可欠である。子どもの時から育てた仔牛は、時には家族の一員であり、仲間でもあるが、同時に財産でもあり貴重な食料になることもある。こうしたそのつどの使い分けができなければ、牛を飼う意味は失われる。しかしある一面を強調する、たとえば食べ物としてわり切る時、他の側面は切り捨てられる。同時にそれぞれの部分に対応していた自分の諸側面も切り捨てられる。しかしそのことはどこかで感じられている。仲間でもある牛を屠らねばならぬ時、多かれ少なかれ犠牲としての意味の生ずるのはそのためである。例としてアイヌの熊マツリなどがあげられよう。

いずれにせよ、われわれが言語レベルないしイメージレベルでとらえている体験の背景には、膨大な感覚レベルの体験の層がある。言語ないしイメージレベルの意識とは、いわばその象徴に近い。その層との関わりを失うと、ことばもイメージも、さらにはそれによってとらえられていた世界そのものも生気を失う。この背景と対象との間に、暗黙の中に前提されていることば以前の領域、これが感覚の、おそらくは身体プロセスともつながった心の領域であり、これこそが河合のいう中空領域である、と考えてよいのではないか。

そして、この領域を言語化したものがおとぎ話である、ということについては以前論じたことがある（氏原、一九八九）。リューティ（一九七四）のいうおとぎ話の平面性とか一次元性を、自我（ことば）成立以前の心の動きと考えるのである。だからこそ、ベッテルハイム（一九七八）やマレ（一九八四）の子どもたちは、おとぎ話を聞かされるだけで気持ちがおちついた。その際、解釈めいたものを一切しない方がよい、というベッテルハイムの指摘は重要である。それは、子どもたちの中に流れている言語以前の心の動きが、おとぎ話によって具体化されているのだからである。それはドルトのいう、赤ちゃんがあくびをしたり手足を伸ばしたりする時感ずる身体感覚を、母親のことばかけによって自分のものとして感じてゆくプロセスに近い。この場合、ことばの働きは象徴機能であり、何かをさし示すものではない。

私自身は、感情を、主体が客体を主体との関わりでうけとめた時生ずる意識状態、として考えている（氏原、一九九三）。その限りリューティ（一九七四）が、おとぎ話の主人公には感情がないというのは、自我が（したがって客体世界も）成立する以前の心の動きが描かれているからだ、と思っている。

そこで今回はグリム童話の中の、「いばら姫」と「三枚の羽」をとり上げて、それがカウンセリングによる心の癒しとどうつながるのか、について考えてみたい。

2　「いばら姫」

周知ではあろうがはじめに物語の要約を示す。

昔、子どもを欲しがっている王とお妃があった。ある日お妃が水浴びしていると、水のなかから蛙が出てきて、一年たたぬうちに姫を授かる、と予言した。その通り美しい姫が生まれ、祝いの宴が開かれた。しかし黄金の皿が一二枚しかなかったので一三人の仙女の中の一二人しか招かれなかった。宴が終わりに近づいて、仙女たちが徳や美や富を贈り物として姫に授けたところに、一三人目の仙女が突然あらわれて、姫は一五歳の時つむに突かれて死ぬ、と言って姿を消した。最後に残っていた一二人目の仙女が、死ぬのではなく一〇〇年の間眠りこむ、と言うことで、その呪いを和らげるのが精一杯であった。

王は国中のつむを焼き捨てるように命じたが、姫が一五歳になった時、お妃と共に出かけることになった。留守の間姫は城の中をあちこち見て歩き、とうとう塔の上の、さびのついた鍵のささった扉の前に来る。開けるとお婆さんがつむを手にして麻を紡いでいた。姫が自分もやろうとつむをとった途端、つむがささりそのまま眠りこんでしまった。同時に、ちょうど帰りついた王もお妃も、家来たちも召使いも、馬も犬も壁の蠅までもが眠りこんだ。それと共に城の周りのいばらの垣が茂りはじめ、屋根の上の旗さえ隠すほどになった。

しかし美しいいばら姫が眠っている噂は国中に広まり、多くの王子たちが生垣を開いて中に入ろうとした。しかしみんないばらにとりこまれて無残に死んだ。ちょうど一〇〇年たった時一人の王子があらわれると、花の咲いたいばらの垣は自然に開き、塔まで行きついた王子は、部屋に眠っている姫にキスをし、姫がめざめると同時に、王さまも家来たちも犬も馬もすべて目を覚ました。やがて王子と姫の婚礼が盛大にとり行われた。

1　蛙

河合（一九七七）は、物語の最初にあらわれる蛙を、水陸両棲ということから意識と無意識をつなぐもの、として説明している。醜い存在として、美しいお姫さまの影につきまとう、というのである。フォン フランツ（一九七九）は、この蛙を、目に見えぬ父、あるいはやがて生まれてくる子どもとも見なしうるという。長びく不毛の時期は、無意識の中で何かが準備されているのであり、蛙はそれを告げるものとするのである。エレンベルガー（一九八〇）のいう創造の病いに近い考え方である。さらに「三枚の羽」にあらわれるひき蛙との関連で性的欲求、自然のわきかえる生命感を表わすともいう。昔は愛のまじないに使われ、時には出産を助け子宝を授ける母的存在とみなされた。だからファルロスでもあり、子宮でもあり、しばしば子どもでもある（子どものことを蛙っ子

〔Fröschle〕ということがある)。ひき蛙の毒が魔女と結びつけられている地方は多い。同じグリム童話の「蛙の王さま」にみられる執拗さは、意識に近づいた無意識のエネルギーを示している、という。ヒュウシャー(Heuscher, 1974)は、蛙を人魚やサイレンや漁師たちになぞらえられた水に親しむものとして、流動的な心的世界と固定的な現実世界とをつなぐものとしている。無意識と意識を媒介するという、河合やフォン フランツの考えと大筋において変わっていない。ベッテルハイム(一九七八)は、お妃が「一年たたないうちに」姫を生んだことから、蛙の訪れた時受胎したと述べている。

王と王妃については、ユングによる詳細な説明がある(『結合の神秘』Jung, 1955)。フレーザー(一九七五)にはその具体例が多くのっている。要するに、集合的意識を代表する存在である。長い間後つぎに恵まれないのは、状況が固定化し新しいものが生まれるだけの豊かさが失われていたのである。したがって蛙の訪れは、ゆきづまった王国に他界から豊穣の湿り気をもたらすもの、と考えることができる。そしておそらく、一三人目の仙女と同じ役割を担っている。

2　一三人目の仙女

一三人目の仙女については諸家の見解がある。ここで数の象徴論に立ち入る余裕はない。ただし一二が三×四であり、三十四の七と共に、キリスト教、ヒンドゥー教、道教などに、複雑なそれらの意味づけのあることは指摘しておきたい(シュヴァリエ他、一九九七)。ちなみに、いばら姫の異本であるペローの「眠れる森の美女」の妖精の数は七人である。いずれにしろ七も一二も一応完成された数と見なされている。そこへ一三番目(ペローでは八番目)の招かれざる客が闖入する。河合は、キリスト教の三位一体に第四のものをどうして組みこむかが大きな問題であることを指摘し、一三番目の仙女をその第四のものになぞらえている。いうまでもなく、父—聖霊—キリストの三位一体に欠けているのはマリア＝母＝女性＝悪である。これはいわば完全性と全体性の対立であり、古くはキリスト教とグノーシス派の対立でもあったらしい。錬金術はこの第四のものをいかに三位一体に組みこむかの、その限り異端の業であった（ユング、一九九〇）。王国には王もお妃も揃っており、その限り一つのまとまった世界を形作っていたのであろう。しかしすでに述べたように、長らく王妃は子宝に恵まれなかった。つまり不毛の状態が続いていたのである。そこに他界から蛙が訪れ、それが姫の誕生につながった。つまり異質のものの訪れが、地上に新しい活気をもたらした。仙女の訪れは、完全であるために悪の部分をしめ出して全体性が失われた世界に、いわば欠けたる部分があらわれた、と見ることができる。

ベッテルハイム（一九七八）は、仙女の出現を生理の到来とみる。身体プロセスはいやおうなしに進行し、思春期から青年期にかけてまさしく花開く乙女たちを現出せしめる。しかしそのことが、やがてくる老いと死をすでに含んでいることはいうまでもない。陰暦の一カ月は月経周期の二八日に当たり、一三番目の仙女はその一三番目の月、というわけである。リューティ（一九七四）は、どちらかというと文芸批評的な立場から、できるだけ解釈を手控えるべきだとしつつ、この話が死と復活、春から夏・秋と経めぐる自然のくり返しを反映しているとしている。フォン フランツは姫とペルセポネとの類似をあげている。この話の起源を遡ればギリシア・ローマ以来のテーマにつき当たる、というのである。ペルセポネは冥界にさらわれるが、それが姫の眠りに当たる。しかし一年のうち三分の二は地上に帰り、その間地上には豊穣がもたらされる。それが百年の後のめざめに相当する。そして仙女の怒りは娘を奪われた大女神デメーテル、つまり傷つけられた太母の怒りとするのである。ユング（一九八九）によれば、キリスト教には神の花火が人間に宿っているとする伝説がある。マリアに聖霊が宿るという観念がすでにそれを反映している。神が人間において実現されるべきである以上、肉体、女性を通してあらわれることが不可欠である。その結果がおそらくイエス・キリストであり、肉体と精神の葛藤からさまざまの苦難の生ずるのは聖書のいう通りである。そして十字架からの昇天は、ある意味で体という桎梏を逃れて精神が再び天に還ったことなのであろう。そしてあらためて地上に復活する。つまり女性＝肉体は、神性が地上に具体化するための必然の条件なのであるが、それが同時に神性を地上に閉じこめるマイナスの意味をもつ。女性＝肉体＝大地＝悪という系列はたぶんそこに発している。

フォン フランツのいう傷つけられた太母も同様の意味をもつ。父と子と聖霊の三位一体の男性的教理にはうけいれがたい、異教の大女神なのである。しかし中世を通じてのマリア信仰に示されるように、そして二〇世紀半ばのマリア被昇天の教義の採択に表われているように、カトリック世界においてさえ女性性のとりいれは不可避の状況が生じている。「いばら姫」の話がいつ頃のものかはともかく、一三人目の仙女は誕生の宴に招かれることはなく、しかし不可欠の闖入者として不吉な予言をもたらす。そしてその予言はうけいれられねばならない。三位一体の完全性を補って、全体性を表わす四性を実現するために、である。その場合三あるいは一二についてこだわる必要はない。一三人目の仙女には肯定的な意味も含まれているはずである。ただしフォン フランツは、いばら姫の百年の眠りに悪しきマザーコンプレックスを見て、必ずしも肯定的意味を強調していない。

3　つむ

ところでつむである。これは糸紡ぎの道具であり、本来は女性固有の仕事を表わす。フォン フランツはここでも運命の糸を紡ぐ三人の女神をあげる。王は国中のつむを焼かせるが、リューティはそれについて、それまで見たことのなかったことがかえって姫の好奇心を刺激して、老婆のつむに触れさせてしまったのだという。エディプスが父王を殺したくないばっかりに、かえって父を殺すはめに陥ったように、ここには人間の意思をこえた運命のはからいが感じられる。ベッテルハイムの言うように、生理の時は（ということは老いも死も）いやおうなしに娘たちに訪れるのである。また妊娠した母親は、生まれてくる子どもについてさまざまな空想の糸を紡ぎ出す。魔女のより糸にはその邪悪な願望がそっくり紡ぎこまれる。もちろん突き刺し出血させるつむにはファルロスの意味もある。河合も日本の昔話の一つを紹介しながら、運命に対するヨーロッパ人と日本人の対応の差に言及している。紡ぐことについて一風変わった解釈をするのがヒュウシャーである。彼はそれを考えを紡ぐことに結びつける。そしてあまりに合理的な態度が感情を凍りつかせ、それが世界とのいきいきとした関わりを失わせるのだ、という。それがいばら姫の一〇〇年の眠りにつながるのである。彼はこの物語全体を、子ども時代の活気に満ちた、ある意味で非現実的な天国的状況が、思春期において現実的物質的世界に直面せざるをえず、それがどのように克服されてゆくかを描いたものとしている。らせん階段を登って塔の上の鍵をさした小部屋に入ることは、そのまま一種知性の高みへの登攀とされている。らせん階段、鍵と鍵穴などからこれを性交を表わす（あまりにもフロイト的紋切り型！）とするベッテルハイムとは、まったく逆の解釈である。いずれにせよ、つむ、あるいは紡ぐことが、生理をも含め、人間の思想をこえた運命的なものを指す、ということでは同じことをいっていると考えてよい。

4　思春期

以上、さまざまな論者の多様な解釈について述べてきた。おそらくはそのどれもが当たっているのであろう。先に述べたように、われわれの心の層は多重である。それらがそれなりに一つのまとまりを保っていなければならない。一三人目の仙女について、それを、自我が十分に配慮することを怠った、つまり忘れられた心の一部として諸家の考えていることはすでに述べた。筆者は意識の場という考え方を提唱し、言語レベル、感情レベル、感覚レベル、身体レベルの意識が全体として一つの場を形作っていると考えている。（氏原、一九九三）。それによれば感覚レベルの意識は身体プロセスにつながっており、定義次第で意識とも無意識ともいえる。それだけにこのレベルの意識は、身体的発達に伴って突如生ずることがあり、それを全体としての意識の場に統合することがむずかしい場合がある。

それについては、筆者自身の経験に基づいて考察したことがある（氏原、一九九八）。小学校高学年の折り、とある山道でおびただしいクモが巣を張っているのを見て、彼らが私とまったく無関係に存在していることに気づいて、一種異様な感じをうけた。

いわばそれまでの私のコスモロジィに亀裂が生じて自明の世界が崩れ、クモがクモそのもの、他者として私の前にたちあらわれた。妙な生生しさとおびただしい数の豊かさと奇妙な静寂とに、一瞬圧倒される思いであった。似たようなことが、女の子に対しても起こった。彼女たちが、突如近寄り難く秘密に満ちた存在に変容したのである。それを芽生えてきた性の衝動と、どう結びつければよいのか、果てしない空想の糸を紡ぎ始めることになった。

以上の経験は、ほとんどが感覚レベルで意識されていた。それを感情レベルと、言語レベルでどううけとめるかが、この時期の課題なのであろう。しかしそのためには時間がかかる。その間、ある程度現実からひきこもる必要があるのかもしれない。するとおとなの側からする守りがいることになる。何よりも、本人にもわけのわからぬ奇妙な体験を意味づけることが重要である。それが共同社会に十分理解され、かつうけいれられるもの、としてである。現代の若者たちに、とくに性をめぐって最も欠けている点であろう。いばら姫が一〇〇年の眠りにつくことには、そのような意味があると思う。

5　眠　り

ベッテルハイム（一九七八）は、思春期から青年期にかけては、長い静かな自己への集中がいる、という。前の小節に述べたように、思春期には心身共に大きい変化が訪れる。それまでに、子どもは子どもなりに一応できあがる。外的世界の把握も、それなりに確かなものになっている。いろいろな変化があるにしろ、それさえも含みこんだ不動の、崩れることのない自明の世界ができている。それが内側から崩れるのである。だから外側が、つまり周りのおとなたちが、しっかりした枠で支えてやらねばならない。たぶんそれが眠りの意味するものである。白雪姫は小人たちの家に、最後にはガラスの柩の中で、同じグリム童話のラプンツェルも、塔の上に囚えられた形とはいえ、いわば外の世界から隔離される必要があった。いばら姫の城のいばらが生い茂ったのも、姫を外界から隔てるためであった。時の至らぬままに姫に会おうとした王子たちの無残な死にざまは、守りの厳しさ、逆にいえば守りのない場合の恐ろしさを示している。

守りのない場合、フロイトの症例ドーラ（一九九五）のようなことが起こるのである。彼女がA氏に強引にキスされたのは一四歳の時であった。父親がA氏の妻と親しくなり、そのかわりにA氏がドーラに近づくのを黙認する、という複雑な関係である。そして神経症の治療のため、父親ともA氏とも知りあいであるフロイトのもとを訪れた。もちろんこうした事情をすべてドーラが承知していたわけではない。何となく肌で感じていたのである。自分には隠されたまま何かがまわりで進行している、という感じである。しかもフロイトの努力は、それらをすべて抑えこんだままで、もっぱらドーラの性のめざめを言語化することに集中された。その際、少女の性に対する羞じらいや嫌悪感が尊重された形跡はない。羞じらいや嫌悪感は、この時代のこの年頃の少女たちには当然の反応であったと思われる。それが許容されて、つまり共同社会の一員として当然のこととしてうけいれられて、少女たちはゆっくり成熟することができる。それをドーラの感じている全体的感覚レベルの体験が抑えこまれ、無理やり一面的な言語レベルで意識化させられる、いわゆる合理化が強制されており、A氏への愛のしるしと決められたのでは、三カ月で分析が中断したのもやむをえなかったと思われる。

ところでドーラがフロイトの説得に納得し、A氏の愛をうけいれておればどうなったであろうか。おそらく感覚的身体的プロセスと思考的プロセスとの解離が生じ、両者をつなぐ感情プロセスが働かず、性的結合が喜びも恐れもともなわぬ一つの〝自然現象〟に堕したのではないか。ヒュウシャー（Heuscher, 1974）はいばら姫の眠りをそのように考える。彼は城全体を一人の人間を表わすとし、塔の上でつむを操る老婆は、体の上部、つまり頭で抽象的な思考を紡ぎ出しているのだという。そのため本能的具体的なプロセス——私のいう感覚レベルの意識——が閉め出され、城全体が生気を失うのである。思春期を、子ども時代の比較的無意識に近い具体的感覚的な世界から、現実に対応する意識的抽象的思考的世界に移行する時期とし、その否定的な面を眠りにみようとするのである。たしかに思春期にはそういう一面があるが、逆に感覚的なものが妙に生々しく突出し、それをどう自分の世界にとり入れるかがこの時期の重要な課題と思われるので、これだけの分析では物足りない感じがする。

フォン フランツも、この眠りを、母親コンプレックスによって女性としての自発性が眠りこんだ状態、という。そして、結婚も出産も誤りだったと言い続ける母親の娘が、自分には自分なりに生きる値打ちがあると思えず、何でも人の言いなりになってしまい、とうとうやせ症になった例をあげている。彼女はユング派の枠組みによって、アニムスの悪しき働きを主張したがっているのであるが、その点はヒュウシャーの考えにかなり近い。ドーラが追いこまれた状況が、まさしくそういうものだったかもしれないことはすでに述べた。

河合は、つむの一突きに初潮、あるいは前項で述べたような諸体験、そこから生じる知性化などを見（その限りヒュウシャーやフォン フランツの考えもとりこまれている）、その後で時の至るまでの眠りの必要なことを述べている。

6　王子——癒しのプロセス

そして一〇〇年の時が経って王子が訪れる。多くの若い生命を呑んだいばらの生垣は、大輪の花を咲かせて王子を迎え入れる。そして姫は目を覚まし、二人はめでたく結ばれるのである。ここで大切なことは、王子がそのために何もしていないこと、姫もただ眠り続けていただけであること、である。つまり今までの劇的でさえあった物語は、主人公の無為によって大団円を迎える。すでに述べたように、河合は時の至ることの重要性を指摘している。おそらく事は成るようにしか成らない。〝癒し〟を考える場合このことが重要である。

そこで眠りを、あるいはこの物語全体を一つの症状として考えてみる。当初王と王妃に子どもがないことは、いわゆる創造の病に当たることを示唆した。蛙の出現は無意識からの働きかけと見なしうるが、お妃はここでも受け身である。姫の誕生はまさしく新しい可能性の出現であるが、一三番目の仙女の予言が一〇〇年の眠りをもたらす。症状が、生かされぬ可能性を表わすことは少なくないが、この仙女自体がその可能性をあらわすことはすでに考察した。王の意図的な試みは功を奏さない。そして姫は眠りに陥る。これを思春期やせ症（成熟拒否）、離人症（現実感の喪失）、うつ状態（意欲喪失）、ヒステリー（解離性障害）などの症状になぞらえることができる。ところがこれらの多彩な症状は、時が満ちてめざめと共にすべて解消するのである。

一見したところ、これらはすべて自然のプロセスである。破局にまで至らないのは、この物語の表わす病理水準が神経症レベルだからであろうか。あるいはこの物語は、あらゆる女の子が思春期から青年期にかけて通過するプロセスを描いているのであろうか。しかしいばらにとりこまれ無残に死んだ王子たちもいる。ただし、姫が時の来るまで安泰に眠り続けるために、いばらは必要な守りではあった。いずれにしろこの物語は、自然のプロセス、いわば症状に苦しむ患者の自己治癒力、を示しているものと思いたい。さらにいえば、症状とはまともな発達のプロセスであり、だれしもがひき受けてゆくべきものなのかもしれない。つまり、自然な発達につきものの苦悩を避けようとする時、いわゆる症状が生じてくる可能性もある。その限り癒しとは治すことではなく、治ることでもないのかもしれない。それは必然的な成長のプロセスであり、癒し手たちの役割は、時が来るまでひたすら見守ることであるように思われる。

そこで次節では、もう一つのグリム童話「三枚の羽」を通して、今度は男の立場から、無為による成就について考えてみたい。

3 「三枚の羽」

物語の要約を記す。

王が三人の息子の一人に後を継がせようとする。そこで彼らを旅に出し、最もよいじゅうたんを持ち帰った者を選ぶことにする。そしてそれぞれの行先を決めるために三枚の羽を飛ばす。二枚は東と西に飛び利口な二人の兄たちがその方向に行く。三枚目は真下に落ち、末っ子のでくの坊はそこに座りこむ。しかしそこに揚げ蓋のあるのに気づき、階段を降りてゆく。扉があり開けると、大きなひき蛙がたくさんの小さなひき蛙に囲まれている。でくの坊が、最もよいじゅうたんが欲しいと言うと、すばらしいじゅうたんを出してくれる。兄たちは百姓女の着ていたラシャを持って帰る。でくの坊が勝つのだが兄たちは承知しない。そこで今度は、最もよい指環を持ち帰った者が選ばれることになる。同じように王が羽を飛ばし、同じようにでくの坊が最もすばらしい指環を持ち帰る。しかし再び兄たちが異議を唱え、最も美しい娘を連れ帰った者に王位が約束される。ひき蛙は、六頭のはつかねずみの引くくりぬいた人参の車を出し、小さなひき蛙を一匹選ぶように言う。でくの坊がそうすると蛙は美しい少女となり、人参とねずみは六頭立ての見事な馬車になる。兄たちは手近な百姓娘を連れ帰り、またしてもでくの坊の勝利となる。しかし兄たちは今度も承知せず、娘たちが天井からつるした輪を飛び抜けることを要求する。二人の百姓娘は失敗して足や手の骨を折り、でくの坊の連れ帰った娘だけが軽々と飛び抜ける。そしてでくの坊が晴れて王位を継承する。

1　王と末っ子

この話についてはフォン　フランツ（一九七九ａ）の精緻な分析がある。本稿は主にそれに拠っているが、前節に述べた〝癒し〟ということから、「いばら姫」と共通するテーマに絞って考えることにする。

お話のはじめはよくある老王と三人の息子の状況である。王が集合的意識を代表していることはすでに述べた。王妃も姫もいないことは、ここに女性的なものがどのように導入されるか、が問題であることを示している。息子たちの一番下がでくの坊であることは、王の衰えは、かつては十分指導力を発揮しえた集合的意識の中心が力を失いつつあることを示している。そこで女性原理の導入もさることながら、今まで一番目立たなかった、つまり十分機能していなかった、そのためでくの坊として蔑まれていた末っ子が活躍しなければならないのである。ディークマン（一九九二）は、ユングの意識の四機能説をとり上げ、王を主機能、二人の兄を二つの補助機能、末っ子のでくの坊を劣等機能とし、この話が今こそ劣等機能の開発の必要なことを示唆している、という。ベッテルハイム（一九七八）は、でくの坊は子どもたちのおとな、とくに親、に対する劣等感の表われとし、まったく瓜二つの兄が二人いることを両親の代理とみなしている。一人でもよいのに二人いるのは、間接的にエディプス状況が表わされている、というわけである。

いずれにしろここで問題になっているものは、「いばら姫」では一三番目の仙女に当たると考えてよい。女性的要素ということでは、忘れられた大母神に通じる。蔑まれ無視されているということでは、愚かな末っ子である。今まで見捨てられていたものをとりこむことで、停滞した不毛の状況に活気が甦るということでは、いばら姫と重なっている。

2　羽

そこで王は城の外に出て、息子たちの行先を羽を飛ばすことによって決めようとする。羽は風を受けて飛ぶ。「グリム童話『ガチョウ番の娘』をめぐって」で述べたように、風そのものは誰の目にも見えない。風にそよぐ葦や風の作り出すざわめきを通してその存在が推測されるにすぎない。無意識が直接意識されることはない（定義上そうなっている）にもかかわらず、それと知られるのは、その働きが現在の意識に及ぼしている影響を意識することによって、である。だから風によって行先を決めるのは、賢しらな自我の意図によって決めるのではなく、無意識の力に成行きを任せることを意味している。ゆきづまった集合的意識の中心である王（自我と考えてよい）が、より大いなるもの、無意識の働きに従うことを決意しているのである。

ところで兄たちの羽はそれぞれ東と西に飛び、二人はいそいそと広い世界に出かけていく。しかしでくの坊の羽はいったん上に上ったものの、そのまま同じ場所に落ちる。行き場のないでくの坊は地面に座りこみ、途方に暮れる。しかしこれがわれわれにはなじみのある脚下照顧ということであろうし、チルチルとミチルが長い遍歴の後、結局わが家で青い鳥を見つけることと軌を一にしている。彼はそこに揚げ蓋のあるのに気づき、それを揚げて地下へ通じる階段を降りてゆく。河合（一九七七）はこれについて、ヨーロッパ人の関心が横に、つまり外的世界の拡大に向かっている時に、地界、すなわち自分の内界に関心を向けることを示す、フロイトと訣別する以前のユングの夢をあげている。自分の知らない古い「私の家」の二階から地階へ降りて行き、ロココ風の部屋から原始時代の洞穴に至る、あの夢である。

3　じゅうたん

ところで王が最初に持ち帰ることを命じたじゅうたんについては、フォン フランツの明解な説明がある。じゅうたんは、オリエント世界と接触するまでヨーロッパ人には知られていなかった。しかし遊牧のアラビア人にとってはきわめて重要な意味をもっており、新しい土地に着くと、彼らはまずじゅうたんを広げることによって大地とのつながりを確かめ、その上にテントを張ったのである。それによって未知の土地の悪霊を防ぐことができた。当然じゅうたんには宗教的意味が含まれ、抽象化されたランプ（アラーの知恵）やかもしか（神を求める人間の魂）の象徴が織りこまれていた。だから、そこには運命の秘密、自我の思惑をはるかに越えた人生の象徴的パターンが含まれ、人々に、運命に抵抗するかわりにそれを実現することを求めてもいたのである。また織ることには、「いばら姫」における運命の糸を紡ぐのと同じ意味がある。

だから王がじゅうたんを求めたのは、宮廷にはもはやよいじゅうたんがなくなって、大地につながる女性原理が忘れられていることを意味しており、今やそれを持ち帰ることが必要なのである。そしてそれは、一番未熟な、それだけ無意識に近い、でくの坊によってもたらされる。

4　ひき蛙

ここで再びひき蛙が登場する。フォン フランツは、ひき蛙はどちらかといえば女性を、蛙は男性を表わすという。また、でくの坊が地階に降りてゆくに当たって、ちゃんと人工の階段がついているのは、それが未知の世界に導く通路ではなくて、かつて往来のあったしるし、だから以前は意識されていたのに今は忘れられた心の層を表わすという。そしてひき蛙を、キリスト教に教化される以前のゲルマンの大地母神たちの落魄した姿だとする。

そもそも物語の発端が男ばかりであるのは、地上が男性原理に覆われていることを意味している。それにはそれなりの理由があったのであろう。しかし王は老い、新しい支配原理を求めている。ただそれは何らかの形で女性的な要素をとり入れたものでなければならない。しかしそれらは地下の無意識界に追いやられ、ひき蛙という醜い姿でしか存在できないでいる。「蛙の王子」の姫は最後まで蛙への嫌悪感をなくすことができなかった。しかしでくの坊は、ひき蛙に対してはほとんど抵抗感がないようである。ベッテルハイムのいうように、それだけ無意識に近い存在であったのだろうか。またひき蛙の方も、でくの坊に対しては全面的に協力している。王の態度が示すように、その地上に出る時が近づいていたからだろうか。

錬金術的にいえば、男性原理である硫黄の熱は女性原理である塩によって冷されねばならない。それは太陽（ソル）と月（ルナ）の結合になぞらえられるが、ルナの中にとりこまれたソルは、そこに閉じこめられ腐敗消滅しかねない。先に述べたように、神の火花は肉体を通して現実化されるのだが、まかり間違うと消える。この話でいえば、ひき蛙は巨大な竜となってでくの坊を呑みこんでもおかしくないのである。しかし万事が好都合に運ぶ。それは王子がまさに時の満ちた時いばら姫の城に入りこみ、何の苦労、英雄的行為をすることなく、姫と結ばれるのに対応している。

この後でくの坊は、指輪と美しい少女を手に入れ、少女の力で無事王位を継ぐ。そしてその間もほとんど自分では何もしていない。いわばすべてなりゆきまかせ風まかせなのである。でくの坊がひき蛙の少女と結婚したのかどうかは定かでない。しかし女性原理が回復されて王国が末永く栄えたのは確からしい。

以上、何もせぬことが癒しにつながりうることを、主に「いばら姫」を通して、さらに「三枚の羽」で補う形で述べてきた。その場合カウンセラーにできることは、守りの場を提供することだけだと思う。しかしカウンセラーが、二人して作る場の方向性のごときものを微妙に嗅ぎ分けておくことが不可欠である。このタイプの話は、英雄神話の当てはまるケースとは少しばかり病理が異なるのかもしれない。

ベッテルハイム、B．『昔話の魔力』（波多野・乾訳）評論社、一九七八年
ディークマン、H．『おとぎ話を生きる人たち』（安渓真一訳）創元社、一九九二年
ドルト、F．『無意識的身体像』1・2（榎本譲訳）言叢社、一九九四年
フロイト、S．「あるヒステリー患者の分析の断片」（細木、飯田訳）『フロイト著作集』5、一九九五年　pp. 276-366.
エレンベルガー、H．『無意識の発見』上・下（中井、木村監訳）弘文堂、一九八〇年
フレーザー『金枝篇』岩波書店、一九七五年
Heuscher, *Briar* 1974, *Rose in Psychiatric study of myth and fairytales 160～171.* Charles C. Thomas.
ユング、C．G．『心理学と宗教』（村本詔司訳）人文書院、一九八九年
ユング、C．G．『アイオーン』（野田倬訳）人文書院、一九九〇年
Jung, C. G. 1955, *Mysterium Coniunctionis.* GW 14 Walter.
河合隼雄『昔話の深層』福音館書店、一九七七年
河合隼雄『中空構造日本の深層』中央公論社、一九八二年
河合隼雄『心理療法序説』岩波書店、一九九二年
リューティ、M．『昔話の本質』（野村滋訳）福音館書店、一九七四年
マレ、C．-H．『〈子供〉の発見』（小川真一訳）みすず書房、一九八四年
シュヴァリエ、J・ゲールブラン、A．『世界シンボル大事典』（金光仁三郎他訳）大修館書店、一九九七年
氏原寛「童話の深層分析とその理論」森・氏原（編）『名作童話の深層』創元社、一九八九年、四—四〇頁
氏原寛『意識の場理論と心理臨床』誠信書房、一九九三年
氏原寛「山のかなたの空遠く：男の場合」氏原寛（編）『思春期のこころとからだ』ミネルヴァ書房、一九九八年、一—二三頁
フォン　フランツ、M．-L．『おとぎ話の心理学』（氏原寛訳）創元社、一九七九年 a
フォン　フランツ、M．-L．『メルヘンと女性』（秋山・野村訳）海鳴社、一九七九年 b

第11章　夢・おとぎ話・サイコセラピィ

はじめに

まずいくつかの夢をとり上げて考えてみたい。一つには、筆者の仕事が主にクライエントと夢について話しあうことであるのと、もう一つには、夢の治療的意味について考えることが、おとぎ話に関してもかなりの程度当てはまるのではないか、と思うからである。

人間が毎晩夢をみていることは実験的に確かめられている。そして思い出す思い出さないにかかわらず、夢みること自体が心理的なバランスを保つのに不可欠だ、というデータさえある（デメント、一九七八）。おとぎ話研究者の側からも、夢とおとぎ話は同じ根から出ている、といわれており（von den Leyen, 1975）、フォン フランツ（一九七九）は、夢がおとぎ話に発展するプロセスについて興味深い仮説を提示している。彼女は、そこでユング派のいう元型を考えているのであるが、当人はもちろん他人にまで深い印象を与えるような夢は、個人的レベルを超えた集合的《コレクティヴ》な心の深みからくる、というのである。ユング派によれば、こころはつねにその全体性《トータリティ》を実現しようとして動いている。しかし外界に適応してゆくためには、時に部分的な働きを強調せざるをえない。たとえば現代の文明社会では、何よりまして知的機能が開発されねばならない。そのため情的な側面が忘れられやすいのである。元型とは、種属発生以来の人間の心的経験のすべてが集積されたもの、と仮定されている。したがって、こころのある面がおろそかにされると、全体性を回復するために、その面にかかわる元型が何らかのイメージとしてあらわれやすくなる。あるいはそのような元型を象徴するイメージに感じやすくなる。夢がおとぎ話に発展するのは、集団としての偏りを補うような元型的イメージがある個人の夢に含まれている場合だ、というのがフォン フランツの主張のようである。夢やおとぎ話に治療的な意味があるのは、そうした補償的働きによるわけである。いずれにしろ夢のイメージが、知的に理解されると否とを問わず、われわれのこころに対してかなりの影響力をもっていることは間違いない。以下、いくつかの夢をとり上げて、以下述べてきたことについて説明する。

夢とおとぎ話

夢1

子どもを生んだ。女の子でもう笑っていると聞いた。赤ん坊を見に行っていいと許可が出たので飛んでいった。白いゆりかごの中で白い毛布にくるまっていた。ほっぺをくすぐると赤ん坊は笑った。私は赤ん坊をそっと抱き上げ、家に連れて帰って一生懸命世話をした。ある日電車で友だちに会った。「あんたが一番最初に子どもを生むとはねえ」と言われた。そうだ、そろそろ名前をつけなくちゃいけない。お寺でいい名前をつけてもらおうかなと思ったが、親が子の名前をつけられないでどうするとも思い、迷った。

これは十代後半の、不登校の女の子のみたものである。この夢には二重の意味がある。つまり生んだのもこの子であるが、赤ん坊はこれから育ててゆくべき夢み手自身の女性性なのである。それを、今まで停滞していたこの子の中の自然なプロセス、と考えてもよい。母になることは、このプロセスをうけいれることに他ならず、その意味では子どもの誕生と同じことなのである。この子どもがこの夢をみて、はじめて女に生まれてよかったと思い、内心からモリモリと力の湧いてくるのを感じたというのもうなずける。ちなみにこの子の母親は、結婚などめったにするものではない、というのが口癖であった。

ビルクホイザー＝オエリ（Birkhäuser-Oeri, 1979）は、継母に捨てられた少女が、森の中でたとえば牝牛に姿を変えた優しい母性像に出会う物語について、現実の母親に拒否された女の子が、おのれの無意識の中に肯定的な母性を見出すことを描いているのだ、と述べている。この解釈の当否はともかく、とくに女の子の場合、内なる母性に目覚めることの大切さを説くものであろう。夢み手の少女の場合、母親にかなりの問題が考えられただけになおさらである。ただし自然なプロセスだからといって、それをうけいれることが必ずしも肯定的な結果につながるとは限らない。たとえば次のような場合がある。

ある女子学生は大学入学後間もなく、男の学生に嫌らしい目付きで見つめられているのに気がついた。そのうち彼らに襲われそうな気分が強くなり、学校にも行けなくなってしまった。しかし下宿にこもっていると、地震でもないのに家の揺れる感じがして、何度も表にとび出すようなことが起こった。この学生は、高校時代は大変活発な子で、男の子を男とも思わず、勉強でもクラブ活動でも対等以上にやりあってきた女性である。彼女によれば、学生とは勉強する者なのだから、友だちはみんな学友で男も女もなかったらしい。しかし、女の子がおとなになるとは女のおとなになることであり、性を超越した〝おとな〟になることではない。好むと好まざるにかかわらず、思春期以後、女の子は生物的にも社会的にも自分を女性として納得してゆかねばならない。その時期まで比較的性差を強調しない現代の日本の社会で、この女性化のプロセスは、個々の女の子たちに本人も周囲も気づかぬうちにさまざまな影を落としているようである（河合、一九七〇）。

いずれにせよ身体的なプロセスは、いやおうなしにおのれのメス性を露わにしてゆく。その結果この学生は、大学入学後いつの間にか、性の異なる存在として男の学生を見つめるようになっていた。しかし、そんなはしたないまねをするはずがないという思いこみが強すぎると、それを自分の経験としてうけとめることができなくなる。その結果、見つめる経験は〝見つめられる〟経験に逆転する。これがいわゆる投射《プロジェクション》の機制で、自分の中のうけいれ難い衝動を、外界――多くの場合他人のなか――に見出す心理的働きである。〝嫌らしい〟というのも、異性に対して無邪気な中立的態度をとりえなくなり、その関心が否定的な形であらわれたものといえよう。襲われそうな恐れも、それだけ自分の存在が脅かされているということの他に、たんにこの学生自身の高まった接近欲の裏返しという意味がある。また、地震でもないのに大地が揺れるのは、盤石と思っていた今までの立場が揺らいできたからだ、と考えられなくもない。遅きに失するとはいえ、あるいはだからこそ、少女にとって唐突に訪れる性の目覚めとは、それほどに不安に満ちたものなのであろう。

この学生の場合、女性としての自然な成熟のプロセスが、意識的な自己像にほとんど組みこまれることがなく、そこで鬱積《うっせき》したエネルギーが、自我とかかわることなしに突出してきたものと考えられる。それが本人にもわけのわからぬ症状となってあらわれたわけである。だから、女性としての自分を自分なりに納得することによって、症状はおさまった。それは、たんに発症前の状態に戻ったというよりも、今まで十分に生かされなかった部分が生かされて、人間としての可能性のいっそう広がったことを意味している。

なお、この学生についてさらに一言すれば、発症前の彼女が意欲的な学生として通っていたのは間違いのないところである。しかしその間に、発症に至るまでのプロセスが着実に進んでいたことを否定することはできない。だからこの時期の彼女を、精神的に健康であったとはいえない。一種の潜伏期であったからである。表にあらわれた姿だけから精神的健康を判断するのはむずかしい。過度の現実適応が内心の不安の反映にすぎないことがしばしばある。われわれ心理臨床家の役割の一つは、うわべは健康な人の内部に時にひそんでいる問題をいち早く見抜くことである。同時に、みたところ不可解な症状の背後にある、建設的な可能性をみてゆくことでもある。この学生についていえば、症状は今まで生かされなかった女性性の開示であり、何らかの形でそれをとりいれるべき時が来た、とみるわけである。しかし、新しい可能性を生きるとは、言うほどにやさしいことではない。この学生自身、もっと深刻な状況におちこむ可能性がないとはいえなかった。だから、現実生活が困難になるほどの問題が生じない限り、どのような生き方を選ぶかは結局本人の決めることである。最大限の自己実現をめざすか、いわゆる防衛に身を固めてこぢんまりとやってゆくか。どちらがよいかは誰しもにわかに決め難い。どちらにもよい面と悪い面があるからである。

ところで夢に戻って、夢み手が電車の中で友人に会っているのは、母になるという最も女性的な働きにおいて仲間に認められたことを意味している。友人から見てそれが意外だというのは、今までは認められていなかったわけである。ユング派では、夢の中にあらわれた既知の人物を解釈するに当たって、客観的レベルと主観的レベルとを分けている。客観的レベルとは、その人について心のどこかで感じていながらハッキリ気づいていない部分があらわれている、と考える、たとえばやさしいはずの母親の口が、夢の中では耳まで裂けていたというような場合、意識的には気づかなかった母親の中の自分を貪り食おうとする一面がイメージ化された、とみるのである。それに対して主観的レベルでは、心の中の何らかの働きが母親のイメージをとってあらわれた、だからこの母親は現実の母親というよりは心の中にある〝母なるもの〟と考える。かりに母なる自然を表わしているとすれば、先の女子大生の場合のように、何か自然のプロセスに夢み手の自我が呑みこまれそうな危機感をもっているのではないか、などと考えるのである。そこでこの友だちは、夢み手にとっては比較的意識に近いあるべき自分を表わしている、と考えてよいのかもしれない。しかし今までは、その友だちとの間にかなりの距離があって仲間になることができなかった。つまり、女性としてこの子なりに期待する成熟度に達していなかった。それがこの子どもの気持ちをひき裂く一つの要因でもあったろう。今そのギャップが埋まり、少なくとも一つの葛藤が解消された、とはいえそうである。

また名前をつけることは、新しく生まれたものを既知のことばの世界に組みこむことである。異形のものの名を知ることによってそのものの力を奪うという考えは古くからあり、多くのおとぎ話にとり入れられている。ことばがわれわれの認識能力を大幅に拡大し、外界に対する支配力を高めたのは疑う余地のないことであり、名を知るとは命名することも含めて、そのものの正体を知りそれにどう対処すればよいかを把握することに他ならない。だから夢み手は、みずからのなかに生まれた新しい可能性に主体的に立ち向かう用意を整えていることになる。さらに、一瞬お寺で名づけてもらおうとするのは、赤ん坊の生命がより遠い人たちとつながっていること、いわゆる子は授りものといった、より大いなるものへの畏敬の念のあらわれともいえる。命名がこの世における赤ん坊の立場を決めるとすれば、親といえどもほしいままに名づけることは許されぬ、ということである。

次にもう一つの夢をとりあげる。

夢2

月の出ている夜、田舎道を歩いていた。右側にはもぐらのようなものが立って歩いていた。左側にも、特徴は忘れてしまったが、やはり動物が立って歩いていた。僕たちはいっしょにひどく長い旅を行った後のようだった。そして、この田舎道で母にめぐり会ったのである。僕たちの少し後を母親が歩きながら、何かを語りかけていた。もぐらともう一つの動物も、母親の語ることばを納得しているようだった。

これは、同性愛を主訴とする三〇代半ばのエリートサラリーマンの夢である。同性愛をどう考えるかについてはいろんな立場がある。私自身は臨床的に見て、しばしばいわれる母固着に対してむしろ母親との時期尚早の分離が、この傾向を助長しているのではないかと考えている。この場合、同性愛行為のあるなしにかかわらず、心因性のインポテンツという一面を否定しきれないのだが。いずれにしろ夢み手は、この夢で母親にめぐり会う。そしてこの夢の前後に婚約し、現在は一児の父である。

夢にあらわれる人物を解釈するのに、客観的レベルと主観的レベルのあることはすでに述べた。この夢の母親を主観的レベルでいえば、夢み手はここでおのれの内にある〝母なるもの〟に出会ったことになる。ユングによれば、同性愛の発症は四、五歳頃の理想的女性像との分離の失敗による（Jung, 1940）。筆者の経験からみて、同性愛の男性は、かなり幼い頃から母親の肉体的な醜さに対して極度に敏感である。同時に、そういう母親に似たみずからの肉体にもひそかな嫌悪感をもっていることが多い。たとえば太くて短い母親の指をうとましく思い、それによく似た自分の指に一種の絶望感めいたものをもっている（氏原、一九七七）。この夢の主人公も、小さい時から母親に対する生理的な不快感をもっていた。同性愛の男たちは、そのため母親をうけいれることができていないようである。その結果、自分自身を理想的な女性像と同一化し、それを規準として現実の女性を評価するので、女性蔑視や女性嫌悪がいっそう促されるのではないか。しかしその背後には、美しい女性に対する、醜い母親の分をも含んだ強い劣等感がひそんでいるように思う。そこから、肉体に対する嫌悪感と同時に精神的なものへの強い憧れが生じている。そのため、いやおうなしに出現する性的な欲望は、彼らの一人のことばを借りれば、〝汚辱のうちに〟処理されるのである。

だから、少なくともあるタイプの同性愛者が回復するためには、まずおのれの肉体性をうけいれることから始めねばならない。そして、母なるものと肉体性はもともと密接なつながりをもっているのである。ノイマンによれば、自我意識は男性イメージによって表わされる（Neumann, 1973a）。自我意識がどのようにして成立するのかはむずかしい問題であるけれども、個体発生的にも種属発生的にも、おそらく自他の分離、客体に対する主体の誕生として経験されたものと思われる。したがってそれは同時に、自分をも含めた客観世界の成立を意味してもいた。世界中の創世神話や伝説が、天地の分離と共に英雄の誕生を物語っているのは、たぶんこうした経験を反映している。混沌の世界に秩序をもたらす英雄は、自他未分化な状態から、次第に意味あるものとして世界を認識してゆく自我の意識を表わしている。

しかし当初、圧倒的な外界の大きさに比べてあまりにも小さなおのれの存在に気づくことは、人々に不安と恐れを呼びさまさずにはおかなかった。だから自我意識のめざめは、一方で主体としての力の自覚をもたらしたけれども、他方大きな不安の始まりでもあった。多くの神話や伝説で、世界の始まりとほとんど時を同じくして死の始まりの語られているのは、おのれの客観性ないし相対性に気づかざるをえなかったしるしであろう。そこから、意識的世界を拡大することによって、この不安を克服しようとする動きが起こった。ノイマンによれば、未開民族における男性の秘密結社の秘儀は、その意味での意識の始まりと拡がりの伝授であったらしい。何よりもそれは、男の子を現実の母親から切り離す役割を担っていた。

母とは何かはむずかしい問題である。しかし、それが何よりも生命を与える存在、生み出し育むものであることは否定できない。そこから母なる大地ないし母なる自然といったアナロジイが成立する。世界中至るところに見られる古い地母神崇拝は、そうした母なるものへの帰依の深さと広がりを示している。しかし、本来は豊穣神である地母神には、生命神としての明るい面と同時に、自然神としての暗い側面がある。自然のプロセスに死は避けられないからである。だから地母神は死の神でもあった。この神のもとで、生と死のプロセスが一見無意味にくり返されてゆく。そこに方向性や目的性は認められない。いわばそのつどの営みがそのつど完結するのであり、「いま・ここ」のプロセスだけが問題なのである。しかし自我意識のめざすところは、混沌の世界に能動的に働きかけて自らの世界を創造することである。だからノイマンのいうように、自我意識は母なる自然と対決する男性的英雄としてイメージ化されてきたのであろう（Neumann, 1973a）。「いま」がいつか、「ここ」がどこか、私は誰かという認識は、自我意識に関わるものである。こうして成立した客観世界の図式の中に位置づけられて、はじめて「いま・ここ」の意味ないし価値が明らかとなり、そこから「いま・ここ」でいかにあるべきかという主体的な意志が生ずるのである。前述の母―大地―自然というアナロジイに無意識―肉体が加わり、それに対応するものとして父―天空―意志―意識―精神といった系列が成立する。夢み手が母親にめぐり会ったのは、あまりにも意志的な生き方に阻まれていた自然の流れの再開を示唆するものであった。

しかし、自我意識の強調されるあまり、心の流れの停滞するのは、必ずしも同性愛者に限ったことではない。おとぎ話には冒頭に男性しか登場しないものがかなりある。フォン　フランツ（一九七九）によれば、これは男性性がその対極を失ってダイナミックな発展の可能性をなくしてしまった状態である。意識は無意識と関わることによってのみその領域を拡大する。無意識との壁が厚くなりすぎると、心的活動はわかりきった範囲内での平板なくり返しに堕するのである。たとえばはじめて人を愛した少年の胸のときめきを、要するに人のオスのメスに対して何万年もくり返してきた生理的な反応、として片づけてしまうようになる。だからこういうおとぎ話では、その世界にいかにして女性をもたらすかが主なテーマとなる。先の女子学生の例でいえば、学生とは勉強するものだという抽象的な枠組みの中に、具体的な女性としての自己像をどう組みこむかという作業である。

ここで再び夢に戻ると、月明かりは、白日のもとでは何の変哲もない神秘な森のたたずまいを露わに浮かび上がらせるものである。ノイマンによれば、それこそが男性的意識とは異質の女性的意識ということになる（Neumann, 1973b）。もっとも、それは生物的な意味での女性の意識ではない。自我意識は女性の場合でも男性的だというのと同じ意味あいでの女性性である。閃きとか直観ないしインスピレーションなど、理屈では説明できない、能動的というよりはむしろ受け身のままに与えられる認識、といってもよい。

田舎もまた都会人にとっては郷愁をそそるふる里であり、それだけ自然―無意識に近い場所と考えられる。おとぎ話にあらわれる山や森は、たいてい人里―意識的世界―に対して無意識の世界を表わす。もぐらは地中の生物であり、長時間陽《ひ》にさらされると生きることすらおぼつかない。覚醒時にはほとんど気づかれることのない、より低次の、しかし暗闇の中で方向性を見失わぬ生命エネルギーを表わしている。その意味では女性的意識よりもなお暗いのだが、それにもかかわらず時には意識的判断の遠く及ばぬ深い知恵を備えている。

一般的に夢にあらわれる動物は、夢み手の動物的側面をあらわしている。だから狼は夢み手のコントロールされていない貪欲さのイメージ化されたものである。それに対して犬は、ある程度コントロールされた（家畜化された）攻撃性を表わす、と考えてよい。いずれにしろ、動物は人間より自然に近い。それだけ本能的な生命力を表わしている。そのぶん母なるものに対する親和性は大きい。夢のこの場面には、知的で意志的なこの人とはあまりなじみのなかった役者が揃っている。しかし夢み手はそこに妙に懐かしい雰囲気を感じている。たぶん、それらのすべてがこの人の幼児期の経験と結びついているからである。長い長い旅の伴侶がもぐらであったことは、この人がどれほど精神的な高みに憧れ続けたとしても、所詮地上的（というより地下的な）肉体性を切り捨てることのできなかったことを示している。もぐらたちが母親のことばを理解するのは、この人自身は気づいていないが、日の当たる場所では影の薄い仲間同士として当然のことにすぎない。

夢1の場合、母との出会いは、夢み手自身が母になることによって実現した。それはさらに、母として生まれたばかりの女の子に出会うことも可能にした。この男性は、しかし現実の母親に出会っている。男性の場合、対象としての女性に出会うのは当然のことであろう。しかし同性愛傾向のある場合は、自身が女性化されていることが多いので、たとえ夢の中であっても対象としての女性にめぐり会うことは、いっそう大きい意味をもつように思われる。

次にあげる夢は、四〇代はじめの、かなり深刻な精神的不安に陥った男性のものである。

夢3

東京にいる。泊るか関西に帰るか決めずに歩いている。大きい本屋がある。気がつくと狭い道に入りこんでおり、いつか見たことのある老婦人が向こうから来る。私を見てS市に住んでいるのか、と訊ねる。そうだと答えると自分もそこに住んでいる、と言う。雨が降っており彼女の傘に入れてもらう。突然彼女があお向けに倒れこんでぬかるみの中に私をひっぱりこみ、セックスを強要する。私は彼女をしっかり抑えつけて、警察に連れてゆく。しかし、その間もう一方の手が彼女の性器に触れているのを感じている。若者がいるので助けを求めると、彼女は分裂病だ、と言う。大きい門をくぐり抜けて医者の所へ行く。待合室が碁会所のような感じである。彼女を床に抑えつけるがナイフで切りつけてくる。三回。看護婦と協力して三回ともナイフをとり上げる。彼女はそれから診察室に入る。その間に逃げ出したいと思うが、いずれ見つかるだろうと思って出てゆけない。

老婦人について夢み手は、後で気づいたことだがと言いながら、亡くなった母かもしれないとつけ加えた。もしそうだとすれば、タイミングの熟さない母との出会いがどれほど凄まじいものであるか、をこの夢は示している。この母親を現実の母親を超えた存在、〝母なるもの〟が必死になって夢み手との関わりを求めている、と見ることは可能である。だからといってそれに応ずることが、必ずしもつねに肯定的結果につながるとはいえない。

すでに述べたように、母なる自然は夢1・2の母親のように、停滞した心に生命感を吹きこむことができるが、同時におぞましい死の一面をもつ。人間にとって母なるものが、すべてを生み出しながらすべてを呑みこむ、与えると同時に奪いとる存在でもあることは、古くからの地母神崇拝の歴史に跡づけることができる（Neumann, 1972）。おそらく自然のプロセスは、人間の思惑とはお構いなしに進んでゆくものなのであろう。しかし人間が、内なる自然を自分自身のものとしてうけとめてゆく場合、その肯定的否定的両面をどう統合するかは大きい課題となる。こうした自然のもつ両面性は、しばしば女性の姿をとってイメージ化された。

たとえばヨーロッパ中世の時の神であるヴェァルトは、背中をおびただしいひき蛙やうじ虫に覆われた若く美しい女性像で表わされているが、どうやら苦悩する聖女《ハイリゲ・キュンメルニス》とも関係があるらしい（Laiblin, 1975）。それは人間による救済をまつ聖女なのであるが、同じ文脈に属するものに黒い女に関わるおとぎ話がある。これは黒い女の城に連れて来られた若い女性が、自らの献身によって女主人を浄化（白く）する物語である。これについてはフォン フランツ（von Franz, 1975）やリーデル（Riedel, 1978）の解説があるが、自然のプロセスに人間が主体的に関わることによって、はじめて自然のもつ肯定的側面があらわれる、という話である。

やや単純化するきらいがあるが、先の女子学生に例をとれば、彼女がメス性にとらえられたのは、まさしく物語の主人公が黒い女の城に連れ去られたのに対応する。自然のプロセスは、どれほど無邪気な態度を装っても、成熟という形をとっていやおうなしに訪れるのである。女性性はまず否定的な黒い姿をとってあらわれた。しかし、それを黒い女からの救済を求める呼びかけであった、と考えることはできる。この学生において、女性性は彼女によってうけいれられ彼女を通してしか実現されえないからである。それは黒いイヴが白いイヴに自殺されかけて慌てる話にも通じている（セグペン・クレックレー、一九七四）。ある二重人格の女性の第一人格——白いイヴ——は敬けんで慎ましいのだが、第二人格——黒いイヴ——は大胆で奔放である。白いイヴは黒いイヴの存在に気づいていないが、黒いイヴは白いイヴのことはすべて知っており、泣き虫とかおバカさんとか呼んで軽蔑している。しかし自分の知らない間に黒いイヴのしでかすことに絶望した白いイヴが自殺をはかり、黒いイヴは慌てる。白いイヴの支配する肉体を通してしか、生きることができないからである。二人のイヴの場合、生かされなかった可能性はすでに二重人格という病理現象としてあらわれているが、この学生についても、この時期、どんな形をとるかはともかく、人格解体にまで至る精神的危機がなかったとはいえない。新しい可能性の訪れることは一つのチャンスではあるが一つのピンチでもある。必然的な望ましいプロセス、などとはいっておれないのである。

セラピストとの話しあいは物語での浄化のプロセスに当たる。その結果この学生は自らのメス性をうけいれ、それによって黒い女は救われる。そして、今まで意欲的ではあるがかなり一面的な女子学生に、女らしいふくよかな豊かさがつけ加わった。いくつかの理由をあげて、フォン フランツは、黒い女が大地母神に通ずることを述べているが（von Franz, 1975）、それがヴェァルトや悩める聖女にもつながることはいうまでもない。ただしおとぎ話の解釈は、物語全体の文脈にそって行われるべきであり、個々のモティーフを単独でとりあげるのは危険である（Kast, 1978；Vornessen, 1975）。黒い女にはいろんなモティーフが含まれており、以上の解釈がかなり一面的であることは免れない。しかし、物語のどのような側面でも何らかの心的現実に対応している（Luthi, 1975）、とも思うのであえてとりあげた。

ふたたび夢に戻ると、この母親は精神病であり、ここではたぶん狂気そのものを表わしている。だからこの女性と関わることは、そのまま夢み手を狂気の世界にひき込むことになりかねない。しかし夢み手は、危ういところで踏みとどまる。そして、まず警察に行こうとするのである。警察は、やや堅苦しいけれども社会の秩序を守るべき責任を担っている。だから夢み手は、恐るべき可能性をまず警察の手で隔離しようとしたわけである。しかしどういうわけか、警察のことはそこで立ち消えになってしまう。次に夢み手は医師のところに行く。医師の役割は、もちろん病いを癒すことである。それによって母親は、既存の社会に復帰できるかもしれない。若者と看護婦の意味はよくわからないが、この人の若々しい生命力を表わしているのであろう。とくに若者は、母親が精神病であることに気づいており、母—息子関係についても何かの知恵をもっているのかもしれない。それらの力に支えられ、夢み手は母なる狂気をとり抑えることに成功している。今のところこの人の自我は、何とか狂気に圧倒されないだけの力をもっているわけである。しかし、医師に手渡した後も彼女から逃れられそうにないという夢み手の予感は、彼女との直接の対決なしにはおそらく問題の最終的な解決のないことを示唆している。それがどういう形をとるかは、これからの成り行きをみるより仕方がない。対応のしようがないのである。それが必ずしもつねに肯定的結果につながるとはいえぬことは、くり返し述べた。

たとえばユングの症例では、自ら同一視したメキシコの英雄神が毒蛇に咬まれる夢をみた後、患者は重篤な精神病状態に陥ったようである（Jung, 1970）。ここで蛇が何をあらわすかはともかくとして、好むと好まざるにかかわらず、何者かの訪れないし襲撃という点では、先の夢の母親と変わらない。フォン フランツの指摘するように、夢やおとぎ話にあらわれる〝見知らぬ訪問者〟は、こちらの対応の仕方に応じて好意的にもなれば敵意を露わにもする（von Franz, 1975）。しかし、時には堪えるより他に仕方のない場合がある。たとえば次のような夢である。

夢4

小学一年ぐらいの自分が、暗い部屋から明るい部屋を見ていると、黒い点があらわれグルグル旋回しながら碁石ぐらいの大きさになる。それが三つに分裂し、たちまちまっ黒な大きなむかでに変わる。二匹の子どももむかでを母むかでが追いたてるように、波打って自分に襲いかかってくる。自分は慌ててふすまを閉めるが間に合わない。二匹の子むかでは自分の右足の甲に飛びついてしまう。自分はむかでに咬まれると死ぬことを知っていたので、医務室に行く。学校の医務室のようであり、崖の下二〇畳ぐらいの台地になっている。校医に見せると、二匹のむかでは蚊がとまっている程になっている。校医は、自分も子どもの時むかでに咬まれたことがある、嘔吐がなければ大丈夫だ、と言ってオキシフルで消毒してくれる。大腿部外側にもスペードの形をした赤あざができていて、母むかでにも咬まれていたことがわかる。そこも校医は消毒してくれる。自分は崖の上から下の医務室を見おろしながら、不安に包まれて嘔吐のくるのを待っている。一回目の嘔吐がくる。胃から食道へとこみ上がり鼻孔の奥が生臭くなったと思うと、血の塊りが吐き出される。それは長い時間をかけて崖下の土に落ちる。医務室は病気やけがの子どもで溢れんばかりになっている。これでは校医は自分のところに来ないだろう。足の傷は生皮を剥いだように肉が見え、血が玉になって広がっている。とくに腿の傷は足よりも大きい。ふたたび嘔吐がくる。苦しみのあとを見おろすと、鯉のような黒くてころりとした魚が一尾丸のまま吐き出されている。魚は食べてないのにと思っていると、姪（小学生）が裸で胸に血のしずくを一面したたらせて側にいる。魚は彼女が吐いたのだ。彼女は学校行事のため校医を迎えに来たらしく、校医の忙しさを見て仕方ないと諦めたふうに立ち去る。彼女は自分の苦しさに気づいていない。近くで次兄夫婦の話し声が聞こえる。長兄夫婦も混じって文学か何かの話をしている。自分は次兄に鍬をもってきてほしい、と大声で頼む。兄嫁が額ぶちに納まった絵をもってくる。母が気だるそうな様子であらわれる。そして、医務室はごった返しているし、自分は他の医者に行くと言う。自分は母に鍬をとってきてくれるように頼む。母は加減の悪そうな後姿をみせて鍬をとりに行く。三度目の嘔吐がくる。自分は自分の汚物を土の中にきちんと埋めてから死にたい。

これは四〇歳前後の当時独身の女性の夢である。この夢の後、相当つらい時期が続いた。心理治療において、しばしば死と再生のうんぬんされることがある。つまり、生まれ変わる――治療が成功して――ためには一度死ななければならない、ということである。しかし、既成のものをうち壊す過程で、新しく立て直す可能性までもが根こそぎやられてしまうことがないとはいえない。とすれば、ある種の破壊的なプロセスが夢を通してでも読みとれた場合、なるならぬは別としても、何とか介入して少なくともそのプロセスを促進するような動きは避けねばならない。しかしそこでできることは、患者も治療者もただ堪える、そして最悪の状態の過ぎるのを待つことでしかないことが少なくない。

再生の約束された死はすでに死ではない。再生しうるかどうかは結局恩寵による、としかいいようがないような気がする。ただ死をもたらす力には、メフィストフェレスのせりふではないが、〝つねに悪を望みながら結果的には善をなす〟といった面がないでもない。たしかに、死ぬことがなければ再生もないわけである。しかし死ぬことの恐ろしさ、堪えることがより大きい苦しみをひきうけるためとしか思えない絶望的な状況を思えば、生まれ変わることをつねに肯定的にのみ評価することはできなくなる。夢3の夢み手は、どうにも仕方のない時はともかく、たんに自分の可能性を広げるためのことならば、もう一度同じような経験をするのはご免こうむる、と述懐している。

むすび

以上、おとぎ話と夢との類似性を踏まえながら、四つの夢をとりあげて考えてきた。最後に、一般論としてのおとぎ話の心理治療的な意味について述べて、むすびとしたい。

おとぎ話を文学としてどう評価するかは、その道の専門家の仕事である。それが高度に洗練された形式をもつものか（リュティ、一九八一）、神話ないし文学の堕落した形なのか（フォン フランツ、一九七九）はよくわからない。ただわれわれは、それが長い間文字を知らぬ人々の間に語りつがれてきたこと、そして、現代のかなりの数のおとなの心をもとらえているらしいことに興味をひかれている。

ごく単純化していえば、最近の〝昔話ブーム〟は、現代のおとなの多くが〝子どもっぽさ〟に郷愁を感じているからではないかと思う。ここで子どもっぽさについていえば、たとえばピアジェによれば、夕陽に向って手をヒラヒラさせている五歳の子どもは、そうすることで太陽が沈むのだと答えた（波多野、一九六六）。アフリカにあるエルゴン山の麓の住民は、朝日に向って礼拝するが真昼の太陽にはほとんど関心を払わない（Jung, 1970）。闇を破って明るみをもたらすその瞬間の太陽に神の顕現をみるからである。どちらの例も主観的な思いこみにすぎない。こうした主観的な認識の仕方は、発達と共に次第に客観的なものに変わってゆく。現代の文明は、客観的な認識を踏まえて発達してきた。そのため、ややもすれば主観的な見方を軽視しがちになっている。その結果、対象とのかけがえのない関係、たとえば「バラはバラでも自分の水をかけたバラは別物だ」（サンテグジュペリ、一九七二）といった感じ方が失われつつある。そのことが世界とのつながりを稀薄にし、ひいては現代のおとなの疎外感を促している可能性がある。子どもっぽさとは、未分化ではあるが以上述べた主観的な、世界との一体感を含んでいる。

ところで、おとぎ話とはもともと語り伝えられたものである。その限り、書きとめられたものとは違って内容が流動的である。同じ話でも、そのつどの語り手と聞き手の気分に応じて微妙に変化する。にもかかわらず、各地で採集される話には驚くほどの類似がある、お定まりの筋立てや決ったモティーフが認められる。それは、語り手と聞き手の心が通じあう、つまり、語り手が興にのって聞き手がひきこまれ、それがさらに語り手の気分をもり上げるというプロセスがあったからであろう。こうしたプロセスの生じない話は、おそらく何度も語られることがなく、おとぎ話として残ることもなかったものと思われる。だから、長い間広い地域にわたって語りつがれてきた話には、それだけ多くの人のこころを動かす内容があったのに違いない。同じようなモティーフの話が、いろんな時代のいろんな地域でうけいれられてきたのは、古今東西を問わず、人間のこころが深い所では共通の基盤をもっているからかもしれない（ライエン、一九八〇）。

何が語り手や聞き手をおもしろがらせるのかは、フォン　フランツ（一九七九）の指摘が示唆的である。つまり、日常生活をスムーズに営むため、ふだん抑えこんでいるこころの部分——たとえば先に述べた子どもっぽさ——がゆり動かされなければならない、ということである。この場合語り手や聞き手が、柳田（一九七八）のいう常民であることにも注意しておかねばならない。歴史や文化を担う者が何者であるのかを決めるのはむずかしい。それぞれの時代の矛盾や問題点は、たしかに文字のある少数のすぐれた人たちによって明確化される。ということは、意識化され客観化される。それと共に新しい指導理念が生じ、それは前代の偏りを補うものであるだけに、一時的には人々に訴えかける大きい力をもつ。しかしそうした理念があまりに支配的、すなわち一面的になると、それではカバーしきれない部分が新しい矛盾として感じられてくる。常民の心はもともと未分化であるために、時代の精神が明確に意識されることが少なく、微妙な変化に影響されぬままに残っている部分がある。おとぎ話は彼らの間でおもしろがられ伝えられてきた。あるいは未分化という点では彼らと変わらない、子どもの読み物（聞き物？）として生きのびてきた。だからおとぎ話には、こころの全体性を示すいわば手つかずの材料が豊かに残されているのではないか。時代の傾向があまりにも客観的な理念に傾く時、主観的で〝子どもっぽい〟読み物におとなの関心の向くのはそのためではないか。だから、よい悪いは別として、それが最近のオカルトブームと無関係でないことは心得ておかねばならない。

いずれにしろおとぎ話には、現代人のこころの偏りを正すのにある程度の効果があるらしい。少なくとも、おとぎ話にくわしい治療者といっしょにそれを読むことが、かなりの治療的効果をもたらすようである（Heuscher, 1974 ; Jacoby, 1978）。それは、一見無意味な夢について治療者と話しあう場合と似たような効果をもつ。また、おとぎ話を通して、ある種の状況で人間のおちこむ心的状態について知っていることが、実際の患者の状況を洞察するのに役立つことも少なくない（フォン フランツ、一九八一）。だから、おとぎ話が心理治療に役立つ面は多々あると思われるが、それを直接、治療そのものと結びつけて考えるのには、少し無理があるような気がしている。

Birkhäuser-Oeri, B. 1979, *Die Mutter im Märchen.* Bonz Stuttgart..

デメント、W. C.『夜明しする人、眠る人』（大熊輝雄訳）みすず書房、一九七八年

波多野完治編『ピアジェの児童心理学』国土社、一九六六年

Heuscher, J. E. 1974, A *psychiatric study of myths and fairy tales.* Thomas Springfield.

Jacoby, M. "Verwunschenheit und Erlösung." in Jacoby, Kast, Riedel, *Das Böse im Märchen.* Bonz Fellbach. pp. 160-174.

Jung, C. G. 1940, "Traum eines 5-jahrigen Knaben, von dem Märchen in der Toilette und den Trennungsschmerz." *Psychologische Interpretation von Kinderträumen.* Zürich. ETH pp. 43-65.

Jung, C. G. 1970, *Symbols of transformation.* Collected Works vol. 5, Princeton Princeton.

Jung, C. G. 1970, "Archaic man." Collected Works vol. 10, *Civilization in transition.* Princeton Princeton. pp. 50-73.

Kast, V. "Methodische Bemerkungen zur Märchen Interpretation." Jacoby, Kast, Riedel, *op. cit.* pp. 46-50.
河合隼雄『カウンセリングの実際問題』誠信書房、一九七〇年
Laiblin, W. "Das Urbild der Mutter," Laiblin, *op. cit.* pp. 100-150.
ライエン、F.『メルヘン（昔話）』（山室静訳）岩崎美術社、一九八〇年
von der Leyen, F. "Traum und Märchen". Laiblin. *op. cit.* pp. 1-12.
Lüthi, M. "Psychologie des Märchens," Laiblin, *op. cit.* pp. 421-428.
リュティ、M.『ヨーロッパの昔話』（小澤俊夫訳）岩崎美術社、一九八一年
Neumann, E. 1972, *The great mother.* Princeton Princeton.
Neumann, E. 1973b, "The moon and matriarchal consciousness." *Fathers and mothers.* Berry Spring Publications.
Neumann, E. 1973a, *The origins and histroy of consciousness.* Princeton Princeton.
Riedel, I. 1978, "Das Märchen der Schmieds, das zu schweigen verstand," Jacoby, Kast, Riedel. *op. cit.* pp. 130-198.
サンテグジュペリ『星の王子さま』（内藤濯訳）岩波書店、一九七二年
セゲペン、C. H.・クレックレー、H. M.『私という他人』（川口正吉訳）講談社、一九七四年
氏原寛「永遠の少年」河合隼雄編『心理療法の実際』誠信書房、一九七七年、八〇―一〇九頁
フォン フランツ、M.-L.『おとぎ話の心理学』（氏原寛訳）創元社、一九七九年
von Franz M. -L. 1975, Bei der schwarzen Frau. in Laiblin, W. (ed.), *Märchenforschung und Tiefenpsychologie.* Wissenschaftliche Buchgesellschaft Darmstadt. pp. 299-344.
von Franz, M. -L. 1975, Der unbekannte Besucher in Märchen und Träumen, Dieckmann et al (eds.), *Aspekte analytischer Psychologie.* Karger Basel. pp. 437-449.
フォン フランツ、M.-L.『おとぎ話における影』（氏原寛訳）人文書院、一九八一年
Vornessen, F. 1975, "Der Mythos von Weltschleier." Wolff-Windegg (ed.), *Mythische Entwurf.* Klett Stuttgart. pp. 9-51.
柳田國男「口承文芸とは何か」『新編柳田國男集』第七巻 筑摩書房、一九七八年、一一―七二頁

Ⅲ　カウンセラーの人間観

第12章　中学生の登校拒否

1　思春期心性について

はじめに思春期心性について少し説明しておく。思春期がいつどのようにして始まるのかは、なかなかむずかしい問題であるが、ふつうはいわゆる「自我のめざめ」をもってその始まりとしているようである。ところが、この自我のめざめというのが、実はわかったようでわからないことばなので、まずそれから考えることにする。

簡単にいって、私はそれを、自分および世界の相対性に気づくこと、と考えている。シュプランガーによれば、シュタールという人は一三歳のときに、ある梨の木の傍を通りかかって、「帰りにはいま感じている喜びはすべて失われているだろう」という内心の声を聞いたという。これは、「いま・ここ」のことはすべて束の間のものにすぎぬこと、「いま」はもっと大きい時の流れの中のいまであり、「ここ」はもっと広い空間的広がりの中のここであることに気づくことに他ならない。だから、帰りの道で再び梨の木にあい対した時、それはもはやいま見ている梨ではないし、見ている自分もいまの自分ではない。いまげんに何を感じているかということが、それだけで完結した経験ではなくなって、もっと大きな背景との関わりにおいて意味づけられているわけである。ということは、いま感じている主体としての自分が何者であるのかを、客体としての世界との関わりにおいて確かめることに他ならない。

ここに、いままでの世界とのナイーヴな一体感が崩れることになる。いままで、自分は自分であってそれはわかりきったことであった。同様に、自分の経験するものも、それが何であれすべて自明のことであった。逆説的にいえば、わからないということさえわかりきったことだったのである。だから、世界について疑うことがなかった、というより、世界も何もなかったといったほうがよい。世界がないとは自分がないということであり、したがって裏を返せば、自我にめざめるとは、自我の外側にある世界の存在に気づくことだ、ということになる。だから、外の世界に照らして自分を見るのか、自分に照らして外界を見直すのかはともかくとして、内と外、自分と他者の分化してくるのがこの時期の特徴である。そして自分をも含めた世界の見直しが行われ、多くの場合、そこで親子関係の再検討がなされるようである。これにはそれなりの理由があるのだが、それについては後にふれる。

いずれにしろ、自我のめざめは、客体としての世界に対する主体としての自分に気づくことであるから、一方では力の意識、つまり周りの世界にふり回されるだけではなく、それに積極的に働きかけて自分なりの世界を築き上げる、主体としての自信を子どもたちにもたらす。また、あらゆる経験のもつ「いま・ここ」の一回性に気づくことからくる情感の盛り上がりが、あらためて世界のみずみずしさとして迫ってくることもある。自我のめざめがしばしば、いままでなじんできた世界の生き生きとした新しい開示として経験されるゆえんであろう。しかし他方、自他の分離は、圧倒的な外界の大きさと、それに比べてあまりにもチッポケな自分の存在に気づかせずにはおかない。これが先の自信とは裏腹に、この時期の子どもたちに大きい不安をひき起こす。だから彼らは、一方で高まる自信と他方では抑えがたい無力感にひき裂かれて、たえずその間をゆれ動くわけである。さらに、世界の新しい開示は必ずしもプラスの形でのみあらわれるとは限らず、主体としての見るものが客体である見られるものとのつながりを失う、いわゆる離人体験が生じたり、見られるものが見るものとの関わりを越えて突出してくると、妙に生々しい相貌的知覚の生ずることがある。

だからこそ子どもたちは、この時期に、あらためて世界とのつながりを再確認しなければならない。それが、しばしば親子関係の再検討という形をとることはすでに述べた。自我のめざめがどうして生ずるのかについては、生理的な発達と密接なつながりがあるとはいわれているものの、まだ定説がない。ただ、その結果、世界がそれまでとは違った様相をおびてくることは確かである。しかし、客観的な世界の変わるはずはないのだから、これらの変化はすべて内的な変化の外界に投影されたもの、と考えねばならない。この内的な変化とは、おそらく性的なニュアンスを含んだ内的衝動の高まりである。しかし、それらは子どもたちによってはっきりそれとは意識されない。漠然とした、しかしどうしようもなく力強いエネルギーのうごめき、としか感じられない。しかし、それがそこにある以上、子どもたちは、それが何でありそれにどう対処するかを、いやおうなしに確かめねばならない。この時、子どもの意識ははじめて無意識の存在に気づいた、ということができるかもしれない。これ以後、子どもの意識的自我は、たえず無意識と関わりながらその世界を広げてゆくことになる。

この意識と無意識との関わりが、外側の世界に投影されるのである。この時期、子どもたちは社会的な現実に直面し始める。そして、果たしてそこで自分がやってゆけるかどうかを確かめようとする。それは、一方では現実を客観的に吟味することであるが、同時に、自分自身を客観的に見つめる仕事でもある。しかしここで、客観的には克服可能な現実的困難にたじろいで、いっこうに積極的にたち向かおうとしない子どもたちがあらわれる。たいていの場合それは、無意識の巨大な姿が現実場面に投影されているからである。その場合、客観的な現実吟味がほとんど役に立たないことがある。

ところで、この意識・無意識との関わりと個人・社会の関係をつなぐものとして親子関係がある、と私は考えている。いわゆる基本的安定感は、母親との一体感、つまりより大きい存在にすべてをまかせ、そこからくる愛情と保護に対して絶対的な信頼をよせること、によってつちかわれる。それによって子どもたちは、世界との根源的なつながりを、たとえ漠としたものであるにしろ、強く感じるのである。だから、人生初期における母子関係の重要性を、いくら強調してもしすぎることはない。この状態を、意識が無意識の中にまどろんでいる、といいかえることも可能である。自我のめざめが、このような世界との未分化な一体感の終わりを意味することは、すでに述べた。しかしその場合、子どもたちはあらためて、世界がどこかで自分たちとつながっていることを実感しなければならない。そこでかつてそのようなつながりを確信せしめてくれていたものとして、自分たちの親子関係をふり返る。そこで何らかの手応えを確かめた上で、彼らははじめて外側の世界にたち向かうことができる。外界の、どこか恐ろしげで不可解な様相の奥に、根源的には自分とのつながりを感じとれるからである。

ただここでも考えねばならぬことは、意識・無意識の関係が、親子関係に投影されることの避けられぬことである。意識的自我は、無意識の世界を切り開いて自らの世界を広げようとするが、せっかく切り開いた世界が、再び無意識に呑みこまれそうな危険がある。こういう内的な経験が親子関係に投影されると、現実には決して悪くない親が、子どもの目には自分の成長を妨げる最悪の存在に見えることがある。先に、客観的には何でもない問題にたじろぐ子どものことを述べたが、むしろふつう以上のよい親たちが、子どもによって最低の親として決めつけられていることが少なくない。親が真剣に子どものことを思えば、時に厳しいしつけは避けることができない。だからその部分だけをとりあげて子どもに迫られると、ほとんどの親は自分が悪しき親であったことを認めざるをえない。この頃多く見られる家庭内暴行児は、しばしばこの手を使って親を痛めつけている。

重要なことは、このようにして子どもの目から見た親子関係が整うと、おそらく内的な意識・無意識の問題もそれなりに整理されていることが多く、それが外界に対する子どもの態度をはっきりさせる、つまり問題行動が消失することである。もちろん、子どもの問題に環境的要因を考えることは不可欠なのだが、それだけでは十分でないことがあまりにも多い。それは、思春期の問題がより多く発達的な課題と関わっており、外的要因のいかんを問わず、多かれ少なかれそれが子どもたちの生活に影を落としているからである。したがって、外的要因からだけでは理解しにくい子どもの行動が、以上述べてきたような内的要因を考えることによって、意外に納得できる場合が少なくない。

2　登校拒否について

さて前節では、一般論としての思春期心性について述べた。本節では、それらを踏まえた上で、登校拒否の内的要因について考えてみたい。

自我のめざめに際して、子どもたちが多かれ少なかれ世界との一体感を回復させようとすることは、すでに述べた。しかしそれにはいろんな方法があって、それがもっぱら退行的に行われる場合、不登校現象が生ずるのではないか、と私は考えている。非行の場合にはそれが攻撃的に出る。つまり、圧倒的な外界に対して自分の力を試みる、という一種の現実吟味的な意味があると思う。ただその場合、子どもの側に世界とのつながりが感じられていないと、糸の切れたタコのようにどこへ行ってしまうかわからない不安がある。だからおとなの側からする、たえずつながりを切らぬ配慮が必要である。しかし、たとえ親とのつながりを確かめるために非行の行われている場合でさえ、外の世界で自分を試そうとする外向きの姿勢のあることを見逃してはならない。

それに対して登校拒否は、一種の胎内復帰願望のあらわれである。つまり、かつての未分化な母子一体の状態に戻りたいという後向きの構えなのである。したがって彼らの発症前の状態には、強迫的な傾向が強い。いわゆる完全主義ということで、生まじめ、融通のなさ、極端なまでの整理整頓好きなどの特徴があげられる。いままでそれでやってきたその方法を、いっそう厳格に守ることで不安を免れようとする試みである。しかし、思春期前の安定と思春期後の安定は質的に異なっている。思春期後は、意識と無意識とのダイナミックなバランスの上でしか安定がない。それを、思春期前のいわば静的な安定にしがみついたところで、その根底がぐらついているのだから何にもならない。だから不登校現象は、いままでの方法ではどうにもならない事件——その際、子どもたちは強い無力感に襲われる——をきっかけに発症することが多い。

ところで、自我のめざめがおのれの相対性に気づくことと密接に関わっていることは、先に述べたとおりである。いいかえれば、それは自らの限界と劣等性に気づくことでもある。それが子どもを不安にする。しかし、そのような劣等性なり限界をひき受けた上で、一歩一歩自分の世界を築いてゆくより他に成長の道はない。そこでつまずいたのが登校拒否だ、ということができよう。これは、登校拒否を男性原理——父性原理——のとりいれの失敗、とする考え方に通じている。男性原理とは、おのれの相対性を見極める意識的ロゴス的態度、いいかえれば比較の原理である。これに対して女性原理——母性原理——とは、無意識的エロス的態度、つまり受容の原理ということができよう。したがって人格の形成ということを考える場合、男性原理に比べて女性原理が、より基本的なものであることはいうまでもない。自分なりのペースで生きること、自分なりのありように対する絶対的な自信は、母親との一体感をとおして養われた基本的安定感に基づくものだからである。しかし、ある時期から、われわれは自分自身を自分の実感だけで判断することができなくなる。自分とは違う他人との比較をとおして、逆に自分を見るようになるからである。

たとえば、いままでならメザシであろうとお茶漬けであろうと、うまいかまずいかは自分の舌で感じるだけでよかった。ところが右隣がビフテキで左隣が刺身だとわかると、とたんにみじめな気持ちになって食欲まで失せてしまうことがある。あるいは、どれほど絵が好きであっても、もし本気で絵かきになろうとするなら、自分がどの程度人よりじょうずであるか、真剣に考えなければならない。巨人軍の四番バッターになりたい子どもは無数にいるであろうが、実際になれるのはほんの二、三人である。だとすれば、どうしてもプロ野球の選手をめざすのなら、プロでやってゆけるだけの素質なり能力が自分に備わっているかどうか、他の子どもと比較した上で決めなければならない。好きだとかそのことに情熱を燃やしているということは大切なことには違いないが、それですべてが決まるわけではない。ある程度客観的に自分を見つめ、それに基づいて自分の方向を決めてゆくことが必要なのである。

子どもたちは幼稚園にでも行くようになれば、自分はあの子より足は速いが泣き虫で、絵はうまいけれども歌はヘタである、といったふうに、他の子と比べた上での自分のイメージを作り上げてゆく。大切なことは、この段階ではそうした個人差の認識が、まだ価値的なものと結びついていないことである。あるいは、すべての評価がせいぜい主観的感情的な「好き嫌い」の次元のものであり、客観的理性的な「良い悪い」の基準はまだあらわれていない。思春期の課題は、いままでの主観的評価に客観的評価をどう組みこむか、ということでもある。というのは、先に述べたとおり、この時期は、いままであまり意識することのなかった漠とした感じ——もともとは性的衝動から発している——を、多かれ少なかれ明確化し、それに対応する態度を決めざるをえない時期だからである。

つまり子どもたちは、思春期が近づくにつれ、うすうすは自分たちの限界や劣等性に気づき始めている。しかし現代の教育環境は、そのような客観的状況をできるだけ子どもたちに気づかせまいとしているかに見える。だから子どもたちはいつまでもタテマエにしがみつき、ホンネに直面しようとすることを避けようとする傾向が強い。そしていやおうなしにホンネに直面させられそうになると、タテマエの世界に逃げこんでしまうのである。それがこの時期の登校拒否の中核群を作っている、と私は考えている。

このタテマエはすぐれて母性的なもので、それはそれで重要な意味を担っていることは、くり返し述べたとおりであるけれども、発達のある時期に、父性原理によって克服（否定ではない、むしろ統合というべきか）されねばならぬものである。このタテマエを一言でいえば「平等の原理」ということになろうか。大上段の議論になりそうでおもはゆいのであるが、人間が平等であることと同じであることとは、同じことではない。ある人は死ぬまでに一枚でよいから納得できる絵を描きたい、と思っているかもしれないし、別の人は日本一の将棋さしになりたいと望んでいるかもしれない。政治家、教師、平凡なサラリーマンなど、人によって何をめざし何に生きがいを見出すかは千差万別である。それにもかかわらず、選んだ目標によって人間の値打ちがいささかでも変わることはありえない。というのは、人間の値打ちとはもともと比較を超えたもの、一人ひとりが自分なりに充足し実現させるべきものだからである。そういう人間の値打ちを比べようとすることは、たとえば一〇〇メートル競走で一番速い人とマラソンで優勝した人のどちらが速いか、というようなものである。だから、それぞれの子どもが他人にはおかまいなく、自分なりの存在の意味を感じうるように育てられることの意義は大きい。

問題は、それにもかかわらずある一面において、われわれはお互いを比較することが可能であるばかりでなく、その一面に関しては、おのずから相違、というよりも優劣があるということであろう。たとえば、どれだけ野球がうまいかとか英語の単語をいくつ知っているかなどのことは、決して人間の値打ちを決めるものではない。しかし、そのことに限っていえば明らかに優劣がある。だからこそ、たとえば甲子園大会で優勝したチームは、勝者として讃えられるのである。野球がじょうずだからといって、ましてや勝ったからといって、誰しもそのチームの選手が負けた選手よりも人間的に優れているとか、場合によっては必ずしも技術が上だとさえ思っていないことがある。しかし勝者はやはり勝者であり、そのことに限っては相応の敬意を払われるべきであり、また、払われてもいるわけである。

人間同士のふれあいは、必ずしも全面的なものではない。だから、ある一面に限ってつきあうことがあり、その時にはその面での優劣や上下に応じて、それにふさわしいやり方がある。かつて東大紛争のおり、当時の大河内総長にある学生が、「教授も人間、学生も人間。その学生が教授を先生と呼び、教授は学生を君づけで呼ぶ。これおかしいと思わないかね、大河内クン」とやったという伝説がある。総長とこの学生と、人間的にどちらが上かについてはもとより誰も何ともいえない。しかし、教授と学生の関係は教えるものと教えられるものとの関係である。教師はその道にかけては生徒よりもはるかに豊かな経験と知識をもっている。そうでなければ教師としての資格はない。その知識に対して教わるものは当然の敬意を表さねばならない。そのへんのところがゴッチャになると、先の東大生のようなバカゲたことを大まじめで言いだすことになる。こういうことについてはなお言いたいことがたくさんあるのだが、だんだん紙数も尽きてきたのでこれくらいにしておく。

以上、要するに、この頃の子どもたちは、実際には存在するお互いの差、その差が自分に対してもっている重み、をうすうす感じていながら、上述の平等主義のタテマエにしがみついて、自らの傷つきに気づかないふりをする。しかし、良い悪いは別にして、タテマエとは裏腹の競争的な学校場面では、いやおうなしにお互いの優劣が表面化せざるをえない――くり返し述べておくが、それは人間的な優劣ということでは決してない――。何よりも、客体としての世界に照合することによって自分を確かめるのが、思春期の特質であった。だから子どもたちは、好むと好まざるにかかわらず、自分の限界なり劣等性に気づかざるをえない。この限界を受け入れて、なおかつ意欲的に世界にたち向かおうとすることが、本論でいう男性原理のとりいれである。しかし、そのような自分の劣等性にたじろいでそれをうけ入れることのできぬ場合、子どもたちは客観的な比較の場である学校から逃れ、かつての比較のない状態に逃げ帰る、または閉じこもろうとする。それが登校拒否なのである。

シュプランガー『青年の心理』（土井竹治訳）刀江書院、一九三七年

第13章　いじめに関する素朴な疑問

1　先生たちは本当に無能なのか

いじめについては、まだわからないことが多すぎる。その一つが、先生たちは本当に無能なのか、という問題である。たしかに、無責任な事なかれ主義的言辞を弄する先生は多い。明らかにいじめと思われる事件があっても、時には殺人ないし自殺という痛ましい事件が生じても、なおかつあれはいじめではない、と強弁する先生もいるらしい（たとえば山形のマットむし殺人、岡山の中学二年生の自殺）。あるいは、約一〇年前のいわゆる葬式ごっこ事件で、参列者名簿に署名した先生が、事件直後の授業で教室内での生徒たちのトラブルに見て見ぬふりをして事を大きくした例がある。これを機に一生懸命がんばると明言していた矢先である（豊田、一九九四）。さらには、たまりかねた子どもや親が先生にいじめられていることを告げても、仲間同士の遊びだとか、お前にも悪いところがあるとか言って、真剣に対応してくれない。しかもそういう先生の態度は一〇年前と今日とまったくといってよいほど変わっていない（村山他、一九八六：豊田、一九九五）。生徒が自殺するという痛ましい事件が、関係した先生方への重い処分にもかかわらず、教訓として生かされていないのである。

そこだけを見れば、今の先生たちはなってないように思える。先生さえ踏んばれば、いじめにしろ校内暴力にしろ克服できる。ところが踏んばれない。ペーパーテストに長けたサラリーマン教師が増えたとか、口先だけのヒューマニズムにいかれて体当り的に子どもたちにぶつかる気力がないとか、無責任な批判がなされている。ある程度は当たっているかもしれない。しかしこれらの批判に共通しているのは、いじめの問題の底深さ、少々の善意や努力ではどうにもならない状況、に対する理解に不足していることである。

私には、先生にはレフェリーの一面があると思う。また、なければならない。レフェリーとはルールに基づいて、ゲームが公正に行われているかどうかを判断する役割である。もちろん人並み以上にルールにくわしくなければならない。しかし、その判断がつねに正しいとはいえぬことがある。それでもゲームに参加している者は、その判断に従わねばならない。そうでないとゲームがなり立たないからである。かつてラグビーの大学選手権戦で、明らかにレフェリーのミスジャッジがあった。不利な判定をされたチームはそのために敗れた。勝ったチームは優勝したように記憶する。負けたチームの監督が、あれはミスジャッジだったと思う、と語ったのはそれから何年もたってからである。レフェリーの立場を慮ってのことである。

レフェリーの権威は、与えられたものである。レフェリーの人格、識見が力を及ぼして、選手たちがおのずから従うというのではない。そういうレフェリーがもしいれば素晴らしいことである。が、プロ野球の試合で、時に選手が審判の胸倉をつかんだりするように、エキサイトしているゲーム中に、人間的迫力だけで選手たちを納得させるのは至難のわざである。あらゆる集団行動には、好むと好まざるにかかわらずルールがいる。それがないと集団がなり立たない。そのためにレフェリーがいるのである。裁判所の判決にしろ国会の決議にしろ、個人的には賛成できない場合がしばしばである。しかし日本国民として生きてゆく以上、それには従わねばならない。政府が外国と結んだ条約は、個人の思惑を超えても守られねばならない。いうまでもなく学校は集団生活の場である。ルールなしにやってゆけるはずがない。児童・生徒は一人ひとりがかけがえのない存在である。その点おとなである先生たちと何ら変わらない。ただし未熟である。ある程度指導・管理されるのが当然なのである。それは定められたルールに従って行われる。そしていったんルールが決まれば、レフェリーとしての先生の判断で運用されねばならない。

ここで大切なことは、先に述べた、レフェリーとしての権威の大部分が先生個人の人間的な魅力に発していないこと、である。それは委託される。多くの人の同意――もちろん当の児童・生徒も含めて――によってである。もちろんレフェリーにはある程度それにふさわしい条件がいる。しかしそれは、普通の人間としての資質であり特別に優れた人物である必要はない。先生は子どもによって、親によって、ひいては社会全体によって支えられなければならない。それによってはじめて、普通の人間でも、学校という集団の場をとり仕切ることができる。この支えなしに、個人としてのまたは人間としての教師が、集団生活をスムーズに〝管理〟することはできない。

たとえば新任の若い先生が、何十人もの男子高校生を〝管理〟しようとすれば、教師としての権威に頼らざるをえない。情熱や迫力ないし魅力で何とかなれば、それにこしたことはない。しかしバレーボールの試合に、レフェリーの人格的高潔さを期待する者はいない。公正にルールが運営されているかどうか、だけの問題なのである。レフェリーがたとえ年少であっても、かつて選手としての実績がなくても、問題にならない。もしそういうレフェリーを認めないというのであれば、試合の場から退くよりないのである。

今日、校則（ルールの一種である）とか管理とかいうと目くじら立てる人が少なくないが、小児病的な視野狭窄に陥っているとしか思えない。野球の面白さは、四球とか三振のルールのあればこそである。特例を設けてある人はボールを四つ投げても四球にしないとか、三べん空振りしてもアウトにしないとなれば、ゲームとしての緊迫感は一挙に薄れてしまう。四球を出した情なさ、三振した時のくやしさが、それ自体としては欲求不満そのものなのだが、全体として緊張を高めゲームを盛り上げてゆく。もちろん三振とか四球というルールそのものを変えることはできる。野球にしてもバレーボールにしても、しばしばルール変更があったし、今後ないともいえない。だから、ルールそのものが妥当かどうかはおのずから別の問題である。小さな穴に球を入れるのに何回かかるかを競う、子どもだましのゲームが大のおとなを熱狂させることを考えてみればよい。この場合、ルールがどうこうなのではなく、窮屈なルールを踏まえて可能性を最大限に生かすところに面白味がある。今日、スカートのひだが何本とか、丸坊主がよいとか悪いとか、また、真剣にルールを守らせようとする先生たちを批判する者が少なくないが、問題の所在がとり違えられている。スカートのひだなど何本でもよいのである。要は、ルールとしていったん決まった以上、変更があるまで全員それを守らねばならない、ということである。

現在、先生たちには社会的な支えないし守りがない。某県庁所在地の教育委員会は、生徒に対して「出て行け」とは言ってはならないという通達を出しているそうである。生徒に殴られても殴り返してはならない、とも。授業中私語が多く、あるいは席に着かずウロウロする生徒に対しても、廊下からの呼び出しに応じて出てゆく生徒を制止することもできない。「オマエ、まだ、わからんのか、殴ってほしいのか」とつめ寄る生徒に手も出せないのである。一部のこうした生徒の〝就学権〟を尊重するために、大部分の生徒の〝学習権〟が損なわれている。我慢ならないので「やる」という若い先生に対して、教頭はとめるそうである。「君の気持ちはよくわかる。しかし」と。教頭が「やる」といえば校長がとめ、たまりかねた校長が決心すると教育委員会がとめに入る。その結果、授業中の花札をやめさせるにはどうすればよいか、といった議題が職員会議に出る公立学校が現にある。あるいは、「ま、学校にいる間は外で悪いことをしていないのだから」と、自嘲気味に語る先生が現われもするのである。

もちろん先生の中に、どうにも弁解の余地のない人はいる。しかしこれは、どこの社会ででも避けられない。問題は、たとえ平凡ではあってもやる気満々の先生の意欲をそぐような状況が、現在の多くの学校にあることである。多分教育委員会の迎合的な姿勢に一因がある。しかしそれはおそらく、文部省の指導に原因があるのではないか。教師のレフェリーとしての権威を保証しようとする態度に欠けているのである。そして事件が起こるたびに一片の通達で事態をとり繕ろう。あるいは、先生たちを十分に守るだけの態勢を作ることよりも、各学校、各先生の〝自主的〟な自覚にまつ。その姿勢が、マスコミや親たちの、ひいては子どもたちの先生ないし学校への信頼感――それはレフェリーとしての先生の権威を認めることである――を大幅に損なっている。もちろんマスコミの、もっぱら大衆に媚びる報道姿勢に大きい問題のあることは、すでに多くの人が指摘しているので、あらためてとりあげることはしない。個々の事件を見る限り、先生方や学校の対応には確かにまずいことが多すぎる。校長や先生たちの口からは、文字通り一〇年一日のごとき陳腐なことばがくり返されている。しかし、先生たちをそこまで追いこんでいる状況のあることを、まず考えねばならないのではないか（鎌田、一九九六）。

終わりに、教師とルールについてのエピソードを一つ紹介しておく（河合、一九八五）。ある高校カウンセラーの所へ生徒が相談に来た。そして、実は本物のピストルを持っている、と言う。詳細は省くが、そのカウンセラーは、そのことを聞いた以上これは職員会議に報告する、と答えた。すると生徒は、カウンセリングで話したことはすべて秘密だというので告白した、それを外部に洩らすのは裏切りではないか、とつめ寄った。そこで先生は、もしこれが後でばれたらただではすまない。私はひょっとしたら辞表を出さねばならないかもしれない、そうなると家族を路頭に迷わすことになる、と説明した。すると生徒は、先生はボクのことを真剣に考えてると言ったけれど、それなら家族の方がボクより大事なのか、と怒り出した。ところが先生は悪びれることなく、「そう、当たり前だ」と答えた、というのである。それで生徒は納得し、カウンセリングは順調に進んだ。

ここで大事なことは、カウンセラーの、あるいは先生の、提供できるサービスはごくわずかなものだ、ということである。しかしだからこそ、そのサービスが今の君には決定的に重要だ、という認識がなければならない。生徒の全存在をひき受けて、ひょっとしたら自分も共倒れになるようなサービスを提供することは、おそらく誰にもできない。しかし教師としてのこのわずかなサービスが、今の生徒にとっての必要条件であること、それだけでは十分でない——つまり親や地域や社会的な条件がいる——にしても、それがなければ他の条件が満たされてもそれらが生きてこないこと、を弁えておかねばならない。そこさえはっきりしておれば、いま、ここの親や生徒の期待に直接こたえることができなくても、先生たちは悪びれずに不足している条件について一緒に考えあうことができる。

もちろんこの先生カウンセラーは、ルールを守って秘密を洩らさなくてもすんだはずである。ただしその場合は、万一ピストルの件が後に明るみに出、あらかじめ知っていながらそれを校長にも他の先生にも言わなかったこと、の責任はとらねばならない。それこそ進退伺いくらいは出さねばならないかもしれない。そして職員会議で、あの場合黙っていることが子どもにとって最善と信じてやったのだが、それについての責任はとる用意があると、これも悪びれずに言えねばならない。とすると先生個人の問題にとどまらないから、家族の了解も必要であろう。

いずれにしろ、カウンセラー＝先生は、しばしばおのれの全人格をかけて生徒と対決しなければならない。しかしこれは誰しもに容易なことではない。すべての先生にそこまでの対応を要求するのなら、稀有の人材を数多く集めなければならない。だとするとそのために莫大な財政的措置がいる。先生たちは普通の人間である。普通の人が危機的状況を処理するためには、周りの支えが不可欠である。現在の学校は、その意味では危機的状況にある。だからこそ先生たちを支えるべき時に、文部省も、とくにマスコミや親たちが支えるどころか足を引っぱっている。そして、いわば時代の矛盾ともいうべき問題を、もっぱら先生たちの課題として過大な期待を向け、その結果スケープゴートに仕立てている可能性がきわめて大きい。

2　子どもたちは異常なのか

いじめは昔からあった、しかし最近のいじめはより陰湿化している、特定の個人を集団で継続的にいじめるのが特徴だ、などといわれる。はたしてこの頃のいじめは以前と違ってきているのか。あるいはいじめいじめられる子どもたちは、普通の子どもより変わったところがあるのか。あるいはこの現象は、現代の日本にだけ見られる特異なものなのか。ノールウェイの研究者によると（オルウェーズ、一九九五）、いじめは世界的な現象である。そして昔も今もあまり変わっていない。およそ子どものいるところ、しかるべきおとなの目の届かぬ場合、つねにいじめはある（スミス・シャープ、一九九六）。筆者は戦争中に小中学時代を過ごしたが、たしかにいじめといってよい現象はあった。しかし今のいじめよりはあっさりしていたような気がする。しかし一時多くの視聴者を集めたTVドラマの「おしん」は、東北の農村老人に言わせると、私らの若い頃はあんなヤワなものじゃなかった、ということらしいから、学校場面に限らず、陰湿ないじめそのものはなかば日常的に以前からあったことになる。ノールウェイの子どものいじめは、昨今報じられている日本のいじめとそっくりであり、自殺者も出ている（前掲書）。ルナールの『にんじん』は文学作品であり必ずしも学校中心ではないが、典型的な執拗ないじめである。名門の子弟を集めたはずのイギリスのパブリックスクールにおけるいじめも、相当なものであったらしい（タツム・レーン、一九九六）。現在の体育系クラブのしごきは、大学レベルでさえ悪質ないじめのあることを思わせる。

いじめっ子、いじめられっ子についても、ノールウェイの調査（前掲書）では、やはり一応の性格があるらしい。いじめっ子がその後犯罪を犯す率は、そうでない子どもの三倍程であり、もともとの粗暴な性格が示唆されている。いじめられっ子も、いくら攻撃しても反撃しない、つまり安心していじめられる特性をもつ、とされる。あるいはそうかもしれない。ただしわが国では、番長クラスの子でも、全員にシカトされると日ならずして背を落とし目を伏せて歩くという（豊田、前掲書）。また、普通の、見たところよい子がいついじめっ子――ないし不登校児、家庭内暴力児――に変貌するかわからない不気味さの語られることが多い（氏原、一九九五）。あるいはいじめの四重構造説（森田・清水、一九九四）の観客ないし傍観者もいじめの加担者だとすれば、全員がいじめに参加していることになる。事実、観客ないし傍観者がいじめに便乗することはよくあるらしい（豊田、一九九五）。おそらくどれも当たっているのである。しかしそこに一つの盲点がある。以下、それについて考えてみたい。

子どもは自然に近い。それだけ無邪気である。だから実に無邪気に非人間的なことをする。筆者自身、トンボの翅をむしったり蛙の腹を膨らまして川に流したり、蛇を生殺しにした思い出がある。たいてい子どもたちで群れてやったことである。こういういわば自然のままの子どもたちを不自然に、つまり人間化しなければならない。それがおとなによる管理、指導、わかりやすくいえばしつけである。もちろん小中学生に対しても、多かれ少なかれそれがいる。とくに集団生活の場でどうあるべきかについて、子どもたちは必ずしも十分なじんでいない。だからそのためのルールをまず覚えねばならない。その際、レフェリーとしての先生たちのコントロールが重要なのである。

もちろん、だからといって子どもたちを不自然な規則でがんじがらめにしてよいわけではない。しかし共同社会の一員としてお互いに気持ちよく過ごすためには、時にはしたいことを我慢し、したくないこともやらねばならない。そのためのルールである。この場合、ルールそのものは必ずしも問題にならぬことはすでに述べた。文化が異なればルールも異なる。ある人たちに当然のルールが、他の人たちには奇異に見えることは少なくない。国際間の文化摩擦が、そのことを如実に反映している。

ここに微妙な問題が生じる。つまり、子どもたちは自然にまかせた方がよいのか、ある程度の訓練が必要なのか、ということである。しかしこれはもともとが、あれかこれかの二律背反の問題ではない。あれもこれもの両立させられるべき事柄である。子ども本来の自然な衝動は生かされねばならない。しかしそのためには個々の状況を考える必要がある。筆者のよくとりあげる例をくり返せば、排泄は健康維持にはきわめて重要な自然な機能であるが、衝動の起こるたびにいつでもどこでも垂れ流してよいものではない。文化によって多少の差はあるにしろ、すべて〝人間的〟に、ということは不自然に、処理される。そもそも文明とか文化とは、人間が自然に加工して生み出した〝不自然〟の産物であることを忘れてはならない。どのような才能も技術がなければ生かされない。才能を磨くとは、天性の感性のごときものを一層鋭くするとともに、それを具体化する技術を鍛えることを意味する。形式ないし技術はしばしば内容または才能を窒息させるけれども、内容は形式があってはじめて現実となる。

子どもにとって、この両面を生かすことの必要性とむずかしさを、もう一つ、親と先生との役割の差を通して考えてみよう。おのれのかけがえのなさは、他人によってかけがえのない存在として扱われてはじめて身につく、といわれている（たとえば Rogers, 1942）。親はしばしば、わが子さえよければよその子などどうなってもよい、と思う。グロテスクなほどの家族エゴイズムであるが、それによって子どもは、たとえ漠としたものではあれ、自分が自分でないと実現できない独自の意味を担っているらしい、と実感することができる。それがいわゆる基本的安定感につながるのである。ところが先生の役割はこれとは逆の公平、平等扱いである。かけがえのない四〇人の子どもに対して、一人ひとり個人としては皆違うけれども、人間としては皆同じ、とする態度である。要するに子どもたちは、おのれのかけがえのない独自性と、にもかかわらず人間はみんな同じだとする、一見矛盾するありようを自分という存在の中にうまくおさめなければならない。特別扱いがよいのか、平等扱いがよいのかという、選択の問題ではないのである。先に先生の仕事は必要条件であって十分条件でないことを述べたが、親による特別扱いに欠けている子どもを、先生による平等扱いだけで補うことはほとんど不可能な、むしろ思い上がりにすぎないことを考えねばならない。

つまり、あらゆる子どものなかに、以上述べた一見二律背反的な、しかし実は統合されるべき、二つの傾向がある。それにおとながどう対応すべきか、が問題である。自然な、それだけに自発的な衝動は、十分生かすことがなければ子どもは生気を失う。かといって自然のままにコントロールしないのでは、方向性が失われ、子どもはまったく無秩序な反社会的存在になり下がってしまう。くり返しいえば、どちらがよいのかの問題ではなく、両者のバランスをどう保つかなのである。

そこでいじめの問題に戻ると、これがしばしば人をひきつける自然な衝動の一つである現実、に目を据えなければならない。あってはならない、克服されるべき衝動ではないのである。先に述べた「おしん」は、そのいじめ場面のひどさが呼び物であった。時代劇にしても西部劇にしても、最後に正義の味方が悪人をバッタバッタとなぎ倒すシーンはあるにしろ、途中罪もない人たちが悪者にいたぶられる拷問シーンの凄じさが、結構人をひきつけているのである。森崎和江（一九八九）が、大正八年に発表された白秋の詩をとりあげている。金魚をしめ殺す子どもの、自虐と他虐の入りまじった不可思議な思いが唱われている。ポジティヴな気持ちとネガティヴな気持ちが錯綜し、われとも知らずに罪を犯す必然性。その深い倒錯した悲しみ。一方的に明るい、いわゆる清く正しいあり方だけからは、薄っぺらい、勧善懲悪的発想しか出てこない。ある意味で、人間誰しもにある暗い情念をどうとり入れるかによって、人への思いやりも優しさも育つ。おのれの中のおぞましさをうけいれることが、他者理解ないし他者受容につながるからである。文部省が、あるいは現代の教育ママたちがまったく気づいていない、あるいはことさら顔をそむけている現実である。

そこで、たとえば次のようなことが起こる。人形劇をやっている学生に聞いた話である。この頃のお母さんたちは、グリム童話のオオカミがおばあちゃんを飲みこむところとか、オオカミのお腹を切り開くシーンを削ってくれ、ということがあるらしい。子どもにとって残酷すぎる、というのである。おとぎ話が外国でも日本でも、以前はおとなたちのものでありえたのは、タテマエを優先する現実に対して、抑えこまれたホンネの部分を味わわせてくれたからである。ヨーロッパに限っていえば、キリスト教的権威（タテマエ）に対する、やみがたいゲルマン的異教的伝統（ホンネ）が反映されていたという（たとえばフォン フランツ、一九七九）。だから人工的な筋書きの変更は、一般の人々の共感を呼ばぬ限り長続きしないことが多かった（その点、ディズニーによるグリムの作りかえがどうなってゆくか、文化史的にも興味深い）。いずれにしろ、現代の日本の母親たちの多くが、子どもたちにタテマエを押しつけて、ホンネの部分を押さえこんでいるのは確かのようである。おそらく、母親たち自身、おのれのホンネに直面するのが恐ろしいからである。ただし残酷シーンをくり返し見ることが、子どもたちをそうした行為にかり立てやすい（たとえば酒鬼薔薇事件）とする論考もあり、ここでもどちらがよいとはいい切れぬ問題のあることは指摘しておきたい。

それと、ある種の状況ではことが残酷であればあるほどに喜びも大きい、という認めたくない現実がある。以前勤めていた大学で留学生たちと話しあっていて、たまたまナチスのユダヤ人虐殺の責任者の一人であるアイヒマンが話題にのぼった。ナチス崩壊後、アルゼンチンに隠れ住んでいるところを発見され、イスラエルで処刑された人物である。留学生の中にユダヤ人が二人いた。年もいっていて間もなく死ぬのだし、これ以上ユダヤ人を殺すことはないのだから許してやってもよかったのではないか、という私の発言に対し、ユダヤ人の学生は、だからこそ生きているうちに探し出す。タタミの上で死なす（日本流にいって）わけにはゆかないのだ、と力説した。できればこの手で絞め殺してやりたいくらいだとも。

何年か前の日本の新聞に、アメリカの裁判に関する小さな記事が載った。少女が暴行の上殺され、犯人の若者が死刑を宣告された。少女の父親がその若者の死刑に立ち会った、というのである。処刑が終わり、集った群衆に対してこの父親がニヤリと笑ったことが、やや否定的なニュアンスで書かれていた。しかし先の留学生たち（ユダヤ人以外の）も、もしも身内が殺されたら復讐すると言っていたし、こういう場合、無抵抗な相手が苦しめば苦しむほど、喜び（?）も大きくなるのではないか。特殊な状況かもしれないが、われわれが相当無慈悲、残酷になりうることは考えておく必要がある。

攻撃性についても、たとえばサッカーの試合など見ていると、お互いに意地悪の限りをつくしている。相手の意図をはずしその隙につけこみ、ひるんだとなるとカサにかかって攻めこんでゆく。情容赦がないのである。しかしそこにこそ緊張が生じ、美しい調和さえかもし出される。勝つ、つまり相手をやっつけようとする必死の思いが薄れると、一ぺんに緊張はゆるみ調和が崩れる。いわゆる八百長勝負の味気なさを思えば、このことは容易にうなずけよう。だからといってお互いの選手たちの間に敵意が渦巻いているかというと、そうではない。まず共通のルールを守りその上で競いあおうということで、最大の合意が成立しているからである。つまり、ゲームを成り立たせるための協力関係が前提としてある。そしてこのルールを仕切るのがレフェリーであり、その権威を選手も観衆も認めているからこそゲームが進行することは、すでに述べた。

以上、おとなも含めて、いじめがいつどこで起こってもおかしくないことを述べてきた。いじめたいと思う気持ちがすでにいけない、本来の姿に戻りさえすれば人間はみんな仲よくするのが当たり前、という主張はおそらくタテマエ論にすぎない。現にノールウェイの研究者たちは、子どもの集まるところつねにいじめがある、と考えるべきことを述べている（前掲書）。だからいじめがあっても仕方がない、というのではない。だからこそ、いじめ対策を真剣に考えねばならない、ということなのである。いじめについては、それが自然な衝動であればあるほど、適切なコントロールが必要である。子どもたちが〝無邪気に〟〝非人間的な〟行為をしないように、である。

3　おとなたちは何をしているのか

最近、ささやかな実験を試みた。電車の中で座れるだけの隙間があると、つめるように頼んでみたのである。右側に二〇センチ、左側に一〇センチくらいの隙間を作り、七人がけの席に五人くらいしか座ってないことが多い。そこで頼んでみる。ほとんどの人がまずジロリとこっちを見る。白髪の痩せた老人である（そうは思いたくないが、見たところたしかにそうである）。それが立っているのがつらいのだろう。座らせてくれと頼んでいる。代ってくれというのではない。ちょっとつめてくれと言っているだけなのである。そこで無言でちょっと動く。反対側の隙間はまだかなりある。そこで私が尻を滑りこませる。お互いに窮屈である。それでも動かない。反対側にちょっと体をずらせば、その人も私も楽になれるのに。厚かましい老人に自分の権利をおかされたように不愉快な人が多い。どうぞどうぞと気持ちよくつめてくれる人は、三分の一くらいである。若者も中年も老人も男も女もほとんど差はなかった。高校生の場合は恐ろしいので試みていない。

これは、思いやりに欠けているのである。つまり現代の日本人の多くは、相手の身になることに馴れていない。いじめに加わった子どもたちは、ほとんどが遊びとしか思っていなかった節がある（豊田、一九九五）。いじめられる子どもの身になっていないのである。しかしそれは子どもたちだけではない。子どもはおとなの背中を見て大きくなる。口にすることを聞くのではない。そのおとなたちに思いやりの欠ける時、子どもたちに思いやりの育つはずがない。

神戸の大震災の後しばらく、若者たちが老人や女性や子どもたちに席を譲る光景がよく見られた。それがいつ頃からか、また元の無愛想な状態に戻っている。震災の直後、TVが被災者に、今、一番望むものは何かたずねていた。食べ物か水か毛布かなどと考えて観ていた筆者には意外なことに、余震のおさまることだと答えている人がほとんどだった。生命が危険にさらされている状況では、とりあえず死なないことが一番の望みなのである。明日のことを思い患う余裕はほとんどない。今を生きのびることが、被災者にとっての最大の関心事であった。そこで人々の間に不思議なほどの連帯感が広がった。どたん場で人の心の温かさが身にしみた、と言われる方が少なくなかった。外国ではこうはいかないらしい。二、三の外国人の知人に聞いてみたところでは、神戸でもまったく無かったとはいえないらしいが、略奪暴行は避けられない、という。

明日のない、今をどう生き抜くかの状況で甦った仲間意識が、若者たちのやさしさ、いたわり、思いやりにつながった。電車で席を譲るのがそのあらわれの一つであった。しかし余震がおさまり、避難所での最低生活も保証されるようになると、当然人々はそれぞれの明日について思いめぐらすようになる。そうなると、他人のことなんか構っておれないというふだんの状態が復活する。お互いがせちがらくなりエゴがむき出しになる。そして若者たちは、もう席を譲らなくなった。

思いやりのなさということでは、いじめに対するマスコミの対応はいわずもがなである。とくに先生たちに対して、正義派面をして、弁解無用の一面的論議を展開してゆく。相手の言い分をまったく聞くことなしに（相手がその場にいないのだから当然である）、寄ってたかって一方的に言いつのる。それこそいじめの構図なのである。いじめ批判をしているつもりで自分がいじめの側になっていることに気づかない。そして視聴者をまきこんでゆく。それがレフェリーとしての先生の権威を大幅に損ね、やる気のある先生たちの意欲を奪っていることにはまったく留意していない。

かつて某ヨットスクールの訓練生死亡事件があった。それまで、近頃のたるみ切った若者を鍛え直すにはこれに限ると褒めそやしていたマスコミが、一転非難の大合唱となった。その豹変ぶりにマスコミのいう、オピニオンリーダーとしての姿勢はみじんも感じられない。兵庫県の女子高生圧死事件でも、途中、事実誤認に気づくまでの論調は、まさしく集団いじめのそれであった。遅刻する生徒さえいなければ、先生たちもあんなダサイことはしたくないし、事故も起こらなかったのである。生徒側にも非のあることを論じたものは、ほとんどなかったのではないか。他にも、たとえば家族の事故で悲嘆にくれている人たちに向って、いまのお気持ちはいかがでしょうか、とマイクを突きつける傲慢さ——知る権利、知らせる義務という名の下で——には、思いやりのかけらもない。以前オウム関連でとりあげられたＴＢＳの態度は、たぶん氷山の一角である。そして子どもたちは毎日それらを観ている。思いやりの育つはずがない、といわねばならない。かつて、プライバシーを守るシンポジウムで一人のシンポジストが、その場にいる人を名指しで批判して、みずからプライバシーを犯していることにほとんど気づいていなかった。その人がプライバシーをおかしているということを、事実関係を明確にすることなく述べたのである。プライバシーは匿名性を尊重する。それがわからぬことのないはずの人であるが、おそらくは〝正義感〟のなせるわざである。正義の名において行われる悪ほど恐ろしいものはない。さすがに場が白けて、その批判は尻切れトンボに終わったけれども。

いじめについて考えるべきもう一つの点は、責任感の稀薄さである。そしてこれも、現代社会の反映と見なさざるをえない。かつて全共闘華やかなりし頃、東大安田講堂の攻防戦の後、警察に拘留されて、こんなことになるのならやるんじゃなかった、とぼやいた学生がいた、という伝説がある。動機は〝正義感〟に駆られてのものであるにしろ、公共の器物を破壊して、それに対する責任をとる気が毛頭なかったのである。関西のある中学生が私鉄の線路に石を置き、電車が脱線した。さいわい回送車で乗客がおらず、電車が民家に突っこむこともなかった。それでもかなりの損害で、会社は子どもの親に何千万円かの補償を求めた。中学生ともなれば、線路に石を置くことが事故につながることは予想できたはずである。もしも通勤列車が脱線したり、脱線した電車が対向電車に衝突することがあれば、大災害は免れない。たとえ人身事故がなくとも、会社のこうむった被害を償うのは当然のことである。しかし本人も親も一部の世論も会社の処置を意外、あるいは行きすぎ、とうけとめたらしいところに、現代人の、やったことに対する麻痺した責任感が反映している。かつて校内暴力が横行した時、校舎のガラス窓などが多く破壊されたが、生徒ないし親が弁償した話は絶えて聞かない。ムシャクシャしてやったと子どもが言い、なるほどその気持ちはわかる、となったら不問に付されるのであろうか。やったことには結果がともない、その結果については やった者が全面的に責任をとらねばならぬ、ということが身についていないのである。

かつてメリメの小説『マテオ　ファルコーネ』が石原慎太郎『スパルタ教育』、羽仁進『放任主義』という、一見あい反する表題をもつ書物にとりあげられているのを興味深く思ったことがある。ある家に警察に追われた者が逃げこんでくる。父親は男をかくまい、警察が来ても言わない。ある時父親は私用で外出することになる。留守中警察が来ても男のことはしゃべってはならない、と父親は一四歳の息子に言って出かけて行く。しかし息子はやってきた警官にしゃべってしまい、男は連行される。帰って来た父親は一部始終を聞いて息子を庭に連れ出し、射殺するのである。これは時代も場所も違う、しかも小説である。著者たちは筆者と同世代である。執筆時は中年期であろう。本はどちらもベストセラーになった。やはりそこに人間性の本質のごときものがあるからだと思う。もちろん、それは白秋の「金魚」の詩が評判になったのと同じく、魚を殺したり子どもを撃つことを薦めてのことではない。しかし人間の心の中には、こうしたありように共鳴する部分がある。

ローレンツ（一九七〇）という動物生態学者によれば、人間の正義感には生得的な部分がある。それは、群に災いをもたらすような個体が現われるとこれを排除しようとする、本能的傾向だという。人間は群を作る生き物である。ところがこの傾向が近年弱まってきているらしい。すでに述べたように、人間は自然の中に不自然な状況を作り、それが文明であり文化であることはすでに述べた。本能的な傾向だからといって、つねにそれに従わねばならないのではない。この傾向は、一歩誤るとジャングルの掟になりかねない。つまり弱い者は死ね、の原則である。おそらく人間だけが、強い者も弱い者も助けあってみんな仲よく、というスローガンを思いついた。それがどれだけ実現しているかは、議論の分かれるところであるにしても、である。ファルコーネの物語が感動を与えるのは、しかし、たぶんこの正義感が揺さぶられるからだと思う。それが責任感につながっているのである。

オールウェイズ、D.『いじめ』（松井・川島他訳）川島書店、一九九五年
羽仁進『放任主義』光文社、一九七一年

石原慎太郎『スパルタ教育』光文社、一九六九年
鎌田慧『せめてあの時一言でも』草思社、一九九六年
河合隼雄『カウンセリングを語る』上・下　創元社、一九八五年
ローレンツ、K．『攻撃』（日高・久保訳）みすず書房、一九七〇年
毎日新聞社社会部編『「いじめ」事件』毎日新聞社、一九九五年
森崎和江『大人の童話・死の話』弘文堂、一九八九年
森田洋司・清水賢二『いじめ―教室の病』金子書房、一九九四年
村山・久富・佐貫『中学生いじめ自殺事件』労働旬報社、一九八六年
Rogers, C. 1942 *Counseling and psycholtherapy.* Houghton Mifflin.
スミス、P．K．・シャープ、C．『いじめととりくんだ学校』（守屋・高橋監訳）ミネルヴァ書房、一九九六年
タツム、D．P．・レーン、D．A．（編）『いじめの発見と対策』（影山任佐他訳）日本評論社、一九九六年
豊田充『葬式ごっこ』風雅書店、一九九四年
豊田充『清輝君が見た闇』大海社、一九九五年
氏原寛『おとなになるには』ミネルヴァ書房、一九九五年
フォン　フランツ、M．-L．『おとぎ話の心理学』（氏原寛訳）創元社　一九七九年

第14章　おとなになりきれない若者たち

1　「二人いるから一人になれる」

この頃の若者に特徴的なことの一つに、自立志向がある。それ自体はよいことである。しかしそれが奇妙にねじれている。若者たち自身どこかでそれを感じながら、明確に気づいてはいない。それは自立を依存の対極とみなし、自立するためには依存を切り捨てねばならぬとする、一種の固定観念による。

対立するものはしばしば相反的であるが、逆に相補的な場合が少なくない。たとえば、男性性と女性性。男性的であるためには女性性を切り捨てねばならぬ、といった考えはかなり一面的である。おのれの女性性を生かすことによって、男たちの男性性、たとえばたくましさにつやが生じる。同様に男性性をとりこむことによって、女性性、たとえばやさしさに一本シンが通る。男性性、女性性のそれぞれが何か、という厄介な問題には立ち入らない。ごく常識的にいってのことである。

自立と依存にも同じような関係がある。私の好きなことばに、小児科出身のイギリスの精神分析家、ウィニコットの「二人いるから一人になれる」というのがある。これは母子関係についていわれたことばであるが、結構ほとんどの人間関係に通用すると思う。つまり小さい子どもは、母親のいることがわかっている場合にのみ、自分自身の好きなこと、たとえば積み木遊びや絵本に夢中になれる、という意味である。母親がいないと不安に駆られ、とても積み木遊びどころではない。ここで母親は、その存在を忘れられるためにそこにいなければならない。（ただしここでいう母親は、必ずしも生みの母親でなくてもよい。母親役を引き受けている人、のことである）。

ウィニコットはさらに、「自立とは二人いて一人でおれる能力」だ、といっている。だから、二人いるから二人で何かを、というのは、子どもがある程度以上の年齢になると、一見子どもに関わるようにみえて、多くはお節介である。子どもは自由に遊ぶことができなくなり、いわば窒息してしまう。ここで大切なことは、それでも母親の存在は不可欠だ、ということである。もう一人の人がいるからこそ一人になれる。この「もう一人」が、やがて家族、地域、国、世界、人類に拡大する。究極的には「より大いなる者」神につながるのであろう。このつながりを関係と呼ぶか依存と呼ぶかは、ことばのアヤにすぎない。

2　道具的人間関係

ここで若者たちに戻る。彼らの自立志向が依存の切り捨てになりがちなことはすでに述べた。その結果でき上がるのが道具的人間関係である。これは、一切の人間関係をおのれの欲求充足のための道具、とみる考え方である。現在、すべてのことをおのれ一人で満たすことが不可能だとすれば、何らかの人間関係をもたざるをえない。しかし若者たちは、それらをすべて、かけがえのある関係にとどめようとする。たとえばテニスをしようとすれば相手がいる。それがかけがえのない相手であれば、その相手がいなくなればテニスをすることができなくなる。テニスができるかできないかは、あげてその相手の存在にかかる。これほど自立をおびやかす関係はない。だから若者は、欲求充足の相手をかけがえのある人に限定する。今日の相手がいなくなっても、クラブに行けばいくらでもかけがえがある。特定のこの人に依存することなく、おのれの欲求は満たされるわけである。

こうしてかけがえのある人間関係のネットワークができあがることで、若者は特定の誰に依存することもなく、欲求充足の相手に事欠かなくなる。自分中心、自分本位の、いわばほぼ完全な自立の態勢を作りあげるのである。しかしここに大きな落とし穴があった。かけがえのある関係しかもたぬ者に、おのれのかけがえのなさは実感できないからである。かけがえのなさを感じるためには、相手によってかけがえのない存在として扱われる必要がある。かけがえのある関係では、自分もまた相手にとってかけがえのある存在にすぎない。その限り、かけがえのない存在として自分を感じることができないのである。

そもそも道具的人間関係とは、主体としてのおのれの立場を確かめるための手立てであった。もっぱら依存性を切り離し、つねに世界の中心に不動の自分をうち立てるはずのものであった。それが、その目的の達せられたその瞬間、まったく手応えのない自分、かけがえのいっぱいある自分が立ち現われる。ふたたびウィニコットのことばを借りれば、「依存のない自立は孤立にすぎない」のである。その空しさを、若者たちは、絶え間ない欲求充足によって免れようとする。しかしそれらは、所詮自転車操業的な一時的なものにすぎない。今日、軽やかな若者たちの胸に、以上述べてきたようなアイデンティティの喪失感、つまり、他ならぬ、かけがえのないはずのおのれが、一体何者であるのかがわからないという、根強い不安の巣くっていることを見逃すことはできない。

3　「しらけ」現象

若者たちの次の特徴は、いわば「自由」志向である。彼らはできるだけ縛られまいとする。だから会社勤めや結婚は原則としてしない。「しなければならぬ」ことを嫌うからである。金や地位や名誉はしばしば他人の期待に合わせなければならないので、少なくとも表面的には執着しない。こういう若者に「課長は本当に出世したいんですか」とまじめに尋ねられ、絶句した中年がいる。彼らにいわせると、歌は楽しいから歌う。上手になるためでも、ましてやプロになるためではない。ギターも絵も乗馬も、そのこと自体の喜びのためである。今していることが、そのこと以外の何かの手段であることを嫌う。これはもちろん、かつての廊下主義に対する暗黙の反動である。

廊下主義とは以前教育界で使われたことばである。つまり中学はよい高校に入るための、高校はよい大学に入るための、その大学にしてからがよい会社に入るための手段にすぎない。それ自体の意味の認められないその状況を、部屋と部屋をつなぐ役割しかもたぬ廊下にたとえたものである。子どもたちは、ひたすら明日のため今日の努力を強いられて、ともすれば「いま・ここ」の意味を見失いがちであった。若者たちの自由志向には、そうした偏った傾向を打ち破ろうとする積極的な価値観がある。

もっとも、彼らも生きるために稼がねばならぬことは知っている。だから働くことを拒むことはしない。しかしそれは、したいことをするための必要悪としての労働であり、仕事優先では決してない。だからその仕事は、ほとんどが自分の意志でいつでもやめられるアルバイトである。バブル華やかなりし頃の彼らの一週間は、月曜は乗馬、水曜はギター、木曜は絵。火金が空いているからここで働くか、という調子であった。当然彼らは多趣味である。世界情勢やスポーツ事情など興味の幅も広い。しばしばその技量はアマチュアの域を超えているが、それで食えるところまではいっていない。プロ修業の苦しみは避けるからである。好きなことはとことんやる。関心がなくなれば見向きもしない。先に述べた、かけがえのない、それだけ縛りのある関係は避けるので、人間関係も軽妙で一見華やかである。しかし根本的には自分本位なので、意外に冷たいところを見せる。

と同時に、ここでも思いがけないわなにはまっている。それは、しなければならないことを極力避けているうちに、してもしなくてもよい、どうでもよいものだけが残ってしまったからである。そうなると、何をするかはその時次第の気紛れになる。いわばそのつどの欲求衝動に促されて、ということなのである。欲求は主体がそれを充足するからこそ充実感をともなう。主体が欲求にふり回されていたのでは本末転倒も甚だしい。自己嫌悪、時に罪悪感さえともなう。さらに、何もかもがどうでもよくなると、何よりも意欲が萎える。これが若者たちの多くに目立つ「しらけ」現象である。ここでも「いま・ここ」の充実を求めたはずの「自由」志向が、逆に主体性喪失感につながっている。

4　退却症候群——オリズム

元名古屋大学医学部精神科教授の笠原嘉先生によれば、現代の若者がおとなになりきれていない要因の一つに、「退却症候群——オリズム」がある。

おとなになるとは、おのれの限界なり劣等性を認めた上で、それでも生まれてきてよかったといえるかどうかだ、と筆者は考えている。それにしては、現在のとくに公教育は、一方的に子どもたちの夢をふくらませることしか考えていないかのようである。たとえば「努力すれば道は開ける」とか「結果よりプロセスが大事」などの、センチメンタルなスローガンを叫びすぎる。努力してもどうにもならない現実、結果だけが物をいう社会状況に、だから今どきの子どもたちはなじんでいない。しかし、思春期から青年前期にかけて、彼らはいやおうなしに現実にぶつからざるをえない。それが中学校における進路指導である。職業にしろ学校にしろ、なりたい人、行きたい者はたくさんいるのに、実際になれる人、入れる者はわずかしかないのがほとんどである。ある種の職業ないし学校は、特定の能力がなければいくら励んでも思うようにならない。そこで夢ばかりふくらんだ子どもたちは、現実にぶつかって一ぺんにやる気をなくすか、たとえば校内暴力のような形で不満を爆発させるしかない。小さい頃から育んだ夢を放棄して、おのれの限界や劣等性を受け入れることをしていないためである。

そこから奇妙なタイプの若者たちが生まれてきた。そしてそれが一般化しつつある。それが本節にいう退却症候群である。一口に言って、あえて試そうとしない傾向をさす。

笠原先生は多くの大学生の例を踏まえて発言されているので、とりあえずはそれに沿って述べる。ただし現在、そのことは必ずしも大学生たちに限らないことはお含みおき願いたい。彼らは中高生時代には輝けるエリートであった。それが大学に入り、普通の学生ないしヘマをすると落ちこぼれに転落しそうな現実に気づく。選りすぐった学生の中に入れば、かつての秀才もそれほど目立つわけがないからである。そこでオリる。麻雀でいう、あえて勝負せずもっぱらふり込まぬようにする、あのやり方である。そして、オレだってがんばればあれ位できるけれども、がんばったって仕方ないもんね、などと言う。必死に努力して、お前の限界はそこまでか、と決めつけられるのが怖いのである。

前節で、歌は楽しいから唄う、という爽やかな若者について述べた。しかし多くの場合それは、努力してもプロになれぬ現実に気づきたくないからである。何事にもムキにならないのは、一生懸命やって自分の限界をみるのが恐ろしいから、に他ならない。しかも、金や地位や名誉は、たしかに人間がその全存在を賭けてまで求めるほどのものではない。だから、そのためにムキになる必要がないというのは、たしかに一面の真実をついている。

人間はいつか死ぬ。死ねばおしまいである。生きる意味とは、いつか死ぬ現実を前にしてゆるがない、いま生きている喜びを実感して、はじめて見えてくるものであろう。これは、おのれの限界に目をすえることなしにはありえない境地である。ある高校生の作文がある。余命三カ月と告知されている。ある日ふと路傍のタンポポに目をとめる。そして小一時間、飽きることなくそれを見つめる。そこで一枚いちまいの花びら（実は一つの花である）が、こんなにも美しく生きいきと息づいているのかと思う。そしてそれを眺めている自分が、いままさにそのことにおいて生きていることを実感する。それは、間もなく死ぬというおのれの限界を受けとめているからこそのものであった。この高校生にとって、富や名誉や地位はほとんど意味をもたない。

現代の若者たちは、そこのところだけをつまみ食いしている。だから、いわゆる現実的価値に対してかなりこだわりのないことは、すでに述べた。しかし先の高校生の場合、前提として間も無く死ぬという諦念がある。今の若者たちにこの諦念はない。むしろ諦めるのが恐ろしい、つまりおのれの限界にぶつかる——劣等性が露わになる——のを避けるために、あえて競争することなしに、競争ないし現実的諸価値の空しさを叫んでいるにすぎない。つまり人と比較する必要のなかった子ども時代、さらにいえばただ存在しているだけで受け入れられた赤子の状態に、いつまでもしがみついているのである。

おとなになるとは、この世界で精一杯仕事をすることである。ただしそれは、おのれの優位を人に示すためではない。上には上がある。また、寿命や才能も含めて、一人の人間にできることなどもともとたかが知れている。しかしどういうわけかわれわれには、もって生まれた可能性を最大限に生かしたい、という基本的な傾向があるらしい。それは人との比較を越えている。しかし現代の若者たちは、この比較につまずいて、あえて比較しない、したがって試みない態度が身についてしまっている。だから実現されないままの可能性が身内に渦巻いているのである。その欲求不満が、時に方向性のない暴発につながっている可能性がある。先の高校生のように、現在の生を最大限に生きるためには、まずおのれのちっぽけな限界（この高校生の場合は寿命）を、とにもかくにも受け入れることが前提である。だから比較を越えるためには、まずおのれの相対性の徹底的な認識がいる。はじめに述べた若者たちのきらめくような輝きは、その一見比較にこだわらぬところに生じ、蔽うべくもない未熟さは、おのれの相対性をうけいれかねているところに発しているのである。

第15章　タブーの消滅
——現代の性教育の問題点について

1「仏壇がない」

河合隼雄氏のある本に、「仏壇がない」と親をなじる高校生の話がある。不登校で家庭内暴力のみられる子どもであった。親が、「お前の欲しいというものは何でも買ってやった。旅行にも行った。一体何が不足なのか」とたずねたのに対する答えである。親はかなり裕福である。子ども時代が貧しかったので、自分たちの子どもにだけは不自由な思いをさせるまい、と尽くしてきた。しかし、ここで子どもの言うままにぜいたくな仏壇を買ってやっても、子どもが納得しないことは自明であろう。子どもの求めているものは、〝物〟ではないからである。

人間は群を作る動物である。群を作る動物には、仲間同士感応しあうところがあるらしい。そのもっとも顕著な例がシロアリやミツバチである。一匹一匹の個体は、われわれにとっての細胞のような働きをしており、全体として一つの有機体を形作っているようにみえる。それぞれの個体が自らの役割を自覚しているとは思えないが、お互いの協応関係は〝本能的〟なものであるだけに、きわめてスムーズである。当然人間にも、こうした仲間同士の根源的なつながり志向、とでもいうべき傾性がある。たとえば男女が互いに惹かれあうとか、おとなと子どもが親しみあうとかのプロセスである。仔イヌや仔ネコの仕草を何となくかわいく思う（思わせられる）のも、同じ文脈に属する。

本論は、主に性教育の問題を扱うつもりである。そこで男女の関わりに絞っていえば、年頃の男女が異性に憧れるのは、こころの中に、独りでは満たされぬ空しさを感じるからである。これは、他者と出会うことを通してしか満たされない。それは、内なる促しに外の世界が応えることであり、内的なプロセスと外的なリズムの重なりあう経験である。ここではじめて人間は十全の存在たりうる。つまり人間は、独りでは欠けたる存在なのである。プラトンが、昔、人間は男女同体であり、異性への憧れは失われた半身と合体することで、かつての全き存在に戻ろうとする本来的な衝動のあらわれとしたのは、おそらくそのことを指している。

いいかえれば、人間は他者（または対象）とのつながりのなかに生きており、仲間なしにやってゆくことができない。自分が自分だけでは完結していないのである。たとえば太平洋戦争の末期、ある兵士は、「子どもが欲しい。このまま死ぬのでは、自分がこの世に生きた証が何も残らない」と家族に書き送った。当時二〇歳過ぎたばかりのこの兵士に、子どもを作る可能性はなかった。だからこそ、一層無念の思いがつのったのであろう。子どもがおれば孫が生まれる。それがさらに子孫を生む。そのことで、少なくとも自分の存在した意味が残る。そう考えると、いま自分が存在しているのも、父母から祖父母、さらには長い先祖につながる連鎖の結果である。たしかに、自分は個人としてしか生きていないけれども、実は生命をつなぐ長い鎖の一環なのである。かりに自分は無意味にみえる人生を送ったとしても、何代か後に人類史に残る人物が出ないとはいえない。そのためにはおのれの存在が不可欠なわけである。

カナダには、森の奥の巨木と語りあえる人がいるらしい。同行した日本の映画製作者も、たしかに巨木の声を聞いたという。心理学的にはいわゆる投影（内的、心的なものが外的対象に重なること）として説明できることかもしれない。

しかし、これを内でもなく外でもない、また外でもあり内でもある一種の融合体験、主体の側からいえば、客体と重なることによってはじめて開かれてくる主体の一面、それと同時に見えてくる客体の姿、と考えることもできる。そのことが主体の側からは、より大いなるものとの一体感、自分が決して独りぼっちではないとする、後に述べるいわゆる超越体験に通じるのではないか。

現代の合理主義的態度は、こうした主観的体験のほとんどを、科学的、つまり客観的でないとして退けてきた。そのため現代人は、意識すると否とを問わず、いわゆる自己疎外に悩んでいる。それをいいかえれば人間疎外に他ならず、われわれは関係性の喪失、何ともいえぬ孤独感に囚われている。その空隙を埋めるのが〝物〟である。それによって、空しさは癒されるはずであった。

はじめに述べた高校生は、物では満たされぬ空しさを訴えているのである。それは他者、ないし対象との生き生きとした関係をとり戻すことなしには癒されない。今日、子どもたちにとって、物的環境は十分以上に満たされているのに反比例して、心的環境はますます貧しくなってきている。おそらくそれは、豊かな人間関係、とくに家族関係の回復によってしか甦らない。高校生の直観はすばやく状況を見抜き、つながりの象徴として「仏壇」と口走ったのである。現代の性教育に致命的に欠けている、関係性―愛の復権を促すべきもの、と思われる。

2　仔羊を屠る

アラブ世界で、客人のために生まれた時から育んだ仔羊を屠るシーンが、いつの頃であったかテレビで放映された。羊は彼らにとって家族の一員ともいうべきものである。同時に財産ないし食料でもある。現実場面で、そうした葛藤する諸側面がいやおうなしに露わになる時、彼らはどのようにそれを解決するのか。

われわれが現実生活を適応的に過ごすためには、分類することが決定的に重要である。きのこ狩りでは、食べられるか食べられないかの見分けが一番で、形のよさとか色の鮮かさは二の次である。人間関係では敵か味方の弁別を誤ると、時に致命的な結果につながる。人間的魅力にほだされるわけにはいかないのである。もっとも、上杉謙信と武田信玄のように、好敵手といわれる人たち（スポーツや碁、将棋についてもいえる）の間には、戦場ではひたすら倒すべき相手でしかなくても、お互いの魅力を感じあう余裕があるようには見える。好敵手には、おのれの分身としての一面があるからである。

つまり、同じ道を志すという点でまず同質性がある。そして戦いの場では、お互いがつねに相手の意表をつこうとする。意表をつかれるとは、自分にとって目新しい体験にさらされることである。それによって、今まで気づかなかったおのれの可能性を引き出さざるをえない。今まで通りのやり方では、倒されるからである。だから好敵手との戦いは、この敵手との切磋琢磨なしには見出せない自らの側面をひき出すことになる。オーバーにいえばそのつどが自己開示のプロセスなのである。むろん勝ち負けが第一なのだが、それを超えた、この相手とならではの協力関係といった面がある。それが前節に述べた、独りではみえてこない、他者との関わりがあってはじめて開かれてくる、おのれの相なのである。

ただし分類とは、対象のもつさまざまな側面の一つを、多くの他の諸対象との共通点でくくる作業である。現実適応には不可欠のこの作業が、対象のもつ他の側面を切り捨てることになる。もともと経験とは、対象全体と主体全体との関わりをさす。分類はそれをある一面で割り切ることになる。だから経験のかなりの部分が切り捨てられ、部分的なものになっていることは弁えておかねばならない。もっとも、名刺はその人の肩書き、ほんの一面を示すものにすぎないが、それを示されるだけで、未知の人に対して一応どうすればよいのかのめどは立つ。

ところで先の仔羊に戻る。仔羊が家族の一員だとすれば、仔羊を屠って客に供することには、多かれ少なかれ家族を食う意味がある。おそらくそれはタブーに関わる。タブーを犯すことはこの世を穢し、ひょっとしたら地上の生産性に災いをもたらす。少なくとも、成長してさらに大きくなる仔羊を屠ることは、必ずしも物的に豊かでないアラブ社会にとっては大きなぜいたく、実質的な損害をもたらすこと、である。このぜいたくもまた、おそらく神を恐れぬ行為、つまりタブーを犯すふるまいである。

このことは償う、あるいは浄められねばならない。そのためには犠牲がいる。それが、家族を食う行為を意識的に行うことである。つまり、所詮食い物にすぎないと割り切るのではなく、家族の一員であることを承知の上で食う。それは、おのれの中のより大いなるもの――外在的には神である――のために、あえていえば私情を犠牲に供するのである。それによって、鳥山敏子氏の教え子の表現（第17章「きれいごとで感性は育たない」参照）に従えば、仔羊の命をおのれの中に生きることになる。同時に、命を失った仔羊に対する深い悲しみがともなう。

しかもそのことは、限られた時、つまり神によって選ばれた時に行われる。客人はおそらく民族学的にいうマレビトである。それは異界から訪れる神の使者に擬せられる。だとすれば、共同体の富をあげて饗応しなければならない。先のぜいたくはそれによって償われる、つまり浄められる。マレビトとの共食は、日常の世界に非日常をうけいれる儀式としての意味をもつ。

筆者は民族学ないし社会学の専門家ではない。だからタブーとか儀式について、専門的立場から発言するだけの用意はない。ただ心理臨床の実践家として、とくに性の問題について考える時、穢れ（したがってタブー）の問題を避けて通れない、という印象をもっている。そしてそれを浄めるためには、何らかの形の犠牲が不可欠なのではないか、と思っている。本論はそれについての、比較的最近考えている思いつき的試論である。

3　ブルマーの足

ある男性作家の中学校時代の思い出によると、ある朝登校して、女生徒たちのブルマーからつき出た足が急に眩しく見えて目のやり場に困った、ということである。それまでは、女の子なんてわかりきったものであった。それが突如、秘密に満ちた近寄りがたい存在に変貌する。しかも、やり場に困った目を惹きつけてやまぬ妖しげな魅力を発している。細いうなじや柔らかそうな耳たぶが可憐である。この年頃の女子は、概して男子より心身共に成熟していることもあって、男の子たちは、近寄ることもならず、さりとて遠ざかることもできない状況のなかで、ぎこちなく女の子たちの様子をうかがうことになる。

現代の性教育の不毛は、こうした謎めいた性の本質を、あまりにも明快に説明しつくすところにある。オシベとメシベ、生殖には必然の性器の結合。それはまるで化学物質の結合に等しく、そこにある愛のおののき、はじらいや罪深い思いは、一切触れられることがない。前節に述べた、関係性＝エロス性の観点が完全に脱落しているのである。性とは子孫繁栄のため、種としてのヒトに備わった本能的衝動であり、性的結合はそのような衝動満足の手段にすぎない。前節の仔羊になぞらえると、要するに食欲を満たし、せいぜい味覚を楽しむだけに終わって、仲間を食う空恐ろしさ、神と共食する超越的側面が、すべて切り捨てられているのである。

女の子の男の子に対する開示（あるいは逆に、男の子の女の子による自己開示）は、しかし、この時期のもっと一般的全体的な世界の開示の一環にすぎない。それが最も明らさまに性の側面にあらわれる、ということである。

第10章で述べたようにある男の子は、小学校高学年の折り、山道を歩いていておびただしいクモが巣を張っているのに気づく。そして、これらのクモが自分に見られることなしにこれからも存在し続けること、に奇異の念を抱く。今まではこの子どもにとって、存在するものはすべて自明のものとしてみられていた。先の女の子の場合と同様、何もかもが、わかりきった自分の世界を形作る要素にすぎなかった。それが、クモそれ自体が独自の存在として、その他者性を露わにしたのである。それは、一瞬目のくらむような強烈な印象をともなった。圧倒的な数の多さと豊穣ともいえる明るい色彩によって、それが不気味な静寂と生々しさで少年を包みこんだのである。

あえていえば、この体験をエロス＝関係性の始まり、といってよいかもしれない。それまでは、たしかに対象の認識はあったにせよ、自他未分化の融合状態にあった。関係とは他者があってはじめて成り立つ。しかし、対象のもつ圧倒的な他者性やなじみのなさ、と同時に抵抗しがたい秘密に満ちた暗い魅惑に、どう対応するかの手立てはまだできていない。思春期の子どもたちのぎこちなさは、単に身体的な変化にとどまらぬ、こうした心的変化によるところが大きい。古今のさまざまな文学で、こうした変化のプロセスは美しく唱い上げられているが、現代の学校教育からはスッポリ脱け落ちている。

さて、少年が少女に近寄りがたい思いを抱くのは、一口でいえば恥ずかしいからである。そのほとんどは、拒否されることへの恐れから成っている。それは、性のもついかがわしさのためである。学校における性教育にもかかわらず、性についての本質的な情報のほとんどは、同年齢の友だちから隠微なクスクス笑いと共に伝えられる。表には出せない、裏の世界のいかがわしい隠しごとなのである。

もう一つ、その本能的動物的側面が、人間的価値を損うかのように感じられることがある。思春期になると、大部分の少年は自慰を覚える。それが自分だけの悪しき習慣、と思いこんだ少年の不安は大きい。しかし、それがほとんど当然のこととわかっても、事後の嫌悪感を訴える少年は少なくない。人間としてのコントロールを失ったとする、罪悪感によるものと思われる。しかも重大なことは、その延長上に少女たちの姿が重なっていることである。少女たちへの思いには、合体することによってより大きなものと一つになる、超越的なむしろ清純な憧れがこもっている。そのため、一方で少女たちは、聖なる存在、犯すべからざるもの、と感じられている。それが他方、動物的な欲望の対象として目にちらつくのである。その限り、近寄りがたく、離れがたく、文字通り進退きわまっている。

これは性が穢れたものであり、タブーの対象だからだ、と私は考えている。タブーがどうして成立し、どのような意味をもっているのかについては、何もいえない。おそらく、人間が共同社会を営み維持してゆくにつれて、おのずから発達してきたものであろう。だからタブーを破るとは穢れに通じ、穢れは浄められねばならない。汚れとは違って、洗って落ちるものではないからである。どういう場合、穢れは浄められるのであろうか。

ペックというアメリカの精神科医は、愛人の裸身をはじめて目にした時、ユングのことばを借りて、ヌミノーゼとしかいえない深い感動を体験したことを告白している。ヌミノーゼとは、宗教学者のオットーが、人間が神的なものに接した時に体験する、畏れと歓び、不安と恍惚のないまじった感情状態である。それは、この彼女がこの彼を選んだことによる。この場合、彼女は、彼女を通してより大いなるものを代行している。ペックからすれば、彼女を通して神に選ばれたのである。タブーを破ることを許された、といってもよい。この時にのみ、穢れは浄められる。しかし、それは神によって選ばれることであり、西欧的感覚では、神と契約したことによる。したがって多かれ少なかれ、犠牲が伴わねばならない。

仔羊の場合、神との共食は家族を犠牲にして行われた。ペックの場合は、この私を彼女に差し出すことによって行われる。それは自らを神に供することに他ならない。形の上では人間同士の相互選択でしかないことが、この私をこのあなたを通して神の選択に委ねることになる。理由は定かでないにしろ、古今東西、ほとんどの社会で性はタブーであり、したがって穢れ多いものであった。それが単なる欲求充足にとどまる限り、表には出せぬいかがわしいものであった。選ばれることによってのみ、穢れは浄められる。選ばれるものは、もちろんこの私であってもよいが、この時、またはこの場所であってもよいと思われる。

現代の性教育に欠けているのは、以上述べてきた愛＝エロス＝関係性についての説明である。そうした理解なしにまともな性教育の行えるはずがない。ただし、性にまつわる穢れについては、もう一ついっておきたいことがある。

4　母の穢れ

第8章でとりあげたアメリカのある少女について考えてみよう。

母親は犯されることによって穢れた。被害者とはいうもののタブーを犯したからである。タブーとは、おそらく文化現象である。だから、現代的な性のタブーのまったくない文化はありうる。トロブリアンド島にはエディプスコンプレックスがない、というマリノウスキーの報告に見られるように、である。しかし現時点においてさえ、多くの社会では、犯されることはそのままタブーを犯したことになる。そして、それを目撃した少女も穢れた。母が父以外の男性に犯されることは、自分が犯されることにつながるからである。その穢れがくすぶり続けついに思春期に発症した、といってもよい。

この場合にも、穢れは選ばれることによってしか浄められない。理想的には、母の穢れの告白に立ち合うことであろう。それは、ある意味で、母の穢れをもろにうけとめることである。当然少女にはそのための用意がいる。犠牲として自分を差し出し共に穢れる決意がいるのである。こうして娘に選ばれた母親は癒される。そしてその母親の癒しが娘を癒す。そもそもは、母が告白の対象として娘を選んだ時、娘の浄めは始まっていた、といえるかもしれない。

これも第8章で述べた、何人ものおとなに暴行された高校生に対し、カウンセラーが、「あなたの体も心も穢れてはいない」と答えたのも同じことである。告白を受けることは、多かれ少なかれ、自分も穢れることを意味する。そうした体験が、自分にとってどんな意味をもっているか、全人格的に再体験しなければならないからである。この先生はそれを避けた。タブーに近づくのを恐れてのことである。その結果は、常識的なきれいごとの模範解答である。ある意味で必死の善意から出ているだけに、先の母親のような致命的な結果にはつながらないけれども、浄めの手立てを失った高校生が、それについて先生と話しあうことの再びなかったことはうなずける。

ヨーロッパには、現在でも、病人の体に巻きつけた布を、森の中の若々しい樹幹に巻く風習があるという。病いを木の生命力が吸いとって、病人を癒すのである。木に病いをうけいれるだけの力のない時、病人は癒されない。いわば病人の穢れを木にうつし、木が自ら浄めることによって患者を浄める。

キューブラー・ロスが、臨死患者とのインタヴューをはじめて行ったのは、一六歳の白血病の少女とだった。今まで死について話すことは、少女に対するタブーであった。ロスはそれを破ったのである。そして、少女は、同年輩の友人たちがデートや学業やスポーツに励み、やがては妻となり母となり、あるいはうちこむべき仕事を探ってまさに洋々たる前途に胸をふくらませている時、死んでゆかねばならぬおのれの無念さをうち明けた。この時ロスは、まさに死につつある少女の心的プロセスを、ほとんどそのままおのれのものとして感じていたのではないか。そして、生き残る者として単なる慰めや励ましではない、死んでゆく仲間に対する惻隠の情に駆られていたもの、と思われる。死は生き残る者にとってのタブーである。だからほとんどの人は、臨死患者と共に死に直面することを避ける。前述のカウンセラーが、生徒に、あなたは決して穢れていない、と保証したのと同じ心的メカニズムである。

まとめ

現代の性教育について考えようとして、性そのものをとりあげざるをえなくなった。そこから穢れ――タブー――の問題が浮かび上ってきた。これはもう、一人の心理臨床家の手に負える問題ではない。しかし、毎日の実践を通していろいろ考えさせられてきたことでもある。だからもっぱら臨床心理学的な観点から、こうも考えられるか、といったことを述べてきた。その結果、われわれには〝わかっている世界〟と〝十分わかっていない世界〟とがあるらしいこと、そして、〝わかる〟ということは、この二つの世界を重ねあわせる時に生じるプロセスなのではないか、と思われてきた。少し粗っぽくなるが、はじめの世界を外的世界、後の方を内的世界といいかえてもよい。外的とは客観的な対象世界ということであるが、内的世界については少し説明がいる。

つまり、内的な観念的世界ということと同時に、それが身体プロセスにもつながっていることである。ただし微妙な問題を含みながら、身体プロセスはすべて意識されているわけではない。たとえば、現在臓がどのように機能しているかは、そこに障害がなければまず感じられない。それが合目的的に機能していることがわかっていても、である。しかし、若者たちの満たされぬ憧れが、ホルモンのバランス変化の間接的な意識だとするのなら、生理的プロセスがまったく意識されない、ということにはならない。

あるいは、はじめて人を愛した若者が少女の面影に見るものは、紛れもない現実の少女であるが、何年か後その姿が見えなくなったとすれば、若者の見ていたものは、内なるイメージが少女に重なっていた、と考えざるをえない。つまり、内的なものは、外的対象に重なることによって現実化される。この重なり現象を投影という。投影の対象になる外的事物が象徴である。経験とは、おそらくこの内的なものと外的なものとの重なり、先に〝わかる〟として説明したことに他ならない。

ここで、外的世界に比重をかける人と、内的プロセスを強調する人とがいるように思われる。どちらか一方で一〇〇％ということは考えられないから、すべて比較的ということではあるが。そして個々人が、いやおうなしに客観的、ないし社会的な状況に依存している以上、ある意味で個人をこえた内的プロセスも、個々の状況を通してしか具体化されえない。たとえば深層心理学の開拓者であるフロイトもユングも、近親相姦願望の必然性を認めつつ、それを個々の状況でどう克服してゆくかが人格形成の重要なモメントである、と述べている。いわゆる精神化現象は、そうした禁欲を通してはじめて可能になることかもしれない。

しかし、そうした内的プロセスは、多くの社会的制限（タブーもその一つである）はあるにしろ、何らかの形で生かさなければならない（その限りタブーは破られねばならない）。そうでないと、われわれの生活は生気を失う。だからといって内的プロセスにもっぱら身を任せたのでは、人間としての方向性が見失われる。そのバランスを保つため恐らくタブーが生じ、それを犯すことは社会生活を覆しかねない穢れとされてきたのではないか。

好むと好まざるにかかわらず、性衝動は内なる必然的な促しである。それは生殖という、個々の思想を超えた超越的側面を担う。同時に、動物的な衝動として、人間的ありようを根こそぎにするほどの破壊性をもつ。だからこそ人間は、それを穢れ多きものとしてタブーで覆ってきたのである。穢れを浄めるためには、神によって選ばれる必要がある。

さらにいえば、浄められるためにはまず穢れなければならない。それが、選ばれるための自己供儀である。ある意味でそれは、全人格を賭けた必死の営みだといえる。今日、それがあまりにも日常化した。性のもつ秘密は、一〇代、あるいはもっと以前の子どもにとってすら秘密でなくなってきている。それと共におとなによる厳粛な性の伝授が行われなくなった。かつての若者宿、娘宿にはそのために必要な場が用意されていたように思われる。現代の性教育は、科学的な性を子どもに伝えることにしか関心がなく、それと共に、ほの暗く不安に満ちた、しかも憧れ多く創造的な愛のプロセスについて、ほとんど教えることがなくなっている、と危惧せざるをえない。

第16章　共感的理解について
——教師カウンセラーのために

1　オヤジが憎い

共感的理解については、多くのことがいわれながら案外その意味がわかっていない。その理由の一つは、クライエントが感じているままにカウンセラーが感じなければならぬ、という固定観念がいまだに強いからだと思う。しかし、そのようなことはもともとありえないことなのである。たとえば次のような場合がある。

ある若いクライエントが、かりに面接の初期に「オヤジが憎い」と言ったとしよう。父親とは、本来、社会的権威を代表する存在である。共同生活を営む以上、やりたいことを我慢したり、したくないこともやらねばならない。好むと好まざるとにかかわらず、それができるようになるのが社会的成熟ということであり、家庭内でそのための主たる責任をひき受けるのが父親である。ほとんどの場合、そこに何らかの強制がともなう以上、子どもから見てオヤジの存在が否定的に感じられるのは、かなりの程度避けられない。である以上、意識されているかどうかはともかく、ある時期、子どもたちが多かれ少なかれ父親をうとましく思うのは当然のことであろう。だから「オヤジが憎い」というこの少年の気持ちはわれわれにも理解できるし、「なるほど」と共感するのもむずかしいことではない。さらに、その父親が飲んだくれの怠け者で、母親がパートで稼いだ金を持ち出してはパチンコと飲み屋でつかっている。「ボクは本当は高校へ行きたかったんだが、そのため中学校だけで働きに出なければならなかった」

などと子どもが言えば、ますますその子どもの気持ちがよくわかるような気になるのも事実である。

しかし、それでその子どもの「いま・ここ」で感じていることがすっかりわかったとするのは、カウンセラーの思い上がりにすぎない。というのは、その子どもには、たとえば六つの時に父親と一緒に風呂に入って背中を流してもらった経験がある。その時の父親の大きな手の平の厚みが、どれほど頼もしく感じられたことか。あるいは小学校六年の時、後にも先にもないことだが、父親がやき芋を買って帰ってくれたことがある。その時、父と母と二つ下の妹の四人で食べたやき芋の暖かさが忘れられない、ということがある。その父親が、いつの頃からか意欲を失って頼りない存在になりはてた。その愛憎こもごもの口惜しさが、「オヤジが憎い」という短いことばにこめられている。この少年と父親との一〇数年の歴史のすべてがそこにこもっている、といわねばならない。しかしそれらについては、クライエントが話してくれない限り、カウンセラーにはまったくわからないのである。だから、面接場面でクライエントの感じている気持ちそのものを、そのままにカウンセラーが共感することはありえない。

さらにいえば、読者は内観療法について聞かれたことがおありかと思う。それについてここでくわしく述べる余裕はないが、この療法を受けた四〇代の男性の報告に、それまですっかり忘れていた思い出がまざまざとよみがえる話がある。五つか六つの時、親にしかられて裏庭のドクダミを見るともなしに見ていたら、葉っぱの陰から二匹の大きいコオロギがあらわれ、長いヒゲをゆらゆらとゆらめかせていた、というのである。内観療法では、こういうことがよくあるらしい。ということは、いったん忘れてしまったことでも、心のどこかでは生きていて、それが「いま・ここ」の感じ方や考え方にそれとなく影響を与えている、ということである。さきの少年の場合は、カウンセラーに言う言わぬはともかく、本人には十分わかっていることであった。しかし、記憶から失われている場合には、言いたくても言えぬわけである。その意味でも、カウンセラーがクライエントの「いま・ここ」で感じている通りに感ずるなどということは、まず考えられない。いわゆる無意識の心の働きを考えに入れるならば、この範囲はさらに広がることになる。

2　共感のプロセス

それにもかかわらず、われわれがクライエントの気持ちについてわかったような気になるのは事実であるし、カウンセリングにおいて、共感的理解がきわめて重大な意味をもつことも変わらない。しかしそれならば、クライエントの「いま、ここ」で感じている通りに感ずることなしに、どうしてクライエントに共感することが可能なのであろうか。

カウンセラーがクライエントに共感するプロセスは、芝居の観客や小説の読者が主人公に共感するプロセスと同じではないか、と私は考えている。そこで、たとえばある小説を読み始めたとして、開巻第一ページに「太郎は窓を開けた。外は雨で煙っていた」とあったとしよう。この時太郎がどんな気持ちでいるのか、読者にはほとんど見当もつかない。しかしそれが五〇ページ目くらいに出てくる文章で、それまでに、小説の舞台が大正時代の船場であること、太郎というのはそこのでっちで、一生懸命働いているうちにいとはんと仲よくなり、それがもとで主人に親元に帰れと言われ、口べらしということで来ているだけに帰るに帰れず、かといって主人の命令は絶対であるし、仕方なく屋根裏のでっち部屋で荷物をまとめ、さて進退きわまった状態で窓を開けたら、外には音もなく雨が降っていた、というのなら、われわれにもかなりの程度、太郎の気持ちがわかるし、それに応じて共感もできるのである。

この場合重要なことは、読者が大正時代についてどんな考えをもっているか、あるいは口べらしということの意味、船場のしきたりなどについてどれだけの知識をもっているか、ということである。もともとわれわれは、人間とはこういうものだとか、世間はこんな風に動いてゆく、などといった自分なりの枠組みをもっている。それに基づいて、他人のことや世間の動きについて判断している。たとえば、人間とはこういう場合にはこうなるものだとか、この頃の世の中はどこか間違っている、などと考えるわけである。だから太郎について共感する場合も、大正という時代の船場という場所で、太郎のような状態に陥ったらずいぶんつらいだろうなあ、と思う。もし自分が太郎だったらたぶんこんな風に感ずるのではないか、そういう気持ちに今、太郎はとらえられているのだと考え、そこで同情したりいらいらしたりするのである。だから、でっちの分際でいとはんに手を出すなどもっての外の話で、親元に帰らされるのは当然だ、という枠組みのもち主からすれば、メソメソした太郎の態度はやりきれないだけだろうし、そこに大正デモクラシーの裏にひそむ矛盾を見出す人は、時代の犠牲者である太郎に大きな同情を寄せるかもしれない。いずれにせよ、自分の枠組みに照らして太郎の状況を考え、そこで「いま・ここ」で太郎がどんな心境にいるのかを、自分の感じ方に基づいて理解するのである。そして、そういう太郎に対して自分としてどう感じるか、というのが小説の主人公に対する読者の共感のプロセスなのだ、と思う。

すでに述べたように、カウンセリングにおける共感も、ほぼこれと同じではないか、というのが私の考えである。だから、クライエントに共感するためには、カウンセラーの枠組みが不可欠である。今まで、この枠組みを捨てるようにいいすぎたことが、共感そのものの意味をわけのわからないものにした。おのれの枠組みを捨て、クライエントの枠組みから物事を見ることが共感だ、といわれていたようである。しかし、クライエントの枠組みはクライエント独自のものであって、それをそのままカウンセラーがわがものにできるものではない。

3　その主観性

たとえば同じプロ野球のチームを応援する見ず知らずのファン同士が、たまたまひいきのチームが勝って抱きあって喜ぶというような場合は、どちらもが我を忘れて一体化しているのであって、相手のことを理解して感じあっているわけではない。だから一種の陶酔感はあっても、わかってもらえたという気持ちはどちらにも生じない。共感で大切なことは、お互いに違った枠組みをもつ違った存在なのだが、このことに関しては今のあなたの気持ちがよくわかる、ということなのである。あなたのような状態になれば、人間（または私）はたぶんこんな風に感ずると思うが、今あなたが悲しいというのはそういう意味でなのか、という確かめがあった時、クライエントは、ひょっとしたら自分だけの感じ方かと思っていたことが、別な人間であるカウンセラーに人間にはありうることとしてわかってもらえた、という実感をもてるのである。この〝違った者同士〟の間ではじめて共感がなり立つ、ということが今まで案外忘れられていたのではないかと思う。

このように、共感がカウンセラーの側のかなり主観的な経験であるからこそ、われわれはクライエントを客観的には十分に知らずとも、自分の枠組みからかなりの程度理解することができるのである。また、その人間観が深く広い場合には、クライエントの明確に気づいていない一面にいち早く気づくことがありうる。それがしばしばカウンセリングのプロセスを早めるのであるが、それについて今ふれる余裕はない。いずれにせよ、おのれの枠組みに縛られることが、共感のプロセスを妨げる場合は確かに少なくないが、それはその枠組みが狭すぎたり浅すぎるためであって、枠組みにとらわれたからでは決してない。その意味でカウンセラーは、おのれの枠組みを広げるようにたえず努めるべきであるし、枠組みが狭ければそれだけ共感能力の低下することを思わねばならない。クライエントの前で自分自身になりきる、などとのん気なことをいってはおれないのである。

いずれにしろ、以上のように考えれば、共感がかなり主観的なプロセスであることがわかる。したがって、時にカウンセラーの独りよがりの思いこみの生ずることは避けられない。しかしありがたいことに、お互いに対面して行うカウンセリングでは、いわゆるスレ違いが起こってもそのつど修正することができる。また、一度や二度スレ違ったからといって中断することもない。もし中断したとすれば、それまでにそのための条件が揃っていて、スレ違いはそのキッカケになったにすぎぬことが多い。

第17章　きれいごとで感性は育たない

1　金魚の詩

まず感性をどう考えるかがむずかしい。暖かさとか優しさとか親しさだけを強調すると、昨今のマスコミの説くような、騒々しいだけの軽薄なものに堕してしまう。森崎和江という人は『大人の童話、死の話』（一九八九）で、北原白秋の次のような詩をとりあげ、それが子どもの母への愛を表わしている、という白秋の主張を支持している。一節だけ紹介する。

母ちゃん、帰らぬ、
さびしいな。
金魚を一匹締め殺す。

当時（大正八年）、この詩について同じく詩人の西条八十が、あまりに残虐だと批判したのに対して、残虐さは成長力の一面であり、そこに美があり真がある、と反論したものである。

これはたぶん、子どもの母親への憧れを唱ったものである。母親がいつまでも帰って来ない。そのさびしさの背後に、母親への恨みつらみがこもっている。優しいはずの母親が、自分のことなど忘れてしまって、どこかで誰かと楽しんでいる。もちろん生活のために働いているのかもしれない。しかしそれにしても、母親は子どもの予想した時間に帰って来ていない。裏切られ見捨てられた気持ちが金魚に向かう。私の感じでは、おそらくおなかのぽっちゃりした大きな赤い（このことは詩の後の節で唱われている）鰭をもった金魚である。森崎和江は、そこに着飾った若く美しい母親のイメージを見ている。華やかに装ったその金魚が、いま無抵抗に自分の掌の中にいる。その冷たく柔らかい濡れた感触も、どこかで母親に通じているのである。

しかしこの金魚は子どもにとって、さびしい時いつも慰めてくれた大切なものだったかもしれない。だから、自分の一部であるような思いもあるはずである。大事なお母ちゃんを憎いと思う自分、憎むにはあまりにも美しい母親のイメージ。それらが一緒になって迫ってくる時、子どもは自分自身を殺すような思いで金魚を握りしめたのかもしれない。たった今まで、心から優しい気持ちで眺めていた金魚はかわいい。それを、われとわが手で締め殺す必然性をどこかで感じる時、それはよい子——つねに愛《め》で慈しむよいお母ちゃんに対応する——でありたいと願いながら、なかなかそうはなれない自分自身への怒りのあらわれであったかもしれない。だからこそ、美しい、自分にとって一番大切なものをみずから殺す怒りと悲しみが、おそらくは読み手である小さな子どもにも感じられてくるのである。

わたしたちは、子どもは汚れのない天使だとか、母親はつねにわが子に献身的だとか思いたがっている。たしかに子どもは無邪気であるが、実に無邪気に虫の足をひき抜いたり、蛙の体をひき裂いたりする。だからこそしつけがいる。赤ん坊をコインロッカーに捨てるのは論外にしても、この子さえいなければと思った母親は意外に多いのではないか。他方、飼犬を助けようとして溺れて死んだ小さな子どもがいる。ある女性は、はじめて赤ちゃんがお腹の中で動くのを感じた時、思いがけない喜びのこみ上げてくるのに驚いた、と述懐している。そのくせ、その子が二、三歳になってまとわりついてくると、ついうるさくなってしまう、とも言っている。わたしたちはいろんなものにいろんな感じをもつ。同じものに対してさえ、時と場合によっていろいろ違って感じる。そういう感じを全部踏まえて、いま、ここの感じが生じている。そして感性とは、こうしたさまざまな感じを味わい分け、しかもまとまった一つの全体として、人格の深みから感じとる能力なのではないだろうか。

2　ニワトリのバーベキュー

鳥山敏子という先生がおられる。この先生は子どもたちが高学年になると、たくさんの生きたニワトリを連れて荒川かどこかの堤に行かれるらしい（現在、読んだ本〔『いのちに触れる』一九八五〕が手元になく、事実関係に若干ズレがあるかもしれない。しかし全体の趣旨は変わりないと思うので、怪し気な記憶を頼りに書いていく。ご了承いただきたい）。そこでみんなして逃げるニワトリを追い回し、つかまえると首を切って血を出し、ハネをむしってバーベキューにして食べるのである。女の子の中には、両手で顔を蔽い、「先生やめて！」と叫ぶのもいるらしい。その手をひっぺがして「よく見ていなさい」と目の前で首を切りとる。男の子の中にも、「こんなひどいことをして。バーベキューなんて絶対に食うもんか」と頑張るのもいるらしいのだが、焼き鳥の香ばしい匂いがしてくると、「つい手を出して食ったらおいしかった」などということになるようである。もちろんPTAのお母さんたちも大勢参加して、それは賑やかな行事のようである。

先生がこんなことを始めるキッカケは、クラスの中にビフテキも焼き鳥も大好きと言いながら、牛を殺したりニワトリを締めたりする人を「ひどい人」だ、と決めつける子どもがいたからである。以前、捕鯨反対のハンバーガー大好きというイギリス人と論争したことがある。屠殺場に連れて行かれる牛をテレビで観たことがあるが、こちらの思い過ごしはあるにしろ、実に悲し気な眼つきをしている。間もなく殺されることを知っているように見えた。しかし肉屋の店頭に吊り下げられている動物たちの太腿は、その赤身や白身を含めて、正直、食欲をそそられる。無理にそれを人間の腿と思って見ると、しばらくはそう見える。途端に何とも無残な印象に変わる。レストランのテーブルに出てくるさまざまな肉料理は、いずれ劣らず美しく仕上げられている。しかしその前に、多くの動物が殺されている。牧畜民たちは大事な客が来ると、子どもの時から育てた家畜を屠る。そこで迸る血は容器におさめられ、これも重要な栄養源になる。世界で一番狩りを好むのはイギリス人である。狩猟民が日々の糧として動物を獲るのではなく、スポーツとして楽しむためである。うわべだけを見ていると、おいしい食事と生き物殺しはまったく別物に見える。しかし実は同じことの表と裏にすぎない。鯨を獲るのは残虐だが、狐撃ちは人道的だというのは、どこかおかしいのである。

われわれが生きているということは、実に多くの犠牲の上に成り立っている。だから思わず顔をそむけたくなるような現実がある。いわばおいしい所だけを賞味して、そういう現実に直面している人を「ひどい」ということを、許すことはできない。鳥山先生がこういう行事を思い立ったのも、きれいごとではすまないわたしたちの現実を、子どもたちに思い知らせたかったからなのである。「あんなに死ぬのを嫌がったトリさんを食べたのだから、トリさんの分まで生きねばならない」といった作文を書く子どももいたそうである。植物だって生命があるのだからと、今まで嫌いだった野菜を一つも残さず食べるようになった子どももいるらしい。本当の意味で食べ物のもったいなさがわかった、ということであろう。食べている時に、一々死んだ生き物のことを考える必要はないかもしれない。それでもふと、生きてあることの凄まじさ、いい代えればありがたさに思いをこらすことはあってよい、と思う。生き物を殺すことを残酷と決めつけ——たしかにそういう一面はある——、それに反対することでおのれの優しさを確認する。一見感性に溢れた態度が、実は薄っぺらな、ザラザラした感性のあらわれであることを考えたい。

3　痩せたソクラテス

物事にはつねに両面がある。みずみずしい情感は、その両面に目を据えてこそはじめて浮かび上がる。祭の喜びは、それが間もなく終わることを知っているからこそである。できればずっと続いてほしい。しかし間もなく終わる。そして明日からは再び平板な日常のくり返しと思うからこそ、いまのこの時間の素晴らしさが見えてくる。旅の楽しみも同じことである。おそらく二度と見ることのない異郷の落日と思うからこそ、ひとしおの感動をもってそれが迫ってくる。もちろん、終わりのない旅は普通の人間には耐えられない。平凡な毎日、帰ってゆくなじみの世界があるからこそ旅は楽しい。しかし、それが所詮非日常のできごとであり、やがて終わる悲しみを含むところに、「刹那よ止まれ、お前はあまりに美しい」というファウストの感慨がある。青春のかけがえのなさは、いつか移ろうからこそである。

思春期の子どもには、目の前のなじみのある世界が突然異様な姿で立ちあらわれることがある。たとえば第12章のシュタールの場合である。これは今までの子どもっぽい絶対の世界が、突如相対の世界に変わる、まさしく自我のめざめを物語るエピソードである。しかしこの時、本来の「感性」がめざめる。子どもにとって、いま、ここの経験は絶対的である。それは永遠に変わらぬ安定した世界である。それをおのれの存在に対する絶対的な信頼感といってもよい。しかしそれが突然揺らぐ。今までの明快で一義的な世界が、思いがけぬおどろおどろしいもう一つの面を露わにする。たとえばもっぱら生の一面に関わっている時、予想もしない死の側面が立ちあらわれる。というよりも、死があればこそ生のある現実が、それと定かに意識されるのではない漠としたものでありながら、拒みようもなく感じられてくるのである。深い情感はそこからしか生まれてこない。一面的な生命讃歌からは力強い明るさは感じられるが、存在の深みから立ち昇る、束の間の命に宿る永遠の相の浮かび上がることはない。

今もいるかどうか知らないが、犬山市の日本モンキーセンターで巨大なオランウータンを見たことがある。お相撲さんのようにこえふとり、垂れ下った瞼の下でほとんど目を開けることをしない。時々フッとこちらを見る。その何とも悲し気な瞳に、私は、彼（または彼女）はおのれの囚われの身であることを知っている、と感じた。一方、これも何年か前に見た養鶏場のニワトリたちは、何段にもしつらえられた、やっと一羽が入りこめるような狭い場所に閉じこめられ、樋のようにとりつけられた餌入れに餌が投げこまれると、オランウータンよりももっとひどい囚われの身でありながら、嬉々として餌をついばむのである。豚はさし当たっての食べ物さえあれば、まったく不幸を感じない。幸福な豚と痩せたソクラテス、という古くからの対比がある。豚はさし当たっての食べ物さえあれば、まったく不幸を感じない。快食快眠快便の健康そのものの存在である。ソクラテスは、人間はどこから来てどこへ行くのかなどと、役にも立たぬことを考えて夜も眠らず、食欲不振からいつまでも肥ることができない。心理学的にみて、どちらをより健康とするかは微妙な問題である。しかし感性、感じうる能力という点からみる限り、ソクラテスの方が、たとえ悩みは多くとも、より豊かな内的生活を味わっていることは明らかである。主観的に幸せな状態と、客観的にそれが幸せかどうかという問題は、近頃マスコミが騒ぎ立てる程自明のことではなさそうである。

4　同質性と異質性

わたしたちは好んで「人間みなきょうだい」とか、「一人はみんなのために、みんなは一人のために」などのことばを口にする。しかしそれらが、多くの場合厳しい現実から目をそらす方便になっていることに気づいていない。わたしたちがお互いを同じ人間だと感じるためには、まずお互いが越えることのできぬ深淵を隔てて存在していることを、肝に銘じる必要がある。

来談者中心療法の創始者であるロジァーズに『結婚革命』（一九八二）という本がある。そこで夫が黒人で妻が白人の仲のよい夫婦が、なぜ二人の関係が長続きしたのか、に答えるところがある。夫が妻の親戚知人の白人仲間とつきあう時、決して白人になろうとしなかったこと、妻も夫の仲間と関わるのに、決して黒人になろうとしなかったことが一番の理由だった、という。お互いがお互いの差を認めあった上で、同じ夫婦として信頼しあっているのである。わたしたちは一人一人ユニークな存在としてこの世に生まれた。一人一人がその人でないと実現できぬ独自の意味を担っている。その意味でわたしたちは同じ人間である。しかし背の高い人は、背の高い人間としておのれの意味を満たさなければならない。その意味は、背の低い人の満たそうとするそれとは明らかに違う。そのことが不本意であるか誇らしいかはともかく、一人一人がみな違うことは認めねばならない。その上で、それでもわたしたち同じ人間なんだね、と言えるかどうかが決定的に重要である。

巨人ファンと阪神ファンが同じになることは決してない。しかし、お互い熱狂的な野球ファンだな、ということでは一致できる。共産党の支持者と自民党の支持者とでは、政策的に恐らく一致することはない。しかし、日本のよりよい将来を考える者同士としては、共通の立場に立つことができるのではないか。キリスト教徒とイスラム教徒が唯一神について論じあえば、果てしのない実りなき論争に終始する。しかし、この世界に賢しらな人間の思惑をこえた、「より大いなる存在」のあることを認める者同士としては、お互いに分かりあえる余地があるはずだと思う。

しかし、たとえば病める者と健康な者の間では、お互いが同じと思いたくても明らかに大きなギャップがある。健常者が病める者をおのれと同じ存在といってみても、善意とか誠意ではこえ難い溝に気づかざるを得ない。この、どうしようもないおのれの無力さに気づく時、そしてお互いがどうにも同じといえなくなった時、優位にある多くの人が、「人間みなきょうだい」と口走るのである。それによって相手の痛みをおのれのものとすることなく、タテマエとしての同質性に逃げこむわけである。何もかもが同じということから来る同質性は、お互いの独自性、一切の差を悪しきものと見なしやすい。同じ服を着て同じものを食べ同じ信念を分かちあうことがなければ同じでないというのは、全体主義的画一主義であり、民主主義とはまったく似て非なるものである。近頃同質性を強調するあまり、民主主義の旗頭のつもりで、実はファシズムの片棒を担いでいる人が、先生方の中にもいるのではと考えると、このことはとくに強調しておきたい、と思う。とくに特権的立場にある人は、おのれの特権的立場が見えないために、そうした特権にあずかっていない人に、同じ人間ということを言いすぎるきらいがある。同じ人間だなんて、あんた、われわれの苦しみを本当にわかっているのかね、というそんな人たちの声なき声が聞こえてくるような気がする。お互いのこえ難い差に目を据えて、それでもわたしたち同じ人間だね、と本気で言えるかどうか。それは一種の諦念、生あるものはいつか滅ぶという、言うはやすくおのれのものとするには困難きわまりない、深い人生知なしにできることではない、と思われる。

5　今日と明日のあいだ

おしまいに唐突なようであるが、エイズ患者について書く。エイズは恐ろしい病気である。アメリカではすでに二〇万人近くが発病し、その三分の二が亡くなっている。今のところ治療法は見つかっていない。しかも潜伏期が長いので、罹患しながら気づいていない人が多く、その間さらに感染の広がる危険がある。このまま放置すると患者数は世界中で千万人台を越え、まかり間違うと人類に滅亡をもたらす、ともいわれている。しかし本稿でエイズ問題をとり上げるつもりはない。アメリカのエイズ患者たちにまつわる、二つのエピソード（キューブラー＝ロス、一九九二）を紹介しようということである。

一つは、そのような、今のところ不治の病いであるにもかかわらず（発症した患者の平均余命は四〇〇日足らずといわれている）、発症者の中に、この病いを神の恵みとうけとめている人たちのいることである。それは、元気な間はひたすら明日のことを考えて、お金や名誉や出世をめざしていた。そのためもともとは心の底に眠っていた、なかよくしたい気持ちや、優しさや自然に親しみたい気持ちを押し殺し、人間らしく、あるいは本来の自分として、生きていなかった。今この病気にかかって残された命が限定され、はじめてただ生きることの素晴らしさがわかった、というのである。やはりアメリカで一五人もの人を殺した若者が、監房から死刑室のある建物に向かう何分間にふと空を見上げ、「空がこんなに青かったのか」と言ったという、ちょっと有名な話がある。気づくのが遅きにすぎたのであるが。

しかし明日のため今日努力することは、人類に与えられた大きい恵みでもある。今日の苦しい労働が明日の豊かな収穫につながると思えば、苦しみそのものが楽しみに感じられることさえある。早い話、学校生活はもちろんそれなりの喜びと悲しみに満ちているが、やはり明日のための用意という意味を失ってはいない。いまだけの楽しみというものは恐らくありえない。刹那主義はニヒリズムの裏返しにすぎない。しかし現代社会が、明日にこだわりすぎて「いま、ここ」のみずみずしい感性を失ってきたことも事実である。エイズ患者たちは、明日が失われた現実に直面し、発症以後の数カ月が、それまでの二〇数年全部（彼らの多くが二〇代三〇代の若者である）よりも密度が濃いという。ある患者は歩くこともできなくなって、友だちに支えられて三〇分ほど自分でドライヴできた喜びを、実に生き生きと語っている。

もう一つのエピソードは、学校がエイズの子どもの就学を拒んだ話である。他の子どもに感染する、という理由からである。しかしこの病気は、通常の共同生活からは感染することのないことが確かめられている。それで学校側が拒み切れなくなると、PTAがエイズの子どもが登校するのならと同盟休校を画策した。おしまいにはその子の家が放火される始末で、その一家は結局他地区に転居せざるをえなくなった、というのである。普段は隣人愛を説いていた地区の教会の牧師さんまで、排斥の先頭に立っていた。こういうことが一つの地域だけでなく、全米の各地で起こっていた。平和時ならば善良な市民でありえた人が、アウシュヴィッツのような極限状況では一枚のパンのために仲間を裏切った、といわれている。住民エゴが、先にあげた心優しいエイズ患者のいう仲間意識――みずみずしい情感――を抑えこんでしまうのである。

物事には両面がある。感性とはたえずその両面にひき裂かれる悲しみをさしているような気がする。

キューブラー＝ロス、E．（読売新聞科学部訳）『エイズ　死ぬ瞬間』読売新聞社、一九九一年
森崎和江『大人の童話、死の話』弘文堂、一九八九年
ロジァーズ、C．R．『結婚革命』（村山正治・村山尚子訳）サイマル出版会、一九八二年
シュプランガー、E．（土井竹治訳）『青年の心理』刀江書店、一九三七年
鳥山敏子『いのちに触れる』太郎次郎社、一九八五年

第18章　私と臨床
――かけ足的素描

近頃クライエントの人たちから、時々、「先生はどうしてこの仕事を選ばれたのか？」とたずねられることがある。「好きだから」と即座に答えられればよいのだが、そうはいかないのである。確かに人の話を聞くのはわりに好きである。とくにプライバシーの絡むような話を親身になって聞くことは。しかしそれはいわゆる出歯亀根性（若い方にはわかりにくいかもしれない。要するに覗き趣味のことである）の延長にすぎないような気もする。かといって大上段に「あなたのお役に立ちたい」ともいえない。世のため人のため身を捨ててもがんばりたい、という気持ちに欠けているからである。そこでハタと当惑し、「どういうことなんでしょうねえ」とお茶をにごすことになる。

そもそも私が心理臨床の仕事につくこと自体、まったくの偶然のことであった。もっとも、偶然ほど大きな必然はない、と私の分析家の一人は無責任に言っていたけれども。私は学校では西洋史を学んだ。というより籍を置いていた。小説家になりたいという気持ちがかすかにあった。昭和二八年の卒業で、就職難のため当時文学部の卒業生の多くがそうしたように、デモシカ先生の一人として高校の社会科教師になった。教師に**で**も**な**るか、教師に**し**かなれないという、あの口である。放蕩無頼を気取るわりに、根が生真面目なところもあるので、教師としてはまあまあよい方であったと思う。生徒との交流もわりにスムーズだった。そして一〇年経って校長から、「お前もぶらぶら遊んでいないで何かやったらどうか」と薦められて教育研究所に移籍した。何をやるかは考えていなかったが、所長に会って抱負を聞かれた時、社会科の教師だったので、社会科の授業内容を子どもたちの発達心理学的レベルとの対応で考えていると答えたら、心理学ならあそこだ、と回されたのが教育相談の係だった。

それまで学校で生徒指導係をやったりしていたので、カウンセリングについては多少知っていた。当時はロジァーズの来談中心療法が導入され始めた頃で、一応の知識はあったのだが、さっそく実践する破目になるとは思いもよらなかった。ムキになってがんばるのだが、はじめの何ケースかは、ものの見事にすべて一回きりで中断した。私なりにうまくいけたのではないかと思っているのに、次回来られないのだからまいった。何ケース目か、はじめて二回目にクライエントが来てくださった時は、あとで研究所の同僚がみんなでお祝いに連れていってくれた。それでも、学校の先生の参加者が多かったからであろう、教育研究所の所員だということで、友田不二男先生の主宰されていた一週間ぐらいの泊りがけのカウンセリングワークショップに、いきなり世話人として参加させられたのには往生した。前年参加者として参加していたので、その折の世話人のやり方、全体集会での友田先生の対応、他の偉い先生方（確か佐治守夫先生もおられた）に聞いて回ったことなど参考にしてやるのだが、どだい貫禄が備わってないのだから、ひたすら冷や汗を流すだけだった。参加者の皆さんには、また、私が実践を始めたばかりの頃のクライエントの方々にも、まったく申し訳ないことをしたと思っている。

その頃私を悩ませていたもう一つの問題は、共感的理解か診断的理解かということであった。何しろ、クライエントを診断的に見ようとする態度そのものが共感的理解を妨げる、とロジァーズが言っていると当時考えていたものだから、一切の予備知識なしの「いま・ここ」のクライエントとの関わりが勝負だと考えていた。ところが一方でロールシャッハテストに惹かれ、たまたま関西には辻悟、河合隼雄、藤岡喜愛という当時はまだ若い、しかし刺激に満ちた先生方がいらっしゃったので、そっちの方の勉強も始めていた。これが私の考える実践となかなか両立しなかったのだが、そこのところはあいまいなままで両方やっていた。一つは、カウンセリングの方がそれなりの努力を重ねながら一向に上達したと思えないのに、ロールシャッハの方はやればやるだけの手応えのようなものがあり、臨床家などと当時は大袈裟に考えてはいなかったのだが、自分なりのアイデンティティを支えるための手立てになっていたのではないかと思う。いまにして思えば、私の中の直観的な叡知が、その頃の私の浅薄なロジァーズ理解を補っていたのかもしれない。

そうこうしているうちに、ふとしたことから、といっても実は重要な意味があるのだが、ユング派の分析を受けることになった。また、教育研究所は教育委員会の管理下にあり、そこでいつまでもカウンセリングを続けるのがむずかしい事情もあった。その折、まったく不思議な偶然が二つ重なって、大阪外国語大学に移ることになった。高校教師生活一〇年、教育研究所々員生活一〇年の後である。

そのこともあって、やがて外国でユング派の分析を受けることができるようになった。せいぜい一～三カ月の短い滞在期間なので集中的にやろうというので、ユング派では珍しく週四回通うようなことをやって、日本人の分析家に呆れられたりもした。

この頃思っていることは、以上のようなことで私はロジェリアンとして出発しながら、現在はユング派的アプローチに比較的親しんでいる。しかし、意外にロジァーズの影響が強いのである。この頃「意識の場」ということを思いつき、ユング派のいう意識の四機能を私なりに考えてそれに重ね合わせ、あちこちに書いたりもしているのだが、どうもその萌芽はロジァーズの「知覚の場」、さらにいえばロジァーズが大きな影響を受けたとしている、クームズとスニッグの「現象的場」に発しているらしい。意識を静的なものというよりもプロセスとして捉えようとしているので、かつてロジァーズと一緒に仕事をしていた、ジェンドリンの体験過程に触発されてのことのように思える。時々、「意識の場」を図式化してみせたりしているけれども、それも以前、臨床心理学研究にのせてもらった「現象的場の一考察」に描いた図が下敷きになっている。そのへんのところをどう考え、できればどう発展させてゆくのかが、私にとってのこれからの理論的な課題なのであるが、その限り、なお道は遠い感じである。

実践的には、かつてのように、カウンセリングはクライエントを治せなければ話にならない、から、治らないクライエントとどうつきあうか、といってよいような気持ちに変わりつつある。しかしこれとても、まだまだ人さまにいえるほどにまとまったものではない。生来のおっちょこちょいとうれしがりで、未熟なままにちょこちょこ書いたりはしているけれども。

以上、案の定とりとめもない話になってしまった。しかし、一人の心理臨床家の粗っぽい軌跡として多少はおもしろがっていただけるか、と思いたい。はじめにあげたクライエントの質問「先生はなぜこの仕事に入ったのか」には答えられぬままである。おそらく、生涯問い直し、答え返すべき問題なのであろう。いまいえることは、いまさら後に引くことはできないし、おそらく死ぬまでこの仕事を続けることになろうということと、確かにどこかで私に向いた仕事らしい、ということだけである。

第19章　カウンセラーの謙虚さ
――またはその逆説的状況

1　クライエントから学べるか

「患者から学ぶ」というテーマを与えられて、戸惑っている。そこに、クライエントがカウンセラーより以上の存在である、とする意味が含まれているように感じるからである。もとより〝人間として〟カウンセラーがクライエント以上の存在であることはない。しかし、カウンセリングという仕事を引き受けようとする以上、当然そこには専門家としての権威がいる。それらは訓練、知識、技術、経験などによりおのずから身についてくるものであろう。クライエントに相当な犠牲を強いた上でサービスを提供しようとするのだから、それなりの用意なしにクライエントの前には立てないはずである。一方、クライエントには、何の準備もなしに誰でもなることができる。この落差を、「クライエントから学ぶ」気持ちが強すぎて見失うことがあってはならない、とまず思う。かつてカール・ロジァーズとマルティン・ブーバーの有名な論争があった。カウンセラーもクライエントも同じ人間とするロジァーズに対して、ユダヤ教のラビでもあるブーバーが、カウンセラーの導師としてのありようを主張して譲らなかったものである。

人間存在の意味について、あれだけ深い共感と理解を示した現存在分析派の医師たちが、人間の尊厳性についての議論に夢中になって患者を待たせ平然としていた、という文章を読んだことがある。いわゆる三分間診療のために、何時間も待たねばならぬ患者の心の痛みにほとんど気づかない医師も、似たようなものである。患者を尊重すべきだということと、実際に患者を尊重することの間には若干のずれがあるらしい。サールズのいう〝献身的〟な医師が、しばしばおのれの不全感ないし罪悪感からそうなりやすいということを、あらためて考えなければならない。

しかし、クライエントから学ぶべきものがまったくないということはない。臨床経験を重ねるにつれ、つまり、患者ないしクライエントとの接触が増えるにつれ、単なる読書からは得られない〝何か〟が身についてくる。ただしこれは、カウンセラーの側にその気がなければ、つまり日々の臨床が単なる日常的経験のくり返しに終わっていたのでは、いつまでたってもあらわれてこないものである。筆者は、カウンセリングには好むと好まざるとにかかわらず、ロゴス的側面とエロス的側面がある、と思っている。カウンセリングに限らず、あらゆる人間関係につきもののことではあるのだが、ロゴス的側面とは、個人的役割的構造的側面である。エロス的側面は全人的関係的融合的側面をさす。

2　種の衝動

人に会う場合、相手が男性か女性か、年寄りか若者か、魅力的かそうでないかなどによって、われわれはさまざまに異なった影響を受ける。しかし日常生活をスムーズに営むためには、そのすべてに反応するわけにはいかない。いきおいある一面に限って対応する。他の面を切り捨てるのである。だから改札係に対しては切符を切ってくれることだけを期待し、その人品骨柄、人間的魅力などはほとんど問題にしない。そこで究極的にはロボット、自動改札機になってもよいのである。しかし、人としての改札係がまったく見えていないわけではない。

ところでカウンセリング場面で、カウンセラーは自らを全面的にクライエントの前にさらす。つまり、クライエントから受けるあらゆる影響に思いをこらす。クライエントによって動かされるままになり、そういう自分に受動的に注意を集中するのである。それを〝平等に漂う注意〟と呼んでもよい。当然クライエントの状況（性別、年齢、態度、服装など）に応じてその動かされ方は異なる。同じクライエントであっても、初回と五回目とさらには二〇回目とでは動かされ方がかなり違う。それが、このクライエントと「いま・ここ」で出会うからこそ生じているおのずからのプロセス、だからである。もちろんクライエントもそういうカウンセラーに動かされる。だからここで生じていることは二人の間の相互作用、一つのダイナミックな場であり、カウンセラーだけでもクライエントだけでも生じない、一種の融合状態である。カウンセラーからいえば、このクライエントとでなければ開かれてこないおのれの可能性、に開かれているのである。

この感じは感覚レベル、つまり身体プロセスと密接に関わっている。たとえば男性カウンセラーにとって、女性のクライエントは好むと好まざるにかかわらず、そのメス性によってカウンセラーのオス性を刺激する。それにカウンセラーがどれだけ敏感であるかが決定的に重要である。あるいは若年のクライエントに対しては、いやおうなしに年輩者として反応させられている。群の中のサルの個体同士が感応しあうように、われ知らず、である。たとえば、母を失ったコザルの面倒を時にボスザルがみる場合のように。あるいは、イヌにしろネコにしろ哺乳類の幼獣に対して、かわいい感じをかき立てられるのも同じことである。こうした動きを、筆者は本来生物としての人間に備わったものとして、種の衝動と呼んでいる。

いずれにしろ、このようにカウンセラーがクライエントに動かされ続けていると、それがクライエントの種のプロセスをも触発させる。それが時に、クライエントの忘れていた言語獲得以前の感覚を甦らせることもあるのではないか。それにカウンセラーがさらに動かされると、原初的な共生関係に近い状況が生じることがありうる、と思う。

いずれにしろ、そこに多かれ少なかれ、親子〝的〟、恋人〝的〟、もっと一般的にいって仲間〝的〟感覚の生じることが避けられない。そもそもがあなたでもなければ私でもない、私でもあればあなたでもある融合体験がベースにあるのだから、それがカウンセラー、クライエントの個々の状況（性差、年齢差など）に応じていろんな様相を示すのである。このプロセスを転移、逆転移ということばでとらえることができるかもしれない。身体プロセスに根ざしているだけに、そのつながりは深い。しかしそれは、カウンセリング関係という枠組みのあればこそなのである。それは契約関係であり役割関係であり、その限り浅い。全人的な関わりを個人的なものに限定する。種の衝動はわれわれに本来的でありそれだけ根源的である。そのかわり方向性に欠ける。だからその満足は、超越的なものであれ動物的なものであれ、個の限定、つまり特定の時、特定の場所、特定の対象という枠がなければ、主体による衝動満足というよりも、衝動にふり回される主体性喪失感を招きやすい。一種の行動化であり、そういう経験は主体のものとして定着しない。

3　カウンセラーの役割意識

クライエントは、どちらかといえば個の状況にとらわれて、種の衝動を十分に生きてこなかった人たちである。カウンセリングにおける融合体験には、そうした凍りついた個人的役割的態度を全人的関係的なものに開く作用がある。しかしそれが行動化につながっては、せいぜいカタルシス的な効果しか望めない。種の衝動はカウンセリング関係――限定された二者関係ということである――の中で具体化されねばならない。ここで大切なのがカウンセラーの役割意識なのである。もちろんカウンセラーはその場に開かれている。そうでなければクライエントとの深い感情交流はないし、ましてや融合体験など生じるはずがない。しかし、融合しきってはならないのである。先のいい方でいえば、父親的、恋人的の〝的〟を見失ってはならない。クライエントにはほとんどの場合専門的な訓練が欠けているから、容易にこの〝的〟を見失う。そういうクライエントをカウンセラーとしてうけとめる。全人的に関わりつつカウンセラーとしての社会的役割に踏みとどまる。逆にいえば、カウンセラーとしての役割を通して全人として関わるのである。これはいうほどに簡単なことではない。役割に傾けば生気が失われ、全人にこだわると方向性がなくなるからである。役者の役割演技および観客との相互作用になぞらえられるのではないか、と思っている。

しかし個人的体験を通していえば、こうしたあり方は、個人的なスーパービジョンないし教育分析によってでないとなかなか身につかないのではないか。そしてその場合は「クライエントから学ぶ」のではなく「クライエントとして学ぶ」色合いの方が強いのではないか。たしかに、患者から学ぶといってよい面は多分にある。くり返し述べてきた融合体験とは、特定のクライエントとでなければ生じない、まさしく一回きりのものである。それによってカウンセラーは、おのれの未知の局面に開かれる。その限りクライエントから学ばざるをえない。しかしこれは、必ずしもクライエントにこだわらなくてもよいことなのではないか。森羅万象、あらゆるものに出会う時、その気になれば同じような経験が生じうるからである。貝殻を耳に当てて海の声を聞く人がいるし、森の中の巨木と語りあえる人もいる。それを自然から学ぶともいえるけれども、そのためにはそれなりの主体の側の心構えがいるのではないか。現実適応のため失った、原初の能力を甦らせるだけのことかもしれないのだが。

心理療法家には最大限の謙虚さが必要だ、と筆者は考えている。しかしそれは卑下すること、さらには、おもねることとは大違いのはずである。だから「患者から学ぶ」という態度は大いにあってよい。こういういい方に若干のくさ味をかぎとって、こういう文章になった。謙虚さとはそこそこの自信があってこそのことと思っているのだが、あるいは筆者のコンプレックスのなせる思い上がった業《わざ》か、という恐れがないでもない。

第20章　女らしさ・男らしさとはどういうことか

1　ペニス羨望

大分前に「ペニス羨望」という雑文（氏原、一九九六）を書いたことがある。ご存知のように、このことばはフロイト派の概念で、幼い女児が男児のペニスを羨む、ということである。もともと、そのものずばりの去勢不安を感じた思い出がないので、このことばにもあまり信頼感をもてず、数人以上の女子学生に、幼児期そのような羨望をもったかどうか、たずねてみたことがある。全員が「ノー」であった。もっとも精神分析のことばはうまくできていて、そんな場合、本当は感じていたのだが抑圧されているので思い出せないだけだ、という説明がある。無意識という考えをもち出すと、ノーがイエスになりイエスがノーと言いくるめられるので、結局水かけ論に終わりやすい。本来無意識とは、意識を説明するために思いつかれた仮説なのであるが（そして、それはそれとしてきわめて有用である）、それが独り歩きすると不毛の議論をひき起こすことがあるので、注意を要する。

いずれにしろ、ペニス羨望とか去勢不安ということばは、何らかの現象をたとえとして説明しているのならともかく、実体としてはどうやらかなり怪し気なものらしい。その後ある研究会で、おそるおそる「私には去勢不安がなかった」と言ってみたら、講師の先生に、まるで異星人であるかのような目つきで不思議がられ、いたく傷ついた覚えがある。そのわりになぜ不思議なのかの説明はしていただけなかったのだが。

そんなことがあったある日、ある中年の女性と話していて、談たまたまオシッコの姿勢のことになった。つまり男たちは普通立ったままオシッコをする。とくに見せびらかすつもりはないにしろ、自由にあたりを見回しつつ、かついつでも中断して迅速に次の行動に移ることができる。それに対して女性はしゃがんでする。これは完全に無防備の状態である。だから十分に安全な守られた場所を必要とする。私自身は子どもの頃、悪友たちとオシッコをどれだけ遠くまで飛ばせるか、どれだけ高く上げることができるか、で競ったことがある。頭上を越えて背面に落とそうとも試みた。前向きで文字通り大らかで明るかった。

一方女性は、囲われた空間の内側で、隠れて行わねばならない。屋外でその必要に迫られれば、どこかの隅っこ、陽の当たらない草むらめいた場所を探さねばならない。経験者によると、誰かに声をかけられないかとビクビクし、恥ずかしく不安で惨めだった、という。小学校の時、学校の便所で排便するのが恥ずかしく、しばしば苦しい思いをしていた私は、大小お構いなく、遠足の時など、つまりどちらのため悟られることなく、個室に入ることのできる女の子をずいぶん羨んでいたのだが、彼女らがもっとつらい思いをしていたのかと、ひどく驚いたものである。

そして、こういう仕事（私はカウンセラーである）を長年やってきて、女性のこともいっぱしわかっているつもりでいたが、そんなことさえ気づいていなかったのかと、がっかりさせられた。そういえば、妻と娘がしゃべっている時、瞬き一つでわかりあっている、と思う時が再々あった。そして、「男ってわかっちゃいないのよねえ」と、しばしば白い眼を向けられた。

そんなことを話している時に、突如洞察が閃いたのである。すなわち、ペニス羨望とはオシッコ羨望だったのだ、と。男の子たちがオシッコを飛ばしてふざけ合っている時、湿った草むらにしゃがみこんだ女の子たちは、いつか自分もあんなふうにオシッコを飛ばしてみたい、と草葉の陰から恨めし気に眺めていたのではないか。「邪魔なものをぶら下げて、ご苦労さん」くらいの感覚だったというある女性も、立ちションについては、子ども心に惹かれるものがあったという。先述の小文を目にしたその女性は、「まさにわが意を得た」と手紙を書いて、自分が立ちションを試みた経緯について知らせてくださった。

それによると、日蔭に身体を丸め隠れてオシッコをしなければならない女の子と、堂々と立ちションのできる男の子の差に、子ども心に不公平を感じていた、という。しかし彼女の実験は無残なものであった。弧を描くはずのオシッコの大部分は太腿を伝い、生暖かさだけが残ったのである。この女性は大学で心理学を学び、「ペニス羨望」ということばを聞いたが納得できず、それを立ちション羨望と読みかえるならば、まさしく自分のことと思えるといわれる。

このことを逆に、オシッコの姿勢からもたらされるさまざまな心的傾向をペニス羨望と呼ぶならば、わかりやすいこととなる。オシッコをするのに、人間のメスが生得的にしゃがむ傾向をもっているのかどうか、私は知らない。私の育った田舎では、農婦は田圃では大抵立ったまま排尿していた。しかしそれは男の立ちションとは違う。体を前に屈めてするのである。これはサルのメスの、あるいはオス同士の場合は劣位のサルが、相手に対して示すマウンティングを促す姿勢である。身体的条件による便宜的なものもあろうけれど、あるいは社会的慣習、つまり学習の結果とも思えるが、生得的なものが関わっているかもしれない。イヌのオスは片足を上げてオシッコをするが、メスはしゃがむ。人間の場合と何がしかつながっているのだろうか。

2　女子大の先生

女子大の先生には共通の感じがある、といわれることがある。私自身女子大に勤めてみて、たしかに思い当たる節がある。一般化しすぎることになるが、にやけているのである。その感じを具体的に説明しろといわれると、もう一つハッキリしない。ただ教室の中に一人でも男がいると、私の姿勢の変わるのはわかる。以前男女混合の、しかし女子学生の圧倒的に多いクラスは何度も受けもったことがあるので、その変化は、感じとしてははっきりわかる。一口でいうと男の嫌らしさを見透かされる、それだけ気をゆるせない、という緊張感である。前節で、妻と娘が瞬き一つでわかりあうと書いた、それに似た男同士にだけ通じあう暗黙の了解、ないしは共感がある。それはもちろんよい面にも悪い面にも作用し、男だけの気安さと、逆にある種の警戒心をかもし出す。女子学生だけを相手にする時には、要するにやに下っている、一種の媚びを売っておればよいのである。それがはじめに述べた、女子大の先生特有の、良い意味でも悪い意味でも、甘さを生み出しているのであろう。

先にも述べたように、私の仕事はカウンセリングである。毎週多くの人に会っている。クライエントは、老若男女さまざまである。カウンセラーとしては、一人一人同じクライエントであるが、一人一人は皆違う。それに応じて私の反応もまた変わる。若く魅力的な娘さんの場合、十分な社会的地位を得ているらしい年輩の男性、長年の風雪にひたすら堪えてこられたらしい年老いた女性など。私自身の意識的な意図を超えたところで、私の体がまず反応してしまう。そしてカウンセリングの成否は、そうした反応にどれだけ私が敏感でありうるかによって決まることが多い。

これはたとえば、仔イヌや仔ネコの姿をみるとわれ知らずかわいく思ってしまう（あるいは思わせられる）のに似ている。あるいはウィニコット（一九八五）というイギリスの小児科出身の精神分析医の母性的専心ということばもそれに近い。生後一、二週間の間、母親は赤ん坊がおっぱいを欲しいと思う時に乳を含ませたくなる。抱っこして欲しがっている時に抱きあげたくなる、というのである。一時母性本能として論じられていた、生得的な感応現象が母子間にはあるらしい。成熟した人間のオスとメスが互いに惹かれあうのも、その種の本能的な生理心理的傾向である。

と、以上のようなことを書きつらねてきたのは、男にしろ女にしろ、おのれの「男らしさ」ないし「女らしさ」

を確かめるためには、まず生得的本能的なおのれのオス性ないしメス性に気づく必要がある、と思うからである。それはオスならばメスの、メスならばオスの前に立った時、おのずから内からもり上がってくる感覚に思いを凝らすことによって明らかとなる。その感覚が同性の前に立った時とどう違うかを確かめてもよい。

私たちには、かくあるべし、といった生活規範のごときものがある。本能的、つまり生物的衝動は、人間的な枠組みを踏まえて充足されねばならない。排泄はまったく自然な生理的プロセスであるが、よほどの場合を除いて〝人間的〟に、つまり然るべき時、然るべき場所で行われねばならない。だから生理的な衝動は多かれ少なかれコントロールされることになる。ただし、不幸なことにコントロールされすぎる場合が多い。そうなると本来備わったものでありながら、それが実感されなくなってしまうことさえある。オス性メス性についても例外ではない。たとえば私の場合、男性と女性、同じ女性でも子どもの場合、若い娘さんの場合、老婦人の場合ではその反応に微妙な差がある。しかもこうした差は、人間とはすべて同じ人間である、とする私自身の人間観にほとんど抵触しない。それは、意識的意図的にそうしようとするのではなく、まさしく反射的に反応させられてしまうのである。問題は、そのような心理生理的な反応を、どのように私という人間の中にとりこみ、〝人間的〟に生かす、または殺すかなのである。

そこでその衝動に身を委ね、コントロールを見失って性的放縦に走る人と、方向性を見失うのを恐れて抑えこんでしまう人があらわれる。俗にいえば女好きと女嫌いである。大部分の人はその中間にいる。しかしいずれにしろ、異性であれ同性であれほとんど関心のなかった子ども時代をすぎると、われわれは好むと好まざるにかかわらず、異性を意識せざるをえない。それを自らの生活の中にどのようにとりいれるかによって、その人の「男らしさ」ないし「女らしさ」の現われ方がかなり異なってくる。

3　女は作られるのか

「女は作られる」ということばを吐いたのはフランスの女性哲学者ボーヴォワール（一九八六）である。いわゆる女らしさは、それぞれの社会の大多数のメンバーがそうと決めた社会的役割にすぎない、ということらしい。とくにわが国の場合、男ことばと女ことばとが截然と分かれているので、そのことがとくに顕著に現われている。女の赤ちゃんが生まれると、大体はピンク系の産衣を着せたり、少し大きくなればスカートをはかせ、時に母や姉の化粧具でままごとをしても、やっぱり女の子ね、と許される。逆に乱暴なことば（男ことばである）を使い、棒切れをふり回したりすると、強い禁止を受ける。女らしい髪型や表情や仕草など、文化によっておおよそ決められており、異文化間では相当な差のあることが知られている。

たとえばマーガレット・ミード（一九六一）によれば、西南太平洋の住民の中には、ヨーロッパやインド、中国などで女らしいとされている属性（きわめて単純化して、「やさしさ」としておく）が、男のものとされ、男らしさ（これも「たくましさ」としておく）が女のものとされている部族がある。彼らの社会では、女性が生産の担い手であった（素朴な農業を営んでいる）。男性は育児（！）や部族の祭祀などに従っていたらしい。つまり社会的役割に応じて、「たくましさ」なり「やさしさ」が身につくのである。

一時喧しかった役割分業説（アダムが耕しイブが紡ぐという理論。夫は外で働き妻が家を守るべきだ、ということである）は、近頃はどうやら旗色がよくないらしい。しかしニーチェのアフォリズムの一つに、「もしも神さまが男も育児に従うべきだと思し召したなら、あの豊かな乳房は男の胸につけ給うたであろう」というのがある。生物学的に出産と育児は女、つまり人間のメスの仕事らしい。男のごつごつした体は、少なくとも赤ん坊を抱くには、母親の包みこむような柔らかい体には敵わない。

しかし上野千鶴子（一九八九）によれば、育児はぜいたくなのである。一人っ子政策をとっている中国では、一、三人の子どもを抱えている日本人の駐在員の親たちは、羨望の眼で見られているという。しかし上野の考えはそれと違っている。それはシャドウワークがシャドウワークでなくなった、という認識（イリイチ、一九八四）から出発している。シャドウワークとは文字通り影の仕事であり、育児を含め掃除・洗濯・炊事など主婦の仕事を指す。要するにタダでする仕事なのである。それが主婦の社会的進出とあいまって、影の仕事でなくなってきた。ベビーシッター、家政婦、老人介護など、かつて主婦の仕事であったものがほとんど人を雇うことによってまかなうことが可能になった。もちろんそのためには金がいる。単純に計算して子持ちの主婦の仕事は、金に換算すれば旦那の収入をかなり上回ることがあるらしい。妊娠、出産、育児に関して、妻はそれを体で支払う。その分夫は稼ぐべきである、というのが上野の言い分である。その額はハワイに別荘を買うくらいに当たるという。もちろん月々の維持費も含めて、である。

上野の主張は、本人も承知の上であろうが、夫婦の生活を物質的な面に限りすぎている。しかし、たしかに一面の真実をついてはいる。妻が、夫と同じくらい〝人間的〟に生きることが考えられているからである。ただ、この〝人間的〟の意味が現在では多様化しており、昨今はやりの「共依存」関係も、実は最も人間的なものといえるかもしれない。ひたすら献身的に夫に仕える妻は、かつての日本では理想的イメージの一つであった。現在、裏切られても裏切られても子どもを信じる母が、裏切り続ける子どもにとって、ひそかな唯一の支えである可能性はきわめて大きい。

はじめに述べた「ペニス羨望」には、ひょっとしたら生得的な背景があるかもしれないが、恐らくは文化的、ということは後天的に学習された心的傾性であろう。しかもくり返しくり返しその姿勢をとり続けてゆくと、単に排泄作用ではすまぬ、オーバーにいえば全人格的な傾向を定めることになりかねない。そのような作業が、何千年、時には何万年にもわたって続けられると、それは生得的機能と見分けがつかなくなる。額に縛った布で水がめを背負うアフリカの婦人は、女性の額が男に比べて固いからそれが女の仕事になったのだ、と信じているという。「男らしさ、女らしさ」について考える場合、先に述べたオス、メスの属性としか考えられぬ側面と共に、やはり学習された面を考えざるをえないと思う。

4　男性原理と女性原理

そこで、それでは具体的に男らしさ、女らしさとは何か、が問題となる。それがなかなかいいにくいことを今まで述べてきた。同時にさまざまな面で、男女差について論じうることも示唆してきたつもりである。本節ではまとめとして、いわゆる男性（父性）原理と女性（母性）原理について考えてみたい。

これをいいかえれば、ロゴス原理とエロス原理になる。しかし問題を単純化するために、男性原理を比較の原理に限定して論じることにする。比較の原理とは、自分自身を認識するに当たって、他者との比較を基本とする立場である。たとえば背は高いが肥り気味で、努力はするけれども仕事はもう一つはかどらない、など。われわれが客観世界に対応するためには、このような客観的な自己認識が不可欠である。当然、そこには自分の限界ないし劣等性の認識が含まれる。それが思春期から青年期にかけての「夢こわし」につながり、しばしば挫折感を伴うことは重要な問題であるが、本稿ではとり上げない。

ただし、比較がある一面に限ってしか行われないことには注意しておく必要がある。全体としての人間は、つねに比較を超えているからである。比較されるのは能力、地位、収入、身長、体重などであり、直接的に本人の値打ちを決めるものではない。多くの人間をある共通点でくくりそこから抽象された尺度にのせることで、はじめて比較が可能になる。その限り比較には抽象化分類化の働きが含まれる。それを断片化知性化といいかえることができる。

共通の尺度による比較であるから、その結果には客観性がある。AがBより五センチ背が高いということは、当人はもとより第三者も認めることのできる客観的な事実とされる。その事実に対する主観的な思い入れは、問題にもならない。したがって比較の上にでき上った自己像は、主観的感情からは切り離された客体としての自己である。

もちろんこうした立場は、自己認識に限られるものではない。外界の事物に対しても同様の認識が可能である。それは誰が見ても同じ客体でなければならない。ケルンの大聖堂はその高さ、面積、材質、建築年代、建築者名などによって客観的に記述できるが、それを見て各自がどのように感動したかは、その埒外のものとなる。男性原理にあっては、主体と客体とのいわば融合体験ともいうべき側面が切り捨てられているのである。これを関係性の欠如ということができる。

以上、男性原理を比較の原理とし、そのいくつかの相をみてきた。男性原理とはしたがって、知的、抽象的、分類的、断片的、客観的機能としてとらえることができ、関係性のなさとして特徴づけられる。

他方女性原理は、そのまま男性原理の対極として述べられる。比較以前、または比較を超えているのである。言語学者のハヤカワ（一九六九）によれば、子ウシから育てたウシは、家族の一員、財産、食料などさまざまな側面をもつ。人間は男性原理によって、そのつどウシを分類し現実に対応する知恵をもたねばならない。しかしある種の危機状態の生じない限り、家族にとってウシは丸ごとのウシであって、断片化されたバラバラの存在ではない。あるいは、もろもろの分類をすべて集めれば全体としてのウシがあらわれるわけではない。もちろんそれに対応する家族も、丸ごとの存在である。

さらに、そのようなウシと触れあうことによってはじめて生じてくる内的なプロセスがある（これは先に述べたメスの前のオス、オスの前のメスの人間の経験する感覚と同じ種類のものである）。ウシによってはじめて開発されてくるおのれの可能性といってもよい。主体は、客体との融合体験を通してこそ、おのれの未知の部分を体験することができるし、それを通してしか見えてこない客体の姿を見る。まさに星の王子さま（サンテグジュペリ、一九六二）のいう、「バラはバラでも自分が水をかけたバラは別物」なのである。こうした融合体験、全体感覚の中に女性原理の特質がある。そもそもが分類のない丸ごとの体験だから、比較のしようがないのである。

それは主観的な体験である。客体との関係を生きることによって見えてくる次元だから、関係性そのものともいえるし、未分化とはいえ身体感覚を踏まえた全体的な体験のため、いきいきとした実感をともなう。具体的である。知的というよりは、感情的感覚的なのである。しかし、客観的な知性では見えてこない真実が見えることがある。これをノイマン（一九八三）にならって、太陽の意識に対する「月の意識」と呼ぶこともできる。月の光にさらされてはじめて、日中の太陽のもとでは何の変哲もない森が、神秘なそのたたずまいを露わにする。それがいわゆる「永遠にわれを導く」（ファウスト）女性的叡智なのである。

まとめ

以上、「男らしさ」「女らしさ」の底にある原理的なものについて考えてきた。しかしそれについて、なお少しばかりつけ加えることがある。それをもって本稿の「まとめ」としたい。

一つは、こうした男性原理なり女性原理がかならずしも男性ないし女性の属性とは決められないことである。両者は、人間性を支える両輪のごときものであって、男であれ女であれ、その両方を備えている。しかし、先のオシッコの姿勢で考えたように、男の方が能動的積極的に動く機会をより多くもっている、とはいえるかもしれない。逆に女性は、現時点においても、なお受動的受容的に機能させられる場合が多い、とも。それが、長らく続いた男性優位の社会的慣習によるものか、生得的な傾向によるものかは、にわかに断じがたい。

説明の便宜上、**4**では男性原理と女性原理をやや対立的に述べたが、この二つの立場は、実は相補的であることを強調しておきたい。たとえば女らしさをうまくとりこんだ男性には、男性的なたくましさ（ということにしておく）につやが出る。男性的なものを上手に自分のものとした女性には、やさしさ（同前）に一本しんが通る。しかしこの二つの傾向が現実にぶつかりあうのも確かで、それをそのつどのように統合するか、あれかこれかではなく、あれもこれもということでその葛藤をもちこたえ新しい立場を見出していくことこそが、これからのわれわれの課題になるのではないか、と思う。

ボーヴォワール、S.『第二の性』（生島遼一訳）人文書院、一九八六年
ハヤカワ、S.I.『思考と行動における言語』（大久保忠利訳）岩波書店、一九六九年
イリイチ、I.『ジェンダー』（玉野井芳郎訳）岩波書店、一九八四年
ミード、M.『男性と女性』（田中、加藤訳）東京創元社、一九六一年
ノイマン、E.『グレートマザー』（福島他訳）ナツメ社、一九八二年
サン・テグジュペリ『星の王子さま』（内藤濯訳）岩波書店、一九六二年
上野千鶴子『女という快楽』勁草書房、一九八九年
氏原寛「ペニス羨望」『大阪府臨床心理士ニュースレター』No.6、一九九六年
ウィニコット、D.『遊ぶことと現実』（橋本雅雄訳）岩崎学術出版社、一九八五年

《初出一覧》

第7章：「カウンセリングの枠組みについて」『椙山女学園大学研究論集』第二七号　一九九六年
第8章：「転移と逆転移について」『椙山女学園大学研究論集』第二八号　一九九七年
第9章：「グリム童話『がちょう番の娘』をめぐって：転移・逆転移再考」『椙山女学園大学研究論集』第二九号　一九九八年
第10章：「カウンセリングにおける〝癒し〟について」『椙山女学園大学研究論集』第三〇号　一九九九年
第11章：「夢・おとぎ話・サイコセラピィ」笠原嘉編　『岩波講座精神の科学8』岩波書店　一九八三年
第12章：「中学生の登校拒否」『月刊生徒指導』一二月号　学事出版　一九七九年
第13章：「いじめに関する素朴な疑問」『椙山女学園大学人間関係学部10周年記念論集：人間の探求』一九九八年
第14章：「おとなになりきれない若者たち」『Nagoya 発』三四号　名古屋市　一九九五年
第15章：「タブーの消滅」『都市問題研究』第四六巻七号　都市問題研究会　一九九七年
第16章：「共感的理解とは」『兵庫教育』三八七号　兵庫県教育センター　一九八三年
第17章：「感性について」『教育じほう』五五二号　東京都教育委員会　一九九四年
第18章：「私と臨床」『心理臨床』第四巻第四号　星和書店　一九九一年
第19章：「患者から学ぶ：カウンセラーの謙虚さ」『精神療法』第二二巻五号　金剛出版　一九九六年
第20章：「女らしさ・男らしさとはどういうことか」『教育と医学』第四七巻第一号　慶應義塾大学出版会　一九九九年

《筆者紹介》
氏原　寛（うじはら　ひろし）

略歴　1929年生まれ
1953年京都大学文学部卒業
1953年大阪市立南高校教諭
1963年大阪市教育研究所所員
1973年大阪外国語大学助教授
1977年同教授
1984年大阪市立大学教授
1992年四天王寺国際仏教大学教授
1995年椙山女学園大学教授（～1999年）
現在　日本心理臨床学会理事
日本臨床心理士会代議員
日本臨床心理士資格認定協会評議員
1990年大阪市立大学生活科学研究科より学術博士

主著　『心の一生』（ミネルヴァ書房，1990年）
『意識の場理論と心理臨床』（誠信書房，1993年）
『カウンセリングはなぜ効くのか』（創元社，1995年）
『ユングを読む』（ミネルヴァ書房，1999）
訳書　フォン　フランツ『おとぎの話の心理学』（創元社，1980年）
フォン　フランツ『おとぎ話における悪』（人文書院，1981年）
ヤッフェ（編）『ユング　そのイメージとことば』（誠信書房，1995年）　他多数

カウンセリングの枠組み

2000年 8 月30日　初版第 1 刷発行　〈検印省略〉

定価はカバーに
表示しています

著　者　氏　原　　寛
発行者　杉　田　啓　三
印刷者　坂　本　嘉　廣

発行所　株式会社　ミネルヴァ書房
607-8494　京都市山科区日ノ岡堤谷町 1
電話 075-581-5191／振替 01020-0-8076

内外印刷・清水製本

ISBN 4-623-03166-7
Printed in Japan